吉 林 财 经 大 学 资 助 出 版 图 书

发达国家
汽车企业社会责任研究

A Study on the
Corporate Social Responsibility
of the
Automative Corporations
in the Developed Countries

刘兆国

著

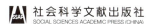

社会科学文献出版社
SOCIAL SCIENCES ACADEMIC PRESS (CHINA)

前　言

随着经济全球化、资源趋紧与环境压力的加剧，如何实现"既能满足当代人的需要，又不对后代人满足其需要的能力构成危害的发展"的系列问题成为学者们研究的重点，而企业社会责任问题又是其中的一个焦点。经济学、管理学、法学及伦理学等学科的相关学者都对这一问题展开了深入的研究。这些研究是在人类经济社会所面临的人口激增、资源短缺、环境污染和生态破坏等大背景下开展的，探讨企业在实现经济、社会、环境、资源等相互间协调可持续发展中能否发挥作用以及发挥什么样的作用是这些研究的一个共同特征。

企业社会责任思想有悠久的历史渊源，如果抛开现代企业制度的限制，这一思想甚至可以追溯到古希腊时期。但是近一百年来，企业是否应当履行社会责任这一问题在学者间引起了很大争议。企业社会责任要求企业在获取利润的同时兼顾社会需求，这种观点从表面上看与古典经济学"利润最大化"的思想可能相违背。在这一问题上，新自由主义经济学家特别是新奥地利学派的哈耶克以及芝加哥学派的弗里德曼都对这种观点提出了反对意见。他们提倡市场自由运作，反对政府干预，认为个人在经济活动中的利己行为可以实现社会福祉的最优化与最大化，而企业如果承担社会责任，便是对自由社会基础的颠覆。虽然自由主义提倡市场经济，保护私有产权与个人自由，反对政府对经济活动的过多干预，是维护自由市场竞争的理论基石，但是在现今市场竞争环境下，"企业承担社会责任是对自由社会基础的颠覆"这一观点有待商榷。

另外，一些学者和国际组织也倡议企业通过履行社会责任来实现可持续发展。张维迎认为，在健全的市场制度下，企业追求利润、为客户创造价值以及承担社会责任之间不仅不相矛盾，而且基本是一致的。彼得森和阿维森更是提出了"道德经济"这一概念，他们认为可以通过道德将企业、消费者、员工和其他利益相关者的目标转移到超越利润的社会目标上，以这一新型"社会契约"为基础，实现商业利益与社会利益相统一的道德经济。

本研究认为，上述学者们关于企业社会责任认识的差异，恰恰反映了目前关于企业社会责任的研究存在理论与实践间的差距。作为制造业中最大的单一部门，汽车产业对国民经济的重要性不言而喻。一方面，汽车生产与使用过程中的环境负荷较大；另一方面，汽车产业价值链较长，对国民经济与社会生活的影响较大。因此，本研究希望以具有行业代表性的发达国家汽车企业为切入点，通过对发达国家汽车企业履行社会责任的机制与实践展开分析，回答企业能否通过履行社会责任实现经济、社会与环境间协调可持续发展的问题，并为中国汽车企业履行社会责任提供模式参考。

正如上面所提到的，本研究主要致力于回答企业履行社会责任与企业利润最大化是否相矛盾这一核心问题，而对这一问题的回答是以发达国家汽车产业为切入点的。为了实现上述研究目的，本研究将从以下几个方面进行。首先，问题的提出部分。在梳理企业社会责任理论背景与现实背景的基础上，提出问题，这一部分将在第一章中进行阐述。其次，分析与实证研究部分。该部分为研究的核心，主要包括理论基础构建、发达国家汽车企业社会责任战略性转变、发达国家汽车企业社会责任实施路径及表现评价等主体研究部分，以及由发达国家汽车企业履行社会责任的成效分析与案例分析两章组成的实证研究部分。最后，研究的结论部分。提出关于构建中国汽车企业履行社会责任的机制和模式的建议。下面以章为单位，简要介绍一下本研究的主要研究内容、结论和发现。

第一章"绪论"主要交代研究背景、研究目的、研究意义及研究方法。在对理论背景、现实背景进行梳理与分析的基础上，交代本研究开展的大背景。通过回顾企业社会责任思想起源与论争以及分析目前研究存在的不足，结合汽车产业特性，明确开展本研究的动因就是要为中国汽车企业真正负起社会责任、实现产业的可持续发展提供借鉴。接下来，对研究目的、研究意义及研究方法进行说明，并简述本研究的创新之处和存在的不足。

第二章"企业社会责任及其相关理论分析"通过理论回顾及文献综述为本研究奠定了理论基础。通过对企业概念界定的回顾，认为企业具备自然与社会两种属性。接下来，对企业社会责任理论的发展脉络进行回顾，剖析了企业社会责任理论的演进过程，在对相关概念进行综述的基础上界定了企业社会责任的内涵。在此基础上，从工具化理论视角中选取利益相关者理论、资源基础理论，从伦理理论视角中选取可持续发展理论进行了进一步的理论梳理，为企业承担社会责任、实现企业可持续发展提供了系统理论支撑。

第三章"发达国家汽车企业社会责任的演进及影响因素分析"主要分析了发达国家汽车企业社会责任的转变及其内外部影响因素。在梳理 Porter 和 Kramer 提出的"共享价值"理论基础上，通过对发达国家主要汽车企业履行社会责任的演变和发展的分析，本研究认为这些企业已经从对环境问题的关注、将环境问题与社会问题并重过渡到寻找共同价值、进行企业社会责任战略性转变这一阶段。这主要是受政府制度安排、利益相关者诉求及市场机制性因素约束与促进的影响，同时，经济与产业发展水平、技术创新能力等也为这种转变提供了基础。

第四章"发达国家汽车企业履行社会责任的实践路径"主要分析了发达国家汽车企业如何履行社会责任。本研究发现，为了实现"经济人"与"社会人"的相容与统一，发达国家汽车企业履行社会责任的实践路径主要涵盖以下几个方面：第一，制定与实施企业社会责任战略，确保企业社会责任融入价值链形成全过程；第二，回应投资者、员工、消费者等主要利益相关者的诉求，让他们做好企业社会公民；第三，着重考虑行业及产品特征，开展环境经营活动，降低企业环境负荷，提高产品环保性能。这将为中国汽车企业提高企业社会责任表现水平提供模式参考。

第五章"发达国家汽车企业社会责任表现评价"以全球报告倡议组织（GRI）可持续发展报告标准为基础对发达国家汽车企业社会责任表现进行评价。客观、准确地评价发达国家企业社会责任表现，明确其可取与可提升之处，对于探讨"经济人"能否在实现自身利润最大化的情况下促进社会福祉的提高颇为重要。本章基于 GRI 可持续发展报告标准对发达国家汽车企业社会责任表现进行评价，评价范围涵盖了公司战略、治理、承诺与参与、经济绩效、环境绩效及社会绩效几个方面，为了解发达国家汽车企业社会责任表现提供了新的视角。

第六章"发达国家汽车企业履行社会责任的成效分析"系统分析了发达国家汽车企业通过履行社会责任所取得的经济成效、社会成效、环境保护成效。在此基础上，本研究对企业社会责任表现与企业业绩之间的关系进行了实证检验。实证结果表明，发达国家汽车企业通过履行社会责任，提升了企业社会责任的总体表现水平，促进了资产收益率与托宾 Q 值等企业业绩指标的提升，而良好的企业业绩又进一步提升了企业社会责任表现水平。这一研究结论从某种程度上表明企业履行社会责任与实现利润最大化并不矛盾。

第七章"大众集团企业社会责任案例研究"对德国大众集团企业社会责任案例进行研究。大众集团作为德国最大、最具影响力的企业，非常重视企业社会责任。2018 年，大众集团将企业社会责任提高到企业战略层面，并且构建了完善的企业社会责任与可持续发展治理结构，确保企业社会责任战略的贯彻与实施。大众集团通过履行经济责任、社会责任与环境责任，取得了良好的成效。通过对这一具有代表性的微观企业案例进行分析，笔者认为企业通过实施以满足利益相关者诉求为核心的企业社会责任战略，可以实现自身盈利的增多与社会福祉水平的提高。

第八章"中国汽车企业履行社会责任的机制及模式构建"为本研究的政策建议部分。在借鉴发达国家经验的基础上，为实现中国汽车产业可持续发展，笔者建议实施包括进一步完善外部制度性供给、建立强制性企业社会责任信息披露制度及培育绿色市场在内的外部约束与促进机制。同时，企业自身也要实施企业社会责任战略，建立与其相适应的公司治理机构，加强新能源技术创新，开展环境经营活动，持续降低环境负荷，并积极回应主要利益相关者的诉求。

目　录

图目录

表目录

第一章

绪　论

随着经济全球化、资源趋紧与环境压力的加剧，如何实现"既能满足当代人的需要，又不对后代满足其需要的能力构成危害的发展"的系列问题成为学者们研究的重点，而企业社会责任（Corporate - Social - Responsibility , CSR）又是其中的一个焦点。许多社会组织已经承认企业社会责任的重要性，并在其日常运营过程中对社会福祉的提升做出了重要贡献。[①] 企业通过承担社会责任，提高了其在利益相关者如消费者眼中的声誉与忠诚度，以此获取竞争优势并提高其市场表现及利润水平[②]，从而提高人类整体福祉水平。近年来，中国取代美国成为全球第一大汽车市场，汽车企业通过承担相应的社会责任，实现产业的可持续发展尤为重要。从以不完全竞争和规模效益递增为特征的发达国家汽车产业切入，系统研究企业履行社会责任的制度安排、实践路径，特别是对作为经济个体的企业盈利能力影响的分析，对于实现我国汽车产业可持续发展具有重要的理论和现实意义。

第一节　研究背景

一　理论背景

"企业社会责任"这一概念是由美国学者谢尔顿（Oliver Sheldon）于

---

① Kinard J, Smith M E, Kinard B R. Business executives' attitudes toward social responsibility: Past and present [J]. American Business Review, 2003, 21 (2): 87 - 91.

② Miles M P, Covin J G. Environmental marketing: A source of reputational, competitive, and financial advantage [J]. Journal of Business Ethics, 2000, 23 (3): 299 - 311.

1924 年正式提出的。在过去几十年中，"企业社会责任"这一概念的重要性和显著性持续提升，已成为学术界讨论、评价与理论建构及研究的重点。尽管对其含义和范畴的争论不断，但企业社会责任在学术界和实践界仍得到了发展和演进。而企业除了赚取利润外，还对社会负有其他责任这一观点则已经存在几个世纪之久。①

关于企业社会责任这一领域的研究中，充盈着大量的理论、方法与术语。"社会与企业""社会事务管理""公共政策与企业""利益相关者管理""企业责任"等仅是用来描述与企业社会责任相关现象的术语中的一部分。针对企业社会责任研究领域中理论与方法丛生、争议与含糊概念并存的现象，为了使这一领域内的相关理论与观点更加清晰，Garriga 和 Melé 将企业社会责任的主要理论划分为以下四组。②

（一）工具化理论

在该组理论中，企业社会责任被看作实现企业经济目标特别是创造财富的战略性工具，该组理论仅考虑商业与社会之间在经济方面的相互影响，只有与财富创造相符的社会活动才会得到支持。企业社会责任被视为企业获取利润的工具，所以该组理论被称为工具化理论。弗里德曼的"企业对于社会的唯一的责任在于在法律的框架及传统的范围内为利益相关者实现利润的最大化"③ 是该组理论的代表性观念。按其所表述的经济目标的不同，这组理论又可以进一步分为以下三种。一是利益相关者利益最大化理论：侧重股东利益最大化，具有短期利润导向。二是获取竞争优势的战略理论：强调竞争优势获取并产生长期效益。三是事件营销理论：以事件为载体开展营销活动以提升企业形象。

---

① Carroll A B, Shabana K M. The business case for Corporate Social Responsibility：A review of concepts, research and practice [J]. International Journal of Management Reviews, 2010, 12 (1)：85 – 105.

② Garriga E, Melé D. Corporate Social Responsibility theories：Mapping the territory [J]. Journal of Business Ethics, 2004, 53 (1 – 2)：51 – 71.

③ Friedman M. Capitalism and Freedom [M]. Chicago：University of Chicago Press, 2009 (1962)：133.

（二）政治理论

该组理论强调企业的社会力量，主要关注企业与社会的相互作用与联系，以及企业在与此力量相联系的政治领域中所肩负的责任，包含了关于企业社会责任争论中的政治考虑与政治分析。政治理论认为企业应当承担相应的社会义务，并参与一定的社会合作。该组理论主要分为公司宪政理论与企业社会公民理论，前者强调企业作为社会中的组织机构，要负责任地使用社会权利；后者则将企业视为社会公民，认为企业应当对社区及合作伙伴等承担相应的责任。

（三）整合理论

该组理论主要关注企业如何满足、整合社会需求，认为企业的生存、延续与成长要依靠社会。社会需求通常被看作社会与工商业的互动方式，企业通过满足社会需求获得合法性与声誉。因此，企业在管理过程中要考虑社会需求，并将其整合到符合社会价值体系的方式中去。这组理论又可以进一步分为以下四种。一是事件管理理论：企业在组织范围内对社会问题做出反应。二是公共责任原则理论：企业在公共政策框架内承担适度的责任。三是利益相关者管理：通过对利益相关者的管理整合社会需求。四是企业社会表现理论：重点强调企业通过对社会需求做出适度回应获取社会合法性。

（四）伦理理论

该组理论主要关注为了巩固企业与社会之间的关系，社会对企业的伦理期求。这一理论是建立在做正确的事情或实现良好社会这一原则基础上的。根据这一理论，企业应当将社会责任作为必须承担的义务来接受。这组理论又可以进一步分为以下四种。一是规范利益相关者理论：满足受企业经营活动影响或影响企业经营的组织和个人的利益诉求。二是普适权利理论：强调在全球化的背景下人权是企业社会责任的基础。三是可持续发展理论：强调企业要对可持续发展做出贡献等宏观层面的价值理念。四是共好理论：认为社会的共好对于企业社会责任具有借鉴价值。

Garriga 与 Melé 通过对企业社会责任领域相关理论和概念的梳理，界定了企业社会责任理论的边界，并使相关理论体系化，使得学者们对这一概念的认识更加清晰。① 从上述四组理论观点看，无论从何种动机出发，企业都需要承担相应的社会责任。

鉴于企业社会责任对于作为微观主体的企业与作为宏观主体的经济社会都具有重要的意义，相关学者对企业社会责任开展了大量的研究。通过对 Elsevier、EBSCO、Emerald、Springer、Wiley 等数据库中关于企业社会责任研究方面论文的不完全搜索，可以发现学者们关于企业社会责任的研究主要集中在以下几个方面。

1. 企业社会责任概念框架的发展

1953 年，Bowen 出版了《商人的社会责任》一书，开始了现代理论界关于企业社会责任的理论建构。此后，Davis[②]、Frederick[③]、Jones[④]、Epstein[⑤]等对企业社会责任概念进行了探讨，Carroll 等[⑥]、Garriga 与 Melé[⑦]则对企业社会责任概念及演进等进行了回顾。此外，Freeman[⑧]、Berman 等[⑨]从利益相

---

① Garriga E, Melé D. Corporate Social Responsibility theories：Mapping the territory［J］. Journal of Business Ethics, 2004, 53（1 - 2）：51 - 71.

② Davis K. Can business afford to ignore social responsibilities?［J］. California Management Review, 1960, 2（3）：70 - 76.

③ Frederick W C. The growing concern over business responsibility［J］. California Management Review, 1960, 2（4）：54 - 61.

④ Jones T M. Corporate Social Responsibility revisited, redefined［J］. California Management Review, 1980, 22（3）：59 - 67.

⑤ Epstein E M. The corporate social policy process：Beyond business ethics, Corporate Social Responsibility, and corporate social responsiveness［J］. California Management Review, 29（3）：99 - 114.

⑥ Carroll A B, Shabana K M. The business case for Corporate Social Responsibility：A review of concepts, research and practice［J］. International Journal of Management Reviews, 2010, 12（1）：85 - 105.

⑦ Garriga E, Melé D. Corporate Social Responsibility theories：Mapping the territory［J］. Journal of Business Ethics, 2004, 53（1 - 2）：51 - 71.

⑧ Freeman R E. Strategic Management：A Stakeholder Approach［M］. Boston：Pitman Publishing Inc, 1984.

⑨ Berman S L, Wicks A C, Kotha S, et al. Does stakeholder orientation matter? The relationship between stakeholder management models and firm financial performance［J］. The Academy of Management Journal, 1999, 42（5）：488 - 506.

关者角度对企业社会责任理论进行了研究；Wernerfelt[①]、Barney[②] 与 Hart[③] 等从资源角度对利益相关者理论进行了探究；可持续发展、企业社会公民等也是学者们建构企业社会责任概念框架的着眼点。

2. 企业社会责任表现的测度

对企业社会责任的概念进行整理，对企业社会责任进行测量是企业社会责任研究领域的另一个重点。Aupperle 等首次通过量表测量对企业社会责任进行了评价[④]，这种基于被访者主观评价的测量方法目前被很多研究者所使用。Abbott 和 Monsen[⑤]、Ganescu[⑥] 等则通过内容分析法对企业社会责任表现进行了测量。目前对企业社会责任表现进行的测量多以全球报告倡议组织（Global Reporting Initiative，GRI）的可持续发展报告框架为基础。其他一些专业机构基于商业目的，也对企业社会责任进行了专业评价，并形成了专业数据库，定期发布社会责任投资指数，如 MSCI 的 ESG 指数（原 KLD 指数）、Dow Jones 的道琼斯可持续发展指数（DJSI）等。

3. 企业社会责任表现与企业业绩关系的研究

自从弗里德曼提出"企业的社会责任就是获取利润"这一观点，学者们开始探索企业社会责任表现与企业业绩之间的关系，研究成果颇丰。

① Wernerfelt B. A resource – based view of the firm [J]. Strategic Management Journal, 1984, 5 (2)：171 – 180.

② Barney J. Firm resources and sustained competitive advantage [J]. Journal of Management, 1991, 17 (1)：99 – 120.

③ Hart S L. A natural – resource – based view of the firm [J]. Academy of Management Review, 1995, 20 (4)：986 – 1014.

④ Aupperle K E , Carroll A B, Hatfield C J D. An empirical examination of the relationship between Corporate Social Responsibility and profitability [J]. The Academy of Management Journal, 1985, 28 (2)：446 – 463.

⑤ Abbott W F, Monsen R J. On the measurement of Corporate Social Responsibility：Self – reported disclosures as a method of measuring corporate social involvement [J]. Academy of Management Journal, 1979, 22 (3)：501 – 515.

⑥ Ganescu M C. Corporate Social Responsibility, a strategy to create and consolidate sustainable businesses [J]. Theoretical and Applied Economics, 2012, 11 (11)：91 – 106.

Preston 和 O′Bannon[1]、Margolis 和 Walsh[2]、Orlitzky 等[3]、Chang 和 Kuo[4]、Burhan 和 Rahmanti[5] 所开展的研究被广泛引用。除了研究企业社会责任表现与企业财务业绩之间的关系外，Torres 等[6]、Miles 和 Covin[7] 也对企业社会责任与品牌形象、客户满意度以及竞争优势间的关系开展了研究。

4. 企业社会责任的践行模式

对于企业在日常运营过程中如何管理、履行社会责任，学者们也进行了重点研究。这一研究成果可以为理论建构提供实践材料，并为企业日常运营提供经验指导。关于汽车企业在这方面的研究，则涵盖了汽车设计[8]、技术创新[9]、绿色供应链管理与报废车辆处理[10]等方面。

综上，关于企业社会责任的理论探索取得了很大进展。在理论建构上，特别是在伦理理论方面，学者们将企业社会责任与可持续发展理念相整合，更加关注企业所处的环境及企业发展的可持续性。同时，学者们在研究中

[1] Preston L E, O′Bannon D P. The corporate social – financial performance relationship: Atypology and analysis [J]. Business & Society, 1997, 36 (4): 419 – 429.

[2] Margolis J D, Walsh J P. People and Profits? The Search for a Link Between a Company′s Social and Financial Performance [M]. Mahwah, NJ: Lawrence Erlbaum Associates, 2001.

[3] Orlitzky M, Schmidt F L, Rynes S L. Corporate social and financial performance: A meta – analysis [J]. Organization Studies, 2003, 24 (3): 403 – 441.

[4] Chang D, Kuo L R. The effects of Sustainable Development on firms′ financial performance—An empirical approach [J]. Sustainable Development, 2008, 16 (6): 365 – 380.

[5] Burhan A H N, Rahmanti W. The impact of sustainability reporting on company performance [J]. Journal of Economics, Business, and Accountancy Ventura, 2012, 15 (2): 257 – 272.

[6] Torres A, Bijmolt T H A, Tribó J A, et al. Generating global brand equity through Corporate Social Responsibility to key stakeholders [J]. International Journal of Research in Marketing, 2012, 29 (1): 1 – 24.

[7] Miles M P, Covin J G. Environmental marketing: A source of reputational, competitive, and financial advantage [J]. Journal of Business Ethics, 2000, 23 (3): 299 – 311.

[8] Mayyas A, Qattawi A, Omar M, et al. Design for sustainability in automotive industry: A comprehensive review [J]. Renewable and Sustainable Energy Reviews, 2012, 16 (4): 1845 – 1862.

[9] Khaledabadi H J, Magnusson T. Corporate Social Responsibility and knowledge management implications in sustainable vehicle innovation and development [J]. Communications of the IBIMA, 2008.

[10] Thun J, Müller A. An empirical analysis of green supply chain management in the German automotive industry [J]. Business Strategy and the Environment, 2010, 19 (2): 119 – 132.

也注重企业日常运营中的社会责任实践，对企业在日常经营过程中的社会责任履行问题进行了深入研究，这些都为本研究提供了理论基础和探索方向。

二 现实背景

18世纪60年代开始的第一次工业革命，标志着人类社会开始进入大机器生产时代。此后，科学技术的进步使人类依次进入蒸汽时代、电气时代、信息时代，生物克隆技术、航天科技、纳米技术以及人工智能等先进技术的出现更是深远地影响了人类的现实生活与未来愿景。随着技术进步，作为目前最有效率的经济组织，企业掌握、支配并消耗了大量的资源与能源，雇用了大量工作人员，并与政府、消费者、股东、非政府组织等交织在一起，深刻地影响了人类的经济生活，是经济社会领域的重要力量。

企业在创造财富、改变人类生活的同时，自身的运营也受到自然、环境与社会的制约并对其造成影响，这些制约主要表现在以下三个方面。

（一）自然资源与能源趋紧

大自然是人类生存和发展的基础，但人类不断增长的资源需求对自然环境造成了极大压力，全球生物多样性在1970年到2008年下降了28%，热带地区下降了60%。人类对自然资源的需求自1966年以来翻了一番，我们正在使用相当于1.5个地球的资源来维持我们的生活。① 如果人类社会继续传统的生产、消费模式，那么自然资源与能源将很难满足人类社会未来需求。

（二）环境污染日趋严重

工业化进程带来了严重的环境问题，一系列突发的环境事故和大规模的环境污染制约了可持续发展的实现。20世纪30年代以来，世界出现了一系列环境公害问题，如1930年发生的比利时马斯河谷烟雾事件、1943年的美

---

① World Wide Fund for Nature. Living planet report［R/OL］. 2012［2013 - 9 - 1］. http：//wwf. panda. org/about_ our_ earth/all_ publications/living_ planet_ report/2012_ lpr/.

国洛杉矶化学烟雾事件、1952 年的伦敦烟雾事件、20 世纪 50～70 年代的日本"四大公害病"。这些事件仅是世界环境污染加剧的缩影。为了促进环境领域内的国际合作，1973 年联合国环境规划署（United Nations Environment Programme，UNEP）正式成立，推动了一系列国际峰会的召开，环境污染问题已经得到各国政府和组织的重视，但 CO_2 排放量和化学品产量依旧维持高位，人类社会应对气候变化、生物多样性丧失和土地荒漠化问题还有漫长的道路要走。

（三）社会问题相对突出

与工业化进程相伴随，人类也面临除资源、环境以外的其他社会问题，例如如何控制人口的快速增长、提供更多的工作岗位、消除贫困、提供充足的粮食等。全球有 13 亿人每天的收入低于 2 美元，有 9.25 亿饥饿人口，有 8.84 亿人仍然没有获得安全饮用水。解决这些社会问题，除了需要政府和非政府组织的努力，作为社会公民的企业也要做出努力，承担自身应当肩负的责任。[①]

自然资源与能源、环境与社会方面存在的瓶颈是企业经营过程中无法回避的问题，企业在日常经营中，必须考虑自然、环境与社会问题，切实承担社会责任，寻求自身与经济社会的协调可持续发展。企业在日常经营中面对上述制约所开展的承担自身社会责任的实践活动，为本研究提供了现实基础。

第二节　企业社会责任思想渊源与观点论争

一　企业社会责任思想渊源

虽然"企业社会责任"这一概念是美国学者谢尔顿在 1924 年正式提出的，但这一观念的历史非常悠久，如果抛开现代企业的限制，甚至可以追溯

---

① 联合国. 里约 + 20 我们期望的未来 ［EB/OL］. 2012 ［2013 - 9 - 12］. http：//www. un. org/zh/sustainablefuture/water. shtml.

到古希腊时期。在希波战争后，古希腊经济生活繁荣昌盛，工商业的发展成为推动社会发展的重要因素。此时的商人地位比较卑微，谋利活动被严加限制，社会对他们的期望就是为社会提供服务。社会的压力和希望被社会其他成员接受的压力促使商人追求社会利益。

中世纪的欧洲，教会神权政治思想不断发展，教会在一定程度上规范着人们的日常生活并在很大程度上影响着国家的运转。在教会的观念中，商人的营利动机是反基督教的，商人和整个商业体系都是不被信任的，教会认为商业只能为公共利益而存在。商人要诚实，遵守商业伦理赋予的道德义务，包括价格公平，支付雇员工资，照料行会成员，并关心所在社区的普遍福利。教会在中世纪的社会生活中影响如此广泛，以至于商人对自身的道德性也产生了怀疑。[①]

随着欧洲封建社会的瓦解，重商主义兴起。在重商主义时期，人们对维护并获取以金银和各种财宝为代表的商业资本呼声甚高，在地理大发现的同时，贸易顺差论促进了市场的形成，即促进各国国内市场的统一和世界市场的形成，并推动对外贸易的发展。对于商业资本，重商主义在不同的历史阶段提出了不同的要求。早期的重商主义（15 世纪至 16 世纪中期）认为拥有稀缺金属是国家富裕的特征，限制对外贸易，严禁货币输出；晚期的重商主义（16 世纪晚期至 17 世纪）则强调贸易差额论，认为对外贸易应该"多卖少买"，以达到金银流入的目的。商人对利益的追求在该时期得到了鼓励，但同时也被要求承担社会义务。

工业革命使工厂制代替了手工工场，机器代替了手工劳动，人类社会开始逐步步入工业化时代。这一时期，古典经济学思想体系开始形成。亚当·斯密在《国富论》中主张社会应当利用"改善我们境况"这种本能的驱动力，政府不应该限制自利的人，因为自利是一种丰富的自然资源；如果依赖慈善和利他主义，人们可能会变成"傻瓜"，国家可能会变得贫困。亚当·斯密宣称，人类持续不断地需要他人的帮助，但要是"期望这种帮助只是

---

① Saleem S. Corporate Social Responsibilities: Law and Practice [M]. London: Cavendish Publishing, 1996.

出于人们的乐善好施"是会让希望落空的，"如果他能证明这是为了他们的利益，他更有可能获得成功"。① 亚当·斯密的这种为实现个人目标所采取的利己行为，在市场这一"看不见的手"的指引下会实现共同繁荣的观点，磨灭了企业履行社会责任的主动性与自发性。

可以看出，在 20 世纪以前，在利润最大化思想的影响下，企业缺乏对社会责任的认识，虽然当时有一些企业参与社区建设、兴办学校等活动，但还没有形成企业对社会责任普遍重视与思考的环境。社会达尔文主义是当时社会的主要思潮，其"人特别是男性必须为了在未来能够生存而竞争，不能给予穷人任何援助，他们必须自己养活自己"的竞争思想和"社会福利等机构允许不适合的人生存的情况应该得到纠正"的优生学思想在一定程度上也影响了当时的企业对社会责任的认知。

20 世纪初，在工业化进程的推动下，西方国家的企业发展迅速，企业规模、重要性以及影响力不断扩大和增强。这些大企业拥有巨大的社会影响力，影响着社会的发展。越来越多的人开始认为，企业与社会在本质上是有机组合在一起的，只是这种情况可能尚未被人们了解。② 这一时期，美国钢铁公司、科罗拉多燃料与钢铁公司等企业对企业履行社会责任的举动公开表示支持。

在企业相关实践的支持下，20 世纪 20 年代以后，学术界对企业应该承担的社会责任有了初步的探索性研究。1924 年，美国学者谢尔顿在其著作《管理的哲学》一书中，将企业社会责任与企业经营者满足产业内外各种人群需要的责任联系起来，认为道德因素在企业社会责任内涵中占有相当重要的地位。③ 哥伦比亚大学教授 Berle 和 Means 是最早解释并正式记录发生在美国经济中的这种变革的企业研究者之一。1932 年，他们在其开创性的著作《现代公司与私有产权》中，就已经提醒读者们要注意公司经理们不断

---

① 布赫霍尔茨，托德. 经济学大师们 ［M］. 黄延峰，译. 北京：中信出版社，2012：25 - 26.

② Frederick W C. From CSR1 to CSR2：The maturing of business - and - society thought ［J］. Business & Society，1994，33（2）：151.

③ Sheldon O. The Philosophy of Management ［M］. London ：Sir Isaac Pitman and Sons Ltd.，1924.

增长的权力：对公司权力如此多的关注以及如此多样化的利益关系引起了关于权力和监管问题的长期争论……绝对的权力对于组织的建设是有益处的，但同样可以肯定的是来自社会的压力要求这种权力被用来服务于所有的利益相关者。① 通过对上述有关企业社会责任思想渊源的分析，我们可以看出企业社会责任长期以来都是企业家和学者们自觉或不自觉所关注的重点问题。

二　企业社会责任观点论争

企业社会责任要求企业在获取利润的同时兼顾社会需求，这与古典经济学"利润最大化"的思想相违背。在对待企业社会责任问题上，学者们提出了不同的观点，出现了争论。在不断的争论中，企业社会责任理论思想也日趋完善，渐成体系。20 世纪 30 年代至今，一些著名的法学家、经济学家以及管理学家从各自领域出发，围绕企业是否应当承担社会责任、企业如何承担社会责任以及承担范围纷纷提出各自的观点和看法。从时间维度和讨论的内容上看，这些论争可以分为三个阶段。

（一）Berle 和 Dodd 关于管理者受托问题的论争

20 世纪 20 年代，美国经济被少数几个大公司所控制，这些企业的管理者拥有巨大的权力。这些大公司的发展主要依靠发行债券和企业间的"叠罗汉"，而当时美国公司由州政府自行监管，各州之间法律不尽相同，对于投资者的信息披露也主要依靠公司自律。在公司所有权与经营权相分离且没有得到相应监管的情况下，企业管理者可以利用自身的控制权去追求股东利益之外的目标。企业管理者的公司控制权问题引起了美国法律界的广泛关注。20 世纪 30 年代初，两位美国法学教授 Berle 和 Dodd 围绕着"企业对谁负责"这一问题发表了各自的看法，进行了公开的论战。

1931 年，Berle 在《哈佛法学评论》上发表《作为信托权力的公司权力》一文，认为"公司赋予管理者或公司内任何组织的权力，无论是来自公司自身还是公司章程，抑或这两者，当股东利益出现时，在任何时候都必

---

① Berle A A，Means G G C. The Modern Corporation and Private Property［M］. New York：Macmillan，1932：353.

须按比例地对股东负有责任"①。Berle 的这种观点可以总结为公司的权力必须为股东的利益服务，而管理者仅是公司的受托人。为了表明自己的观点，Dodd 在《哈佛法学评论》上发表《公司管理者是谁的受托人》一文，阐述当企业的所有者雇用管理者协助运营企业时，管理者不仅对他的受托人负有契约上的责任，同时也对受托人的利益负责；当企业被看作独立个体时，企业与外部形成契约关系，管理者此时是企业而非股东的受托人，以此表明"企业作为一个经济组织，在创造利润的同时也要为社会做出贡献"②。

Berle 迅速对 Dodd 的观点进行了回应，他承认 Dodd "在经济与社会理论背景下，企业社会责任正在发生本质变化"的观点，但是拒绝承认其在法律上的效力，Berle 坚持认为"企业存在的唯一目的就是为股东创造价值"③。这场论战以 Dodd 在《芝加哥大学法律评论》上发表《有效推进企业管理者"受托"是否可行》④ 一文而结束。

Berle 在回应 Dodd 时，已经承认企业社会责任正在发生本质变化，在其与 Means 合著的《现代公司与私有产权》一书中已经表明"对所有权的索取与控制都不能与至上的社会利益相违背"⑤，并接受了 Dodd 宽泛的受托原则。Dodd 承认其早期一些关于企业社会责任的观点已经可以通过给予劳动者一些法律保护并鼓励劳动者通过自我组织与管理层就条款进行平等协商来实现。⑥ 1954 年，Berle 在《20 世纪资本主义革命》一书中认识到最低工资制、反垄断法以及其他法律的实施给美国社会带来的变化，公开承认 Dodd

---

① Berle A A. Corporate powers as powers in trust [J]. Harvard Law Review，1931，44（7）：1049 - 1074.

② Dodd E M. For whom are corporate managers trustees? [J]. Harvard Law Review，1932，45（7）：1145 - 1163.

③ Berle A A. For whom corporate managers are trustees：A note [J]. Harvard Law Review，1932，45（8）：1365 - 1372.

④ Dodd E M. Is effective enforcement of the fiduciary duties of corporate managers practicable? [J]. University of Chicago Law Review，1935，2（2）：194 - 207.

⑤ Berle A A，Means G G C. The Modern Corporation and Private Property [M]. New York：Macmillan，1932：356.

⑥ Dodd E M. The supreme court and fair labor standards，1941 - 1945 [J]. Harvard Law Review，59（3）：321 - 375.

教授观点的正确性："20年前，我和哈佛大学法学院已故教授 Dodd 有过一场论战，我认为公司的责任是对股东的受托责任，而 Dodd 教授认为公司的责任是对整个社会的受托责任，这场论战以我同意 Dodd 的观点而结束（至少到目前为止）。"[1] 可以看出，Berle 已经将企业作为既有经济动机——受股东委托，而又承担企业社会责任——受社会委托的受托人来看待。

在 Berle 和 Dodd 将近20年的有关公司信托责任的争论中，其观点在一定程度上是相容的，他们都认同企业社会责任的缺乏以及需要通过法律促使公司承担责任，他们之间最大的分歧在于企业的管理者们是仅仅应当承担股东们的委托责任，还是应当承担更加广泛的委托责任。可以看出，在20年间，两位学者的观点都发生了变化，这场论战最后以达成"企业应该承担宽泛委托责任"的共识而结束。

（二）Berle 和 Manne 基于不同市场类型的企业社会责任论争

20世纪60年代，关于企业社会责任的争论更加深入。1962年，Manne 在《哥伦比亚大学法学评论》上发表《对现代公司的"激烈批判"》一文，深入探讨了现代公司的政治地位，批驳了 Berle 现代公司要承担企业社会责任的观点："《现代公司与私有产权》像民谣作品一样，一些重要观点建立的基础是不坚实的，他认为所有权的分离和控制与垄断环境有特殊的关系确实是成立的，但他并没有提供相关例证，并且，事实上可能并不是因为垄断，而是因为不完全竞争引起了这些困难。"[2] Manne 坚持认为在纯粹的商业角度下，将时间和资源花在非利润驱动的活动上将非常容易导致效率低下，因此反对企业承担社会责任。

在同一期的《哥伦比亚大学法学评论》上，Berle 发表了《公司制度的现代功用》一文，对 Manne 的观点进行了回应。Berle 在文中直指 Manne 观点建立的基础，认为将现代公司置于古典自由资本主义范式下进行分析缺乏合理性，指出如果将大型的现代公司放到自由市场的框架下分析，会显得非

---

① Weiner J L. The Berle - Dodd dialogue on the concept of the corporation [J]. Columbia Law Review, 1964, 64 (8): 1458 - 1467.

② Manne H G. The "higher criticism" of the modern corporation [J]. Columbia Law Review, 1962, 62 (3): 399 - 432.

常笨拙。Berle 进一步指出，与我们通常认识所不同的是，事实上大多数美国产业都属于"计划"行列，并列举了国防产业、石油产业、金属产业等进行说明。①

Berle 和 Manne 在 20 世纪 60 年代关于企业社会责任的论争，与 Berle 和 Dodd 自 20 世纪 30 年代起到 50 年代的论争有本质的区别。一方面，争论的问题不同，Berle 和 Dodd 的论争是关于管理者受托问题的论争，而 Berle 和 Manne 的论争是以古典自由竞争市场理论为基础的传统企业理论与现代企业理论之争；另一方面，对问题的基本态度不同，Berle 和 Dodd 都认为企业应承担一定的社会责任，利润并非企业唯一目标，而 Manne 从自由竞争角度出发，认为企业承担社会责任会影响企业运营效率。通过分析可以看出，Berle 和 Manne 的分歧在于对市场充分竞争看法的不同，双方立场截然不同，难以达成共识。

（三）企业社会责任的现代论争

在 Berle 和 Dodd、Berle 和 Manne 之间关于企业社会责任的论争结束后，有关企业是否应当承担社会责任的论争范围在不断扩大，越来越多的学者开始从各自的领域及价值取向入手对这一问题做出自己的判断。

1. 自由主义企业社会责任的否定论

以弗里德曼、哈耶克为代表的新自由主义经济学家，提倡市场自由运作，反对政府干预，以此维持政治和社会自由。他们相信市场的力量，呼吁并维护人们的自由，认为企业履行社会责任会颠覆自由社会。

在诸多反对企业承担社会责任的经济学家中，以芝加哥学派的弗里德曼最具代表性。弗里德曼认为企业的主要或者唯一目的就是股东利益最大化，在其著作《资本主义与自由》一书中，更是直言"有一种越来越被广泛接受的观点，即公司的管理者和工会的领导者在满足股东或其成员利益之外，还需要承担社会责任，这种观点从根本上违背了自由经济的特点和本质"②。1970 年，

---

① Berle A A. Modern functions of the corporate system ［J］. Columbia Law Review, 1962, 62 (3): 433－449.

② Friedman M. Capitalism and Freedom ［M］. Chicago: University of Chicago Press, 2009 (1962): 133.

弗里德曼针对当时对企业社会责任的讨论，发表《企业的社会责任就是获取利润》一文，指出："当企业家宣称企业不仅与利润相连，同时也在促进良好社会的形成时，他们认为他们是在维护企业自由……持这种论调的企业家实际上是过去几十年中动摇自由社会根基的人；同时，他还强调在自由社会、私有产权体系内，企业家的责任就是按照企业所有人的意愿，在法律和社会习俗的约束下，获取更多的利润。"①

另一位新自由主义代表人物哈耶克则深受奥地利学派自由主义、自由市场观念的影响。哈耶克坚信个人自由主义，他从自由主义角度出发，认为实现经济自由的途径就是实行市场经济，市场经济则是从个人主义出发而形成的。哈耶克认为，自由可以确保经济社会在不受外力干扰的情况下实现良好运行，而企业履行社会责任是对自由的剥夺，并将使政府获得干预经济的理由，企业所开展的慈善活动并不能持久开展下去。②哈耶克在《通向奴役之路》《自由宪章》等书中所表达的有关政府对经济的过度干预、对个人自由权利的侵犯及其所导致的暴政是其得出这种结论的理论基础所在。

弗里德曼与哈耶克对企业承担社会责任的反对意见都建立在自由主义的基础上，认为企业如果承担社会责任，会导致政府干预经济，从而影响经济、社会的自由。

2. 企业社会责任的支持论

在一些学者从各自的视角对企业承担社会责任提出质疑和批判的同时，企业应当承担社会责任的观点得到了越来越多的学者和相关国际组织的支持。1953 年，Bowen 出版《商人的社会责任》一书后，学者们对企业社会责任的研究逐步深入，并取得了丰硕的成果。

学者们从工具化理论、政治理论、整合理论以及伦理理论视角出发，对企业社会责任展开了广泛的研究。通过研究，学者们发现并得出下面

---

① Friedman M. A Friedman Doctrine：The social responsibility of business is to increase its profit [J]. The New York Times Magazine, 1970, 32 –33 (33)：173 –178.
② Hayek F A. The Corporation in a Democratic Society：In Whose Interest Ought It and Will It Be Run [M] // Ansoff H. I. Business Strategy. Harmondsworth：Penguin, 1969：124 –146.

一些结论：企业通过承担社会责任，可以增强自身的竞争力，提高企业的经济效益；企业作为社会公民，应当承担相应的责任；企业应该关注在公司中存在利益并具有索取权的个人和群体的利益，将这些利益相关者的诉求纳入企业日常决策中；在全球环境恶化、气候变暖以及社会问题突出的环境中，企业必须承担更多的环境责任，为可持续发展贡献力量。

除了相关学者外，一些国际组织，如联合国永续发展委员会（United Nations Commission on Sustainable Development，UNCSD）、全球报告倡议组织、世界可持续发展工商理事会（WBCSD）等也积极倡导企业通过履行相应社会责任实现自身与经济、社会、环境的协调与可持续发展。

通过对上述有关企业社会责任的论争进行分析，可以看出学者们有关企业社会责任的论争主要集中在两点：一是企业作为受托人，其委托人是股东还是社会；二是企业除了获取经济利益外，是否应该承担一定的社会责任。通过不同学术思想的碰撞，学者们对企业社会责任的认知在发生变化，企业社会责任理论也在不断发展与演进。不同学者关于企业社会责任的思辨为本研究提供了最初的启发。

第三节　研究动机、研究目的与研究意义

一　研究动机与研究目的

1987 年，世界环境与发展委员会（WCED）在其发表的《我们共同的未来》这一报告中首次提出可持续发展理念。此后，在历经了 1992 年的联合国环境与发展会议、2002 年的可持续发展世界首脑会议以及 2012 年的联合国可持续发展大会等一系列里程碑式的会议后，可持续发展理念逐步被世界各国政府、非政府组织以及商业组织所接受，其内涵也在不断丰富和完善，实现可持续发展的人类社会发展路径也在逐步清晰。

经济成长与公平、保护自然资源和环境、社会发展（涵盖就业、粮食、教育、能源、保健、水和卫生等众多方面）是建立真正可持续生活方式所

需要采取行动的关键领域。① 实现人类的可持续发展，除了各国政府的参与，还需要企业界的共同努力，即承担更多的社会责任。世界可持续发展工商理事会、全球报告倡议组织等国际组织的建立，表明一些负责任的国际组织已经开始行动起来，促使企业通过积极承担社会责任为可持续发展做出积极努力。

世界上很少有像汽车产业这样庞大、多样化和具有影响力的产业。汽车产业作为世界上制造业中最大的单一部门，其管理实践、组织形式，特别是对环境压力所采取的行动，不但对本产业产生了重要影响，也同样影响着其他商业部门。② 汽车对于人类而言，是一项自由的发明。汽车使人们可以便利地生活、工作，而这种方式是一个多世纪以前的人们无法想象的。汽车同样为市场活动提供了便利。汽车产业是世界各主要国家的核心产业，全球每年大约生产 6000 万辆汽车，提供 900 万个整车制造及零部件制造岗位（约占世界制造业就业岗位的 5%）。汽车产业在为国民经济提供增长动力的同时，也对环境产生了不利影响。汽车产业消耗了大量资源与能源，而汽车在使用过程中也对环境造成持续影响，仅道路交通排放的 CO_2 就占了全球 CO_2 排放总量的 16%。③

为了实现汽车产业的可持续发展，发达国家汽车企业纷纷采取行动，积极承担社会责任，并取得了良好成效。以日本为例，2010 年汽油乘用车新车平均油耗仅为 17.1 千米/升（见图 1-1）；在生产过程中共排放 467 万吨 CO_2，较 1990 年下降 44.6%，降幅接近 50%；生产过程中的废弃物总量降至 668 吨，同 1990 年相比下降 97%；生产过程中单车 VOC 排放量为 39.8 克/厘米³，较 2000 年下降 50%。④

---

① 联合国. 约翰内斯堡首脑峰会：背景资料 [EB/OL]. 2002 - 8 [2013 - 9 - 22]. http：// www. un. org/chinese/events/wssd/basicinfo. html.

② Orsato R J, Wells P. The automobile industry & sustainability [J]. Journal of Cleaner Production, 2007, 15（11 - 12）：989 - 993.

③ OICA. An integrated approach [EB/OL]. 2007 [2013 - 9 - 22]. http：//oica. net/category/ climate - change - and - co2/.

④ JAMA. 2012 Report on environmental protection efforts [R/OL]. 2013 - 5 [2013 - 9 - 22]. http：//www. jama - english. jp/publications/env_ prot_ report_ 2012. pdf.

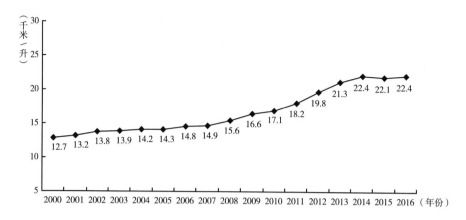

图 1 - 1 日本汽油乘用车平均油耗水平

资料来源：JAMA. 2018 Report on environmental protection efforts［R/OL］. 2019［2019 - 2 - 25］. http：//www. jama - english. jp/publications/MIJ2018. pdf。

汽车产业同样也是我国国民经济支柱产业。2009 年我国汽车产销分别达到 1379. 1 万辆（见图 1 - 2）和 1364. 48 万辆，超过美国成为世界第一汽车产销大国。2009 年、2010 年我国汽车产销平均增速保持在 40% 以上，汽车产业高速发展。近年来，虽然我国汽车市场增速放缓，甚至出现了负增长，但汽车产业的发展加大了对资源、能源的需求。同时，汽车保有量快速增长，城市空气污染严重（见图 1 - 3），这些瓶颈也制约了我国汽车产业的可持续发展。我国汽车企业如何在经营实践中承担自身的社会责任，实现产业的可持续发展，是一项非常现实的课题。而发达国家汽车产业历史悠久、技术先进、管理经验丰富，研究发达国家汽车企业社会责任，对于提高我国汽车企业社会责任水平与发展的可持续性，将提供模式上的参考。

通过文献回顾可以发现，虽然学者们关于企业社会责任的研究成果总体颇丰，但有两个方面的研究仍然略显不足：第一，从经济学角度而言，企业承担社会责任是否与古典经济学有关 "利润最大化" 的思想相矛盾，即企业承担社会责任在商业模式运作上是否可行；第二，关于企业承担社会责任的原因、企业社会责任评价、企业社会责任对企业竞争力的影响等问题的研究，特别是汽车产业方面的研究，还需要进一步深

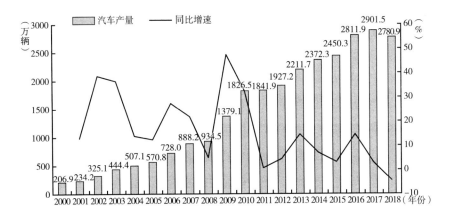

图1-2 我国汽车产业产量走势（2000~2018年）

资料来源：中国汽车工业协会（CAAM）。

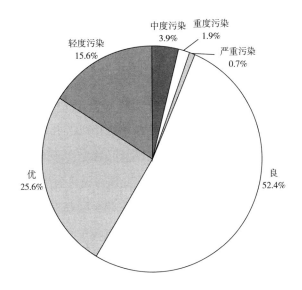

图1-3 2017年地级以上城市环境空气质量级别比例

资料来源：中华人民共和国生态环境部.2017中国生态环境状况公报［R/OL］.2018-5［2019-3-24］，http：//www.mee.gov.cn/hjzl/zghjzkgb/lnzghjzkgb/201805/P020180531534645032372.pdf。

化。此外，如何选择恰当的企业战略以确保公司实现可持续发展，是管理人员所面临的主要难题。找到驱动企业管理者承担相应的社会责任的相关因素对于促进企业的可持续发展具有重要意义。一些学者分析了影响企业承担社会责任的驱动因素①，但是关于汽车企业承担社会责任的驱动因素还需要进一步挖掘。而关于发达国家汽车企业社会责任评价方面，学者们一般只是针对欧洲、日本的汽车企业进行部分评价②，并没有对这些发达国家汽车企业在具体实践中的做法进行分析、总结。关于企业社会责任表现与企业业绩之间的关系方面的研究，也鲜有涉及汽车产业方面。更为重要的是，学者们对上述问题的研究尚处于相对分散状态，目前还缺少从微观经济主体出发系统论述上述问题的整合性研究。

综上，为了进一步缩小上述理论与实践的差距，笔者以发达国家汽车产业为切入点，希望通过研究进一步确证企业履行社会责任与实现自身利润最大化并不矛盾；同时，通过对发达国家汽车企业履行社会责任的机制与实践展开分析，为中国汽车企业真正负起社会责任从而实现产业的可持续发展提供借鉴。上述两点是笔者开展此项研究的主要动因。

二 研究目的

选择并且实施恰当的企业社会责任战略，可以对利益相关者（投资者、消费者、供应商、社区、非政府组织、合作伙伴以及分销商）、组织（如组织的股票价值、销量、知识资本、声誉以及品牌）以及环境产生积极影响，进而增加企业的附加价值，创造并强化企业的可持续发展。③

发达国家汽车企业显然已经注意到企业社会责任对于企业实现与自然、环境和社会协调可持续发展的重要性，并在实践中积极履行企业社会责任。

① Dummett K. Drivers for corporate environmental responsibility（CER）［J］. Environment, Development and Sustainability, 2006, 8（3）: 375 – 389; Williamson D, Lynch – Wood G, Ramsay J. Drivers of environmental behaviour in manufacturing SMEs and the implications for CSR ［J］. Journal of Business Ethics, 2006, 67（3）: 317 – 330.

② Ganescu M C. Corporate Social Responsibility, a strategy to create and consolidate sustainable businesses ［J］. Theoretical and Applied Economics, 2012, 11（11）: 91 – 106; Cortez M A. A, Cudia C P. Sustainability innovation and the impact on financial performance of Japanese automotive and electronics companies ［J］. Journal of International Business Research, 2010, 9 （1）: 33 – 46.

③ Ganescu M C. Corporate Social Responsibility, a strategy to create and consolidate sustainable businesses ［J］. Theoretical and Applied Economics, 2012, 11（11）: 91.

而中国汽车产业要实现产业的可持续发展，作为产业链中重要组成部分的汽车企业就必须积极承担企业社会责任。本研究的主要目的就是通过对发达国家汽车企业社会责任的研究，为我国汽车企业提升企业社会责任表现提出相关建议。具体而言，本研究有以下目的。

（1）以发达国家汽车企业为对象，探索影响企业履行社会责任的因素。

（2）基于利益相关者等理论，分析发达国家汽车企业履行社会责任的实践模式。

（3）通过分析发达国家汽车企业发布的可持续发展报告、企业社会责任报告等，对其履行企业社会责任总体情况做出评价。

（4）在对汽车企业社会责任表现做出总体评价的基础上，系统研究发达国家汽车企业履行社会责任所取得的经济社会成效、环境保护成果，并检验企业履行社会责任表现与企业业绩之间的关系，验证其商业模式的可行性。

（5）就发达国家汽车企业履行社会责任的驱动因素、运营模式以及对本企业产生的影响进行案例研究，具体分析企业履行社会责任实践活动。

（6）在分析中国汽车企业承担社会责任现状的基础上，借鉴发达国家汽车企业履行社会责任的经验，提出中国汽车企业承担社会责任的实践路径。

三　研究意义

目前，关于企业社会责任的普遍观点是如此的不连贯以及破碎，以至于忽视了企业可以通过制定相应的战略而为社会做出贡献。① 研究发达国家汽车企业社会责任，不论对于理论研究、政策制定，还是对于企业实践都有重要意义。

（一）本研究的理论意义

首先，本研究通过对发达国家汽车企业社会责任实践的分析，结合利益相关者理论、资源基础理论、可持续发展理论等，对影响发达国家汽车企业承担社会责任的因素进行识别、分析。同时，系统地分析这些企业承担社会

---

① Porter M E, Kramer M R. Strategy and society [J]. Harvard Business Review, 2006, 84 (12)：78 - 92.

责任的基础（社会经济发展水平、消费者意识以及企业自身技术水平等），将弥补有关企业社会责任影响因素研究存在的不足。

其次，对企业社会责任表现评价方法进行进一步探索。本研究通过对发达国家汽车企业的可持续发展报告、企业年报以及社会责任报告等进行内容分析，结合企业社会责任实践活动，对发达国家汽车企业社会责任表现进行全面、客观评价，对企业社会责任表现评价方法进行了有益探索。

最后，对发达国家汽车企业社会责任表现与企业业绩之间的关系进行实证研究。企业社会责任表现与企业业绩之间的关系一直是学者们研究的焦点，但关于汽车企业方面的研究还存在不足。本研究在对发达国家汽车企业社会责任表现进行评价的基础上，探索企业社会责任表现对企业的市场表现、经济效益的影响，构建企业社会责任表现对企业业绩影响的模型，丰富了企业社会责任表现对企业业绩影响方面的研究，实现了研究视角的创新，为学术界"企业承担相应的社会责任不仅会造福社会，同时也会使企业获得竞争优势"的观点提供了实证支持。

（二）本研究的实践意义

目前，虽然中国已经超越美国成为世界第一汽车产销大国，但中国汽车产业的发展前景存在很大的不确定性。一方面，汽车保有量快速增长，加重了对资源、环境与社会的压力；另一方面，自主品牌增速缓慢，缺乏核心竞争力。在中国汽车产业快速发展的现阶段，使汽车企业特别是自主品牌企业认识到企业社会责任的重要性，在企业日常运营中切实承担相应的社会责任并转化为企业的核心竞争优势，对于企业实践具有重要的意义。

其一，本研究通过对影响发达国家汽车企业履行社会责任的因素和企业社会责任实施基础的探索，可以为中国汽车产业管理以及政策制定部门提供产业规划与管理的重要依据。产业管理以及政策制定部门可以将影响企业承担社会责任的因素列入产业政策或行业法规中，促使企业承担相应的责任。同时，中国汽车企业在日常运营中，也可以结合自身实际情况，选择重点领域切入，夯实自身实施企业社会责任战略的基础。

其二，本研究分析了发达国家汽车企业社会责任表现与企业业绩之间的关系，探讨了良好的企业社会责任表现对于企业核心竞争力的促进作用。在中国汽车企业的发展过程中，品牌建设和品牌形象的提升对于企业成长至关重要。基于此，本研究将为中国汽车企业提升竞争力提供良好着力点，为中国汽车产业践行可持续发展理念、实现企业与社会的共同发展提供观点支撑。

其三，通过对发达国家汽车企业社会责任实施路径的系统梳理，为中国汽车企业履行社会责任、实施企业社会责任战略提供模式参考。本研究详细剖析了发达国家汽车企业从社会责任愿景、管理组织机构设置、方针制定，到企业的产品研发设计、供应链管理、生产过程管理，到企业与利益相关者关系的管理，再到企业的可持续发展报告所应发布的信息等方方面面，为中国企业实施企业社会责任战略提供模式参考，以期实现中国汽车产业的可持续发展。

第四节 研究方法、研究思路与结构框架

一 研究方法

不同研究方法适用于不同的研究问题。为了实现研究目的，本研究针对不同的研究阶段，主要采用了文献分析法、内容分析法、案例研究法、比较分析法与实证研究法。

（一）文献分析法

文献分析法是社会科学研究中最基本的研究方法。通过对一定时期内某个课题的研究进展和成果进行系统、全面的综述，研究者可以了解研究现状、存在的问题并明晰下一步的研究方向。结合研究目的，笔者主要针对企业社会责任理论、利益相关者理论、资源基础理论以及可持续发展理论等进行文献梳理，为开展后续研究提供了基础理论条件。同时，文献分析也为本研究的研究框架的形成提供了支撑。

（二）内容分析法

关于企业社会责任评价方面的研究，研究者在实证研究中一般会使用内容分析法、结果观测法以及指数法。内容分析法是对文件内容做出客观系统分析，以弄清楚观测对象的实际情况，并探索文件所隐含的信息，进而对分析对象做出客观评价的方法。在具体应用中，结果观测法需要研究对象在观测指标上有

相同口径的披露，使用上会受到一定限制。而指标法在公司样本选择上会受制于数据提供商的选择标准，研究对象未必全部涵盖在数据库中。因此，本研究借鉴学者们研究企业社会责任绩效时所采用的方法①，即内容分析法对发达国家汽车企业发布的可持续发展报告、财务报告以及社会责任报告等进行分析，分析发达国家汽车企业社会责任模式以及所取得的成效。

（三）案例研究法

案例研究法是指对某一个体或某一组织进行跟踪、研究，搜集整理指向研究问题的关键数据、事例以及证据，了解现象背后的原因和过程，完善理论构念并归纳构念间的逻辑关系。② 本研究运用案例分析法，选取有代表性的发达国家汽车企业进行案例研究，具体研究涵盖企业背景信息、研发、生产等主要价值创造过程，以及企业承担社会责任的影响因素、基础、对企业造成的影响等，深入分析企业履行社会责任所取得的经济、社会与环境成效，并进行总结、提炼，为前期研究所取得的成果提供实证支持。

（四）比较分析法

比较分析法是将客观事物加以比较，以认识事物的本质和规律并做出正确评价的方法。通过选取可以比较的指标，将研究对象以此指标为基础进行对比分析，发现研究对象之间的共同点以及差异点，对于把握事物的本质规律具有重要的意义。本研究运用比较分析法对主要发达国家汽车企业履行社会责任的实践进行分析、研究，为构建中国汽车企业履行社会责任的机制及实施模式提供了支撑。

（五）实证研究法

实证研究法是研究者为了某一研究目的而有针对性地收集资料，进而提

---

① Gallego I. The use of economic, social and environmental indicators as a measure of Sustainable Development in Spain [J]. Corporate Social Responsibility and Environmental Management, 2006, 13 (2): 78 – 97; Roca L C, Searcy C. An analysis of indicators disclosed in corporate sustainability reports [J]. Journal of Cleaner Production, 2012, 20 (1): 103 – 118; Ganescu M C. Corporate Social Responsibility, a strategy to create and consolidate sustainable businesses [J]. Theoretical and Applied Economics, 2012, 11 (11): 91 – 106.

② Eisenhardt K M. Building theories from case study research [J]. Academy of Management Review, 1989, 14 (4): 532 – 550.

出理论假设或检验理论假设的研究方法。为了研究企业社会责任表现与企业业绩之间的关系，本研究对相关概念进行操作，运用多元回归分析等定量分析方法，对相关假设进行了验证，并对统计分析结果进行讨论，指出了其对企业实践的指导意义。

二　研究思路

本研究的总体研究思路如图 1−4 所示。

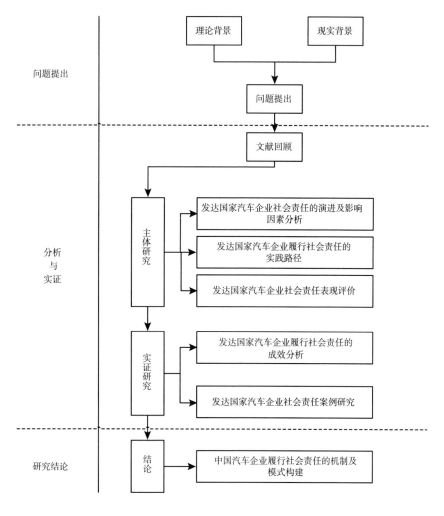

图 1−4　总体研究思路

三 结构框架

根据上述总体研究思路，本研究共分为八章，具体章节结构安排如下。

第一章：绪论。本章主要说明开展研究的背景、目的、意义以及方法。首先，通过对理论背景、现实背景的梳理与分析，勾画出本研究开展的大背景；其次，在对企业社会责任思想起源与论争进行回顾的基础上，简析汽车产业对实现可持续发展的重要性，明确开展本研究的动因就是为中国汽车企业真正负起社会责任从而实现产业的可持续发展提供借鉴；再次，在明确动因后，对本研究要达成的目的以及研究意义进行说明；又次，介绍了本研究所采用的研究方法、研究思路以及结构框架；最后，阐述了本研究的创新之处和存在的不足。

第二章：企业社会责任及其相关理论分析。本章就研究主题所涉及的相关研究进行文献综述，主要对企业社会责任理论的发展脉络进行了回顾，剖析了企业社会责任理论的演进过程。在此基础上，根据 Garriga 与 Melé 对企业社会责任理论的分类①，从工具化理论视角中选取利益相关者理论、资源基础理论，从伦理理论视角中选取可持续发展理论，进行了进一步的系统梳理，为企业承担社会责任从而实现企业可持续发展提供了系统理论支持。

第三章：发达国家汽车企业社会责任的演进及影响因素分析。本章为发达国家汽车企业社会责任研究的基础部分。首先，通过对发达国家汽车企业履行社会责任的日常实践活动进行分析，明晰影响发达国家汽车企业承担社会责任的外部约束性因素；其次，对发达国家汽车企业承担社会责任的外部促进性因素进行了识别与分析；最后，深入挖掘影响企业承担社会责任的基础性因素。

第四章：发达国家汽车企业履行社会责任的实践路径。本章从发达国家汽车企业社会责任实践入手，结合利益相关者理论，进行分析、研究。这一

---

① Garriga E, Melé D. Corporate Social Responsibility theories: Mapping the territory [J]. Journal of Business Ethics, 2004, 53 (1-2): 51-71.

章主要围绕发达国家汽车企业推进可持续发展战略的制定与实施、对主要利益相关者诉求的回应以及环境经营等三方面展开研究，详尽分析发达国家汽车企业在履行社会责任方面所开展的工作。

第五章：发达国家汽车企业社会责任表现评价。首先，回顾企业社会责任表现评价方法，确定实用、可行的方法。其次，使用内容分析法，依据GRI指标体系，对发达国家汽车企业社会责任信息披露情况进行评价。最后，以有关国际组织、国内相关部门、行业协会以及相关企业信息披露为依据，对发达国家主要汽车企业社会责任表现进行全面评价。

第六章：发达国家汽车企业履行社会责任的成效分析。本章的主要目的是分析发达国家汽车企业通过履行社会责任所取得的成效，主要从三个方面展开：首先，系统分析汽车企业履行社会责任对促进经济发展与社会进步产生的效应，重点分析其对促进可持续发展、提升就业质量等的影响；其次，从产品环保性能提升、应对气候变化以及减少资源使用等角度入手，分析环境保护成效；最后，在第五章对发达国家汽车企业社会责任信息披露情况进行评价的基础上，对企业社会责任表现与企业业绩之间的关系进行实证研究，为"共享价值"商业模式提供支持。

第七章：大众集团企业社会责任案例研究。本章选取在经济、环保与社会方面都取得较好效益的德国大众集团作为研究对象，进行案例研究。与前面的逻辑框架一致，本章从大众集团概况、大众集团企业社会责任外部驱动因素及实施基础、大众集团企业社会责任实施路径以及对大众集团产生的影响几方面进行分析，进一步为前面研究成果提供实证支持。

第八章：中国汽车企业履行社会责任的机制及模式构建。本章为本研究的政策建议部分，笔者主要提出了促进中国汽车企业承担社会责任的外部政策与措施以及提升中国汽车企业社会责任表现水平的内部应对措施，为提升中国汽车企业社会责任表现水平明确了方向。

第五节　创新之处与不足

企业社会责任是理论界和实践界的一大热点，而汽车产业作为国民经济的基础，又具有特殊的重要性。本研究以企业社会责任理论、利益相关者理论、资源基础理论以及可持续发展理论为理论工具，系统地分析了发达国家汽车企业承担社会责任的原因、方式以及表现，并提出了中国汽车企业承担社会责任的机制及模式。本研究预期在以下三个方面有所创新。

1. 对企业社会责任理论的理解进一步深入

本研究将从"可持续发展"视角把握企业社会责任，将企业社会责任理论、利益相关者理论、资源基础理论进行整合。企业社会责任是当前理论研究的热点，从不同的理论视角出发进行研究，会有不同的认识。本研究以实现产业的可持续发展为目的，从企业获取竞争优势的角度出发，与社会伦理对企业可持续发展的期待相结合，提出汽车企业通过承担相应的社会责任可以实现良好的社会责任表现与经营业绩的统一。在可持续发展理念被广为接受的情况下，这将为理解企业社会责任提供新的视角，并为企业开展社会责任实践活动提供新的理论支撑。

2. 对发达国家汽车企业社会责任进行系统分析、评价

目前，关于企业社会责任的研究，一般仅仅以国家为单位进行研究，很少选择具体的产业为研究对象。为了使研究更有针对性，更能解决实际问题，为我国汽车产业可持续发展提供参考和借鉴，本研究系统分析了发达国家汽车企业承担社会责任的动因、基础，并对发达国家汽车企业社会责任实施模式进行了系统研究，将分析深入企业的具体实践中，提高了研究的实用价值。此外，本研究以 GRI 报告框架为依据，对发达国家汽车企业可持续发展报告等进行内容分析，并在此基础上对其社会责任表现进行评价，是有关汽车企业社会责任评价方法的一次新的尝试。

3. 对汽车产业企业社会责任与企业业绩之间的关系进行实证研究

虽然关于企业社会责任表现与企业业绩方面的研究成果非常丰硕，但是学者对研究对象的选取通常并未集中在单一产业上，汽车企业社会责任表现与企业业绩的关系方面的研究还相对匮乏。在理论分析的基础上，本研究将对发达国家汽车企业社会责任表现以内容分析法为基础进行操作，运用统计分析方法对企业社会责任表现对企业市场表现以及经济效益的影响进行实证分析，在为此方面的研究增添新的研究成果的同时，证明企业履行社会责任

可以促进企业业绩提升。

虽然本研究预计会在上述几个方面取得创新，并得出一些有参考价值的研究结论和建议，但鉴于笔者研究水平和客观条件，研究中仍存在一些不足和局限，主要包括以下几点。

首先，对发达国家汽车企业社会责任战略性转变影响因素的识别可能不够全面。以企业社会责任理论、利益相关者理论、资源基础理论为基础，本研究对发达国家汽车企业承担社会责任的驱动因素及实施基础进行了研究。但是对驱动因素的识别只是在回顾相关理论的基础上结合对发达国家汽车企业的日常实践分析得出，受客观条件限制，没有开展管理者访谈或者问卷调查，对驱动因素的识别可能并不全面，也未能对不同的驱动因素的重要性进行分析。

其次，对发达国家汽车企业社会责任表现评价的研究受到客观条件的限制。在社会责任表现测量方面，本研究以 GRI 报告框架为基础，使用内容分析法对发达国家汽车企业披露的可持续发展报告等进行分析，从实施维度、进展情况等方面开展评估，并结合政府、行业协会以及企业发布的公开信息，力争在现有的研究能力和条件基础上，做到客观、公正地进行评估，为后续实证研究提供支持。在应用内容分析法时，难以对各个指标权重做出区分，如果能够进行问卷调查确定相关指标权重，则研究的信度和效度可以得到进一步提高。

最后，在对企业社会责任表现与企业绩效进行实证研究时，变量的操作化受到局限。为了了解发达国家汽车企业社会责任表现与企业绩效的关系，本研究进行了回归分析。企业社会责任表现的数据来源于第五章分析的结果，企业业绩主要从财务指标和销售指标入手，没有关于环境、社会与公司治理（ESG）等方面数据库的支持。一方面，样本数目有限，且没有形成连续的截面数据；另一方面，应用内容分析法进行的企业社会责任表现评价有一定的局限性。未来如果条件具备，还可以在这方面开展更为深入的研究。

第二章

企业社会责任及其相关理论分析

本章将对企业社会责任及其相关理论进行系统梳理、回顾，形成本研究的理论基础。第一节对本研究的核心概念"企业社会责任"进行深入剖析，从企业及其性质出发，对企业社会责任概念的发展与演进进行跟踪，明晰企业社会责任的内涵。第二节首先从工具化理论视角出发，分别梳理利益相关者理论、资源基础理论，以及此视角下的企业社会责任研究成果。其次从企业伦理理论视角出发，对可持续发展理论的起源、内涵进行梳理，分析可持续发展视角下的企业社会责任实践及研究成果，为后续研究提供理论基础。

第一节 企业社会责任理论一般性分析

一 企业与企业性质

企业是市场主体，市场是企业运营外部环境的重要组成部分，企业又受政治、经济、技术与社会文化等因素的制约与影响。企业在运营过程中，除了履行对资源进行配置、生产与提供产品和服务的基本经济职能外，还要遵守相关法规，满足社会对其"做正确事情"的期待，承担其作为"社会公民"的责任。在讨论企业社会责任前，有必要对企业及其性质进行探讨。

企业是什么？这一问题是经济理论的核心问题。1937 年，科斯（Coase）发表了著名的《企业的性质》一文①，回答了企业产生的原因及企业的边界问题，奠定了现代企业理论基础。学者们对这一问题的回答，伴随了经济学的

---

① Coase R H. The nature of the firm ［J］. Economica, 1937, 4 （16）: 386 – 405.

发展与演进，在这一过程中，新古典经济学的企业理论、新制度经济学的企业理论以及演化经济学的企业理论较有代表性。

（一）新古典经济学的企业理论

新古典经济学的本质是将企业看作一个将投入变为产出的"黑箱"，其建立在"企业的功能仅是生产和满足需要"这一看似合理的假设基础上，认为企业是一种生产函数，是一个实现边际收入与边际成本相等，从而谋求利润最大化的经济单元。这一理论最大的弱点在于，新古典经济学为企业赋予了"经济人"的含义，认为企业在运营过程中掌握完全信息，不存在代理问题与交易成本问题。

（二）新制度经济学的企业理论

新制度经济学的企业理论的共旨是企业乃"一系列文字的或口头的，明确的或隐含的契约的联结（nexus of contracts）"①。新制度经济学中对企业理论的研究有两个最具有代表性的理论：交易成本理论与委托—代理理论。

1. 交易成本理论的企业观

针对新古典经济学对企业认识存在的缺陷，科斯于 1937 年发表了经典论文《企业的性质》，将企业抽象为某个权威（一个企业家）以行政命令进行资源配置的方式，指出如果仅从资源配置方式考虑的话，作为价格机制的替代物是企业的一个显著特征。他认为，作为可以相互替代的资源配置方式，市场与企业的主要区别在于市场是由价格机制来配置资源的，企业则由企业家进行资源配置。市场与企业这两种资源配置方式都会产生交易成本，当企业家组织追加交易时，企业规模就会变大；当企业家放弃组织这些交易时，企业规模就会变小。② 从科斯的这一观点出发，可以发现企业之所以出现，是因为其可以节省市场交易费用。

沿着科斯的道路，其他一些新制度经济学家对市场与企业相互替代的思想做了不同的理解和发展。威廉姆森从资产的专用性、机会主义和有限理性前提出发，进一步探讨了企业的边界。阿尔钦（Alchian）和德姆塞茨

---

① 张维迎，余晖. 西方企业理论的演进与最新发展 [J]. 经济研究，1994，29（11）：70 - 80.

② Coase R H. The nature of the firm [J]. Economica, 1937, 4 (16): 386 - 405.

（Demsetz）开始意识到企业的生产性，分析了企业内部结构的激励问题，从团队生产的角度出发，提出企业的实质就是团队生产，团队生产之所以演变为企业，是因为团队通过合作扩大了比较优势从而产生了激励需求和产出测量的难题，而企业对要素生产率和报酬的计量能力以及对内部的机会主义的监督能力优于市场，能节约更多交易成本。① 但交易成本理论的企业观既没有考虑代理成本，也没有考虑企业的演化问题。

2. 委托—代理理论的企业观

委托—代理理论是由 Wilson、Ross、Grossman 和 Hart 等人创立的。② 这一理论将代理人引入企业，改进了经济学家对资本家、管理者、工人之间的内在关系以及更一般的市场交易关系的理解。委托—代理关系主要是指一个或多个行为主体按照一种明确的或隐含的契约，雇用一些有能力的专业主体为其服务，同时授予这些主体一定权力，并提供相应的报酬。其中，授权者就是委托人，被授权者就是代理人。委托—代理理论所要解决的问题就是在现代公司制"所有权和经营权"相分离、不同经济主体信息分布不对称的形势下，委托人如何通过制定契约实现控制和激励代理人的目的。委托—代理理论的缺点在于设计高效的激励机制在现实中非常困难，且需要依靠复杂的合约来维持。

（三）演化经济学的企业理论

在演化经济学的视角内，知识与能力等作为分析与界定企业边界的条件而存在，是企业存在、运营以及发挥"生产功能"的基础。在此，企业在拥有或掌握知识及异质性资源的基础上确定自身的有效边界。一体化是正面效应的创造者，而不是负面效应的回避者。基于演化经济学思维的企业理论摒弃了将企业作为市场替代物的交易成本经济学分析范式，转而从企业能

---

① Alchian A A, Demsetz H. Production, information costs, and economic organization [J]. The American Economic Review, 1972, 62 (5): 777 - 795.

② Wilson R B. The structure of incentives for decentralization under uncertainty [J]. Stanford University Working Paper, 1967: 121 - 1; Ross S A . The economic theory of agency: The principal's problem [J]. American Economic Review, 1973, 63 (2): 134 - 139; Grossman S J, Hart O D. An analysis of the principal - agent problem [J]. Econometrica, 1983, 51 (1): 7 - 45.

力、知识和竞争力角度研究与定义企业。①

从 Penrose② 开始，Wernerfelt③、Conner④、Barney⑤ 等学者将研究视角从企业的"交易属性"转向"生产属性"，从企业能力与资源基础等角度出发拓展企业理论，侧重对企业本质、边界做出界定，并对企业竞争优势的形成提出新的诠释。这一学派用"能力"分析企业，认为企业是具有一定能力（独特的知识、难以模仿的能力与经验）的集合，是作为知识整合组织而存在的，企业对相同生产活动和不同生产活动的选择，亦为企业所具备的专业知识和能力确定了边界。演化经济学从动态演化角度探讨了企业竞争力的来源，指出企业可以通过培养产品研发、终端销售、人力资源等核心能力获取和整合内部员工的剩余知识，通过掌握独特、异质资源等方式形成竞争优势并获取效率租金。

在继承能力理论的基础上，阿罗、哈耶克、德姆塞茨等人发展了企业知识理论，这些学者认为企业能力的高低取决于企业对知识的掌握程度。其基本观点如下：第一，企业的存在代表一种对知识经济学基本非对称的反应，即知识的获取比使用需要更强的专业化；第二，企业的垂直和水平边界可以通过知识利用的相对效率加以分析；第三，企业的差异性由企业知识的差异性所导致。⑥

通过对以上不同经济学理论关于企业及其边界认识的回顾，可以发现其对企业的认识与关注点存在差别。新古典经济学将企业看作生产函数，而不是一个组织；新制度经济学则主要强调了企业来源于交易费用最小化与委托

---

① 卢现祥. 新制度经济学：第 2 版 [M]. 武汉：武汉大学出版社，2011：87.

② Penrose E. The Theory of the Growth of the Firm [M]. Oxford ：Oxford University Press, 1959.

③ Wernerfelt B. A resource – based view of the firm [J]. Strategic Management Journal, 1984, 5 (2)：171 – 180.

④ Conner K R. A historical comparison of Resource – based Theory and five schools of thought within industrial organization economics：Do we have a new theory of the firm? [J]. Journal of Management, 1991, 17 (3), 121 – 154.

⑤ Barney J B. Resource – based theories of competitive advantage：A ten – year retrospective on the resource – based view [J]. Journal of Management, 2001, 27 (6)：643 – 650.

⑥ Grant R M. Toward a Knowledge – based Theory of the firm [J]. Strategic Management Journal, 1996, 17 (S2)：109 – 122.

人通过最优契约对被委托人的激励；演化经济学则从企业能力、知识和竞争力角度出发对企业做出解释。上述理论分析可以帮助我们更加接近企业的真实面目。

综上，本研究认为企业作为降低交易成本、优化委托—代理关系的微观经济主体，是一个由社会创造且受社会制约并满足社会需求的组织。使接受适度约束的企业承担大部分经济活动，而不是不允许企业存在或对其进行过度管制，将极大地提高社会的福祉水平。既然企业是社会生产力发展到一定水平的产物，那么作为社会经济组织存在的企业在运营过程中就会与社会发生关系。由此，企业具有双重属性：一方面，企业具有组织生产、从事交易的自然属性；另一方面，企业具有体现社会制度、社会意志的社会属性。企业在此双重属性的作用下，不断地发展与演化。

1. 企业的自然属性

企业是以组织形式存在的经济主体，这就是企业的自然属性。企业的自然属性不受企业所处的经济制度的影响，是其最本质的特征。一方面，企业具有"交易属性"，企业作为替代性资源配置方式存在，在一定程度上替代了市场，提高了资源的配置效率，从而提高了全社会的经济效率；另一方面，企业具有"生产属性"，企业为了满足各方需求，需要进行生产经营活动，将生产要素进行合理组织、配置，利用其独特能力合理管理各个流程，以实现预期经营目的。

2. 企业的社会属性

企业作为经济组织，不能孤立地存在，而是存在于一定的政治制度、经济体制与文化传统中，这就是企业的社会属性。企业在实现其自然属性的过程中，必然与生产关系和社会制度产生联系，同国家、其他企业与组织、个人发生各种各样的关系。企业的运作受到利益相关者的影响，企业此时扮演的角色仅仅是社会的一个"公民"。企业为了实现其自然属性，就需要科学地认识其社会属性，做到双重属性的协调统一。

二　企业社会责任理论的发展与演进

企业社会责任概念有悠久的历史，其思想起源甚至可以追溯到古希腊时期，但有关这一理论的正式讨论则发生在 20 世纪 50 年代后。随着人类社会工业化进程的加快，特别是在战后世界经济总体繁荣、科学技术发展迅速、全球呈现一体化的大背景下，企业的影响力更加凸显，企业社会责任理论在企业的实践过程中不断发展与演进。

当代企业社会责任理论创立于 20 世纪 50 年代，标志着企业社会责任时代的开启；20 世纪 60 年代，企业社会责任理论得到极大拓展；20 世纪 70 年代，一些国际组织开始重视并提出自己的观点，企业社会责任理论体系初步形成；20 世纪 80 年代，关于企业社会责任概念内涵的探讨开始减少，关于企业社会责任表现对企业业绩影响的研究开始增加，不同视角的衍生理论开始出现；20 世纪 90 年代以后，不同视角的衍生理论进一步丰富、拓展、深化，并自成体系；21 世纪以来，企业社会责任衍生理论与企业社会责任理论在某种意义上相融合，极大地丰富了企业社会责任理论体系。

（一）20世纪50年代：企业社会责任时代的开启

在早期关于企业社会责任的著作中，可能因为当时现代企业的卓越性与主导性在商业领域尚未完全显现或者被充分认识到，学者们更多提及的是社会责任。1953 年，Bowen 出版《商人的社会责任》一书，多数学者将其认定为企业社会责任时代的开启标志。因为 Bowen 这本有重要影响力的著作，Carroll 提议将 Bowen 称为 "企业社会责任之父"。

Bowen 的著作从这一观点——作为重要权利与决策中心的数百家企业，其日常经营活动已经触及美国居民的日常生活——展开论述。在众多由 Bowen 提出的问题中，最具特殊性的是，对于社会而言，哪些责任是社会期待商人承担且合理的。[①] Bowen 的著作和对企业社会责任的定义是 20 世纪 50 年代以来在企业社会责任领域最为重要的文献资料，开启了学术界对企业社会责任理论的探讨。

20 世纪 70 年代，Heald 在其《商业社会责任：公司与社区，1900～1960》一书中，对 20 世纪上半叶的企业社会责任概念和实践进行了探讨，

①　Bowen H R. Social Responsibilities of the Businessman［M］. New York：Harper&Row，1953.

其认为的企业社会责任的概念与 Bowen 一致。① 据此可以看出，Bowen 对开启企业社会责任研究时代做出了突出贡献。

（二）20世纪60年代：企业社会责任理论进一步拓展

20 世纪 60 年代起，很多学者开始尝试将企业社会责任模式化，并给出企业社会责任的内涵。Davis 是这个时期第一位也是最具影响力的对企业社会责任概念进行界定的学者。此后，他在有关商业和社会教科书中以及论文对比中进行了广泛的探讨。

Davis 提出了著名的"权利铁律"，指出商人社会责任应该与其社会能力相匹配，如果商人逃避社会责任，就会导致其社会影响力的衰退。他认为社会责任是商人做出的超越公司直接经济目标与技术利益的决策和所开展的行动。② Davis 指出，一些对社会有益的商业决策通过长时间、复杂的论证，被证实可以为公司带来长远的经济利益，这种经济效益可以看作其承担社会责任的一种补偿，这一观点在当时是比较超前的。

Frederick 是这一时期另一位对企业社会责任理论有重要贡献的学者。Frederick 指出商人应当将经济体系的运作视为对公共期待的满足，这意味着企业在生产和流通过程中应该提升整个社会的经济福祉水平。③ 在这一论断中，Frederick 强调了企业的商业目标与社会目标应该协调、统一。

McGuire 和 Walton 进一步指出了企业应该承担的具体社会责任。McGuire 在《商业与社会》一书中提出，除了经济和法律责任外，企业还要承担社区的福利、教育和员工的幸福以及整个社会的责任。④ Walton 在《企业社会责任》一书中，也分析并探讨了公司及其管理者应当履行的企业社会责任。⑤

---

① Heald M. The Social Responsibilities of Business：Company and Community 1900 - 1960 ［M］. Cleveland, OH：Transaction Publishers, 2005 (1970) .

② Davis K. Can business afford to ignore social responsibilities? ［J］. California Management Review, 1960, 2 (3)：70 - 76.

③ Frederick W C. The growing concern over business responsibility ［J］. California Management Review, 1960, 2 (4)：54 - 61.

④ McGuire J W. Business and Society ［M］. New York：McGraw - Hill, 1963.

⑤ Walton C C. Corporate Social Responsibilities ［M］. Belmont, CA：Wadsworth Publishing Company, 1967.

通过上述文献回顾可以看出，早期这些学者对企业社会责任概念以及企业所承担社会责任范畴等的讨论，为企业社会责任理论的发展奠定了坚实的基础。

（三）20世纪70年代：企业社会责任理论体系初步形成

20 世纪 70 年代对企业社会责任理论的探索，是由 Heald 所著的《商业社会责任：公司与社区，1900～1960》一书开启的。在该书中，Heald 回顾了几十年以来的企业社会责任的实践，并提供了来自商人角度的对社会责任的定义与期待，指出对于商人而言，其对企业社会责任的疑问最终必将在与他们紧密相连的政策中得到答案。① 在该书中，Heald 从历史角度描述了一些以社会为中心的项目、政策以及企业管理者的观点等，在某种程度上表明这个时期的企业人员已经非常专注于公司慈善与社区关系处理。

20 世纪 70 年代中期，两项早期关于企业社会责任的代表性成果发表。第一项研究是由 Bowman 和 Haire 在 1975 年开展的，目的是了解企业社会责任并弄清楚企业可以在多大范围内参与企业社会责任活动。在该研究中，Bowman 和 Haire 并未对企业社会责任做出定义，但在研究中使用内容分析法对企业社会责任展开了分析，对样本企业社会责任表现进行了评价。具体做法是使用年报中的小标题，如企业责任、社会责任、社会行动、公共服务、企业社会公民、公共责任以及社会响应等，对所研究企业的年报中有关社会责任的表述进行测量。② 第二项研究是由 Holmes 在 1976 年开展的，这项研究的主要目的是收集企业管理者对于企业社会责任的看法。她展示给企业管理者一组关于企业社会责任的表述，以考察哪些陈述被接受，哪些被拒绝。与 Bowman 和 Haire 使用"子标题"的方法相类似③，Holmes 的测试表述也涵盖了当时的企业社会责任所包含的话题。例如，在研究中，Holmes 询问了管理者对于企业在创造利润、遵守法规、帮助解决社会问题以及这些

---

① Heald M. The Social Responsibilities of Business: Company and Community 1900 - 1960 [M]. Cleveland, OH: Transaction Publishers, 2005 (1970).

② Bowman E H, Haire M. A strategic posture toward Corporate Social Responsibility [J]. California Management Review, 1975, 18 (2): 49 - 58.

③ Bowman E H, Haire M. A strategic posture toward Corporate Social Responsibility [J]. California Management Review, 1975, 18 (2): 49 - 58.

活动对于企业短期利润和长期利润的影响等方面的态度。[①] 这项研究的最大价值在于发现了企业管理者希望在参与社会活动中达成的目标，并了解了企业管理者参与社会活动的选择标准，为企业社会责任理论体系提供了新的见解。

1979 年，Abbott 和 Monsen 发表了《企业社会责任测量：通过企业自身信息披露测量企业社会参与度》一文，对企业社会责任测量进行了探索性研究。在文中，Abbott 和 Monsen 指出，虽然目前有关企业社会责任的文献非常充裕，但是关于企业社会责任测量的文献与其他领域相比仍显落后。[②] 在该研究中，Abbott 和 Monsen 使用内容分析法，对《财富》500 强企业年报中的有关企业参与社会活动的信息进行分析，提出了测量企业社会责任的"社会参与度披露"（Social Involvement Disclosure，SID）指数，其主要包含六个部分：环境、机会均等、员工、社区参与、产品及其他。在具体研究过程中，他们首先对企业在每个部分的表现进行评价，然后对上述每部分被提及的次数进行加和处理。[③] Abbott 和 Monsen 开展的这项研究，编码由当时 Ernst 公司和 Ernst 公司下属的 Big 8 会计公司负责，虽然文中并没有对评价方式做出说明，但该研究在不具备对企业社会责任相关信息进行直接测量的条件下为企业社会责任表现评价提供了方法参考，后续很多这种类型的研究与测量也都是以这种方法为基础而开展的。

20 世纪 70 年代，对于企业社会责任理论做出最大贡献的是 Carroll。1979 年 Carroll 在《企业绩效的三维概念模型》一文中提出企业社会责任四部分定义，这一定义根植于其所提出的企业社会表现概念模型。Carroll 认为承担企业社会责任的管理者与企业应该具有如下意识：了解企业社会责任基

---

① Holmes S L. Executive perceptions of Corporate Social Responsibility［J］. Business Horizons，1976，19（3）：34 - 40.

② Abbott W F，Monsen R J. On the measurement of Corporate Social Responsibility：Self - reported disclosures as a method of measuring corporate social involvement［J］. Academy of Management Journal，1979，22（3）：501 - 515.

③ Abbott W F，Monsen R J. On the measurement of Corporate Social Responsibility：Self - reported disclosures as a method of measuring corporate social involvement［J］. Academy of Management Journal，1979，22（3）：501 - 515.

本定义，明确企业社会责任存在于哪些事项中以及对具体问题响应哲学的具体表述。[①]

在该文中，Carroll 认为企业社会责任应该包括其对社会负有的所有责任，有关企业社会责任组成部分的阐释，应该超越创造利润与遵守法律这两点。按此思路，可以将企业社会责任定义为，在某一特定时期社会对企业所寄托的经济、法律、伦理和酌情行事的期望。Carroll 同时构建了"原则—响应—社会问题"这一企业社会表现模型。同时，在上述概念中，Carroll 明确了企业在经济、法律、伦理和酌情行事方面对社会负有责任。其认为社会对企业经济责任的期待是企业在为社会提供产品与服务时赚取一定的利润，并指出这是资本主义经济体系功能的体现。这种看法与将企业的经济责任看成为企业自身服务具有本质的区别，其对企业经济责任的强调值得在未来研究中加以注意。

（四）20世纪80年代：相关研究增加与衍生理论初现

20 世纪 80 年代，学者们不再热衷于提出新的企业社会责任概念或发展原有概念体系，而更多地开展的是有关企业社会责任表现与企业业绩关系的研究，企业社会责任理论也衍生出企业社会响应、企业社会表现、公共政策、商业伦理以及利益相关者理论。概念探讨减少、相关研究增加是这一时期企业社会责任研究的显著特点。研究者对企业社会责任的兴趣并没有消失，对企业社会责任的主要关注点为衍生概念、理论、模型与主题等。

1981 年，Tuzzolino 和 Armandi 发表了《基于需求层次理论的企业社会责任测量框架》一文，试图开发一种更好的测量企业社会责任的方法，这一方法是建立在马斯洛需求层次理论基础上的。Tuzzolino 和 Armandi 接受了 Carroll 有关企业社会责任的定义[②]，试图开发一种使企业社会责任概念操作化的分析框架。他们的组织需求层次理论认为企业像个人一样，不仅有马斯

---

① Carroll A B. A three – dimensional conceptual model of corporate performance [J]. Academy of Management Review, 1979, 4 (4): 497 – 505.

② Carroll A B. A three – dimensional conceptual model of corporate performance [J]. Academy of Management Review, 1979, 4 (4): 497 – 505.

洛需求层次理论所描述的需求，而且有其他需要满足的不同等级的需求。Tuzzolino 和 Armandi 提供了运用需求层次测量企业社会责任表现的概念模型，并在该模型中描述了企业的生理、安全、情感和归属、自尊以及自我实现需求，这一层次与马斯洛所描述的个人需求层次理论相一致。①

1983 年，Carroll 进一步修正了其在 1979 年提出的企业社会责任四部分定义。Carroll 认为实现经济盈利、遵守法律、合乎伦理并支持社会是企业社会责任的主要构成部分，盈利与遵守法律是探讨企业伦理及其在多大程度上能为其所在的社会提供支持的最重要的条件。② 因此，经济、法律、伦理以及自愿或慈善等四个部分是企业社会责任的重要组成部分。从 Carroll 对企业社会责任这一定义的修改可以看出，其将酌情行事调整为自愿或慈善，是因为自愿或慈善是酌情行事方面最好的例子。

20 世纪 80 年代，学者们对探索企业社会责任与企业财务表现之间存在何种关系的研究非常感兴趣，其中一个有代表性的研究是由 Cochran 和 Wood 进行的。他们开展这项研究的背景是，学者们对履行社会责任的企业是不是赢利企业这一问题的兴趣越来越浓厚，如果能够证明这一假设，将为企业社会责任运动提供新的支持。Cochran 和 Wood 对过去研究企业社会责任表现与财务表现关系的操作方式进行了回顾，最终采用声望指数法测量企业社会责任表现。③ 声望指数是由 Moskowitz 在 20 世纪 70 年代初期开发的，这一指数将公司分为"卓越"、"尊敬"与"极差"三种类型。Cochran 和 Wood 的这一研究是对企业社会责任操作化的又一尝试，但正如他们在文中所言，声望指数测量体系仍存在缺点并需要发展新的测量方法。

另一项关于企业社会责任与企业盈利之间关系的实证研究，是由 Aupperle、Carroll 和 Hatfield 在 1985 年开展的。这项研究的独特之处在于 Aupperle 等第一次使用企业社会责任理论文献中的定义作为测量企业社会责

① Tuzzolino F, Armandi B R. A need - hierarchy framework for assessing Corporate Social Responsibility [J]. Academy of Management Review, 1981, 6 (1): 21 - 28.

② Carroll A B. Corporate Social Responsibility: Will industry respond to cutbacks in social program funding [J]. Vital Speeches of the Day, 1983, 49 (19): 604 - 608.

③ Cochran P L, Wood R A. Corporate Social Responsibility and financial performance [J]. Academy of Management Journal, 1984, 27 (1): 42 - 56.

任的标准，将 Carroll 的企业社会责任四部分定义进行操作化，并以此为基础调研了所选样本企业管理人员意见。该研究结果显示，企业社会责任与盈利之间没有任何关系。① 该研究的另一个贡献在于证实了企业社会责任四部分定义的优先顺序为经济、法律、伦理与酌情行事。在该研究的后半部分，Aupperle 等将 Carroll 的企业社会责任四部分定义分为"关注经济表现"（从公司角度）和"关注社会"（从社会角度）两种类型，其中"关注经济表现"由经济责任构成，"关注社会"由法律、伦理与酌情行事等责任构成。实际上，Aupperle 等对于企业社会责任概念，也承认并不是所有人都将经济责任看作社会责任，他们更愿意将其看作企业本身的事情，对于企业社会责任取向的分析主要还是要通过分析企业对三种非经济责任的重视程度来实现。

20 世纪 80 年代，学者们对企业社会责任概念的探求已经不再局限于企业社会责任，而是越来越多地接受企业社会表现这一更加广泛的内涵，并认为企业社会责任表现应该归入其中。1985 年，Wartick 和 Cochran 提出了"企业社会表现演化模型"，将 Carroll 企业社会表现模型中的"原则—响应—社会问题"结构扩展为"责任—过程—政策"结构。②

（五）20世纪90年代：衍生理论丛生

相对于原有企业社会责任相关研究，学者们在 20 世纪 90 年代更加倾向于将企业社会责任概念作为其他相关理论的理论基础与建构基石，而这些包含企业社会责任思想的新理论与企业社会责任理论实现了很好的共融。企业社会表现理论、利益相关者理论、企业伦理理论以及企业社会公民理论都是 20 世纪 90 年代发展起来的，其虽然在企业社会责任理论范畴之外，但是每一个主题都与企业社会责任理论密切相关。

20 世纪 90 年代，对企业社会责任理论发展做出最重要贡献的是 Wood

① Aupperle K E, Carroll A B, Hatfield J D. An empirical investigation of the relationship between Corporate Social Responsibility and profitability [J]. Academy of Management Journal, 1985, 28 (2), 446 – 463.

② Wartick S L, Cochran P L. The evolution of the corporate social performance model [J]. Academy of Management Review, 1985, 10 (4): 758 – 769.

于 1991 年对企业社会表现模型的修正。Wood 在《企业社会表现再审视》一文中对企业社会表现这一越来越流行的理论进行了探讨和评价，其提出的模型主要建立在 Carroll 的 "企业社会表现模型" 以及 Wartick 和 Cochran 的 "企业社会表现演化模型" 基础上。[①] Wood 将上述理论重组为以下三项原则：首先，采用 Carroll 的企业社会责任四部分定义（经济、法律、伦理与酌情行事）[②]，对这四种原则如何与社会合法性（制度层面）、公共责任（组织层面）以及管理自决权（个体层面）相联系进行了识别；其次，识别了企业社会响应过程，将这一过程强调为环境评估、利益相关者管理以及事件管理，在某种程度上优于 Carroll 对企业社会响应类型的划分（被动型、防御型、适应型以及主动型）；最后，采纳 Wartick 和 Cochran 在 Carroll 模型基础上优化得出的政策维度，并用 "关注—结果" 这一新主题对企业社会表现模型进行了重新定义。[③] 总体而言，Wood 所提出的企业社会表现模型较 Carroll[④]、Wartick 和 Cochran[⑤] 的模型更加详尽，同时在更加广阔的背景下对企业社会责任开展了讨论，而不是仅仅局限于对企业社会责任概念进行界定。该模型的另一重点在于强调结果或表现，虽然早期一些类似的模型中已经暗含这种结果或表现，但 Wood 所提出的模型更加详尽，这是该研究的一个重要贡献。

1991 年，Carroll 在《企业社会责任金字塔：面向组织利益相关者的道德管理》一文中，对其企业社会责任四部分定义进行了第二次修改（第一次修改时间为 1983 年）。这次，Carroll 将酌情行事部分正式确定为慈善，并指出其包含 "企业公民" 这一含义。Carroll 认为被有良知的商

① Wood D J. Corporate social performance revisited [J]. Academy of Management Review, 1991, 16 (4): 691 - 718.

② Carroll A B. A three - dimensional conceptual model of corporate performance [J]. Academy of Management Review, 1979, 4 (4): 497 - 505.

③ Wood D J. Corporate social performance revisited [J]. Academy of Management Review, 1991, 16 (4): 691 - 718.

④ Carroll A B. A three - dimensional conceptual model of corporate performance [J]. Academy of Management Review, 1979, 4 (4): 497 - 505.

⑤ Wartick S L, Cochran P L. The evolution of the corporate social performance model [J]. Academy of Management Review, 1985, 10 (4): 758 - 769.

人所接受的企业社会责任应该置于一个架构之中，这个架构囊括了经济、法律、伦理与慈善四项责任。① 进一步而言，这四种类型的企业社会责任应该被描述为"金字塔"状，企业并不一定按顺序来承担责任，也可以分别承担不同的责任。在该研究中，Carroll 指出企业社会责任思想与组织的利益相关者之间存在天然的联系，认为企业社会责任中"社会"一词略显含糊，没有具体指出企业要对谁负责，而 Freeman 的利益相关者概念②，通过描述企业在社会责任取向和活动中应该具体对其负责的群体和个人，使社会责任具体化。Carroll 通过分析企业社会责任与利益相关者理论的具体指向性，为企业社会责任理论向利益相关者理论或管理的转变提供了理论支持。

20 世纪 90 年代，企业社会表现、商业伦理以及利益相关者理论等企业社会责任的衍生理论吸引了很多学者的注意力，学者们对"企业社会公民"这一概念也产生了新的兴趣。这些衍生理论本身就有丰富的内涵，在某种程度上与企业社会责任内涵一致或是对其的补充。为此，20 世纪 90 年代企业社会责任理论体系得到极大丰富与扩展。

（六）21世纪以来：理论体系化，研究更加深入

进入 21 世纪后，学者们一方面开始梳理企业社会责任相关理论，为进一步开展相关研究提供理论支持，另一方面也开始尝试采取不同的方法对企业社会责任表现进行测量。企业社会责任表现的测量方法及其与企业绩效之间的关系再度成为学者们研究的重点，对于企业绩效指标的选取除了利润等经济指标外，学者们也开始探索企业社会责任表现对企业品牌等虚拟资产的影响。在 20 世纪 90 年代取得进展的基础上，相关衍生理论研究有了更进一步的拓展。

2002 年，Logsdon 和 Wood 对"全球商业公民"概念的发展进行了回顾，指出自由资本主义的自由政治哲学必须让位于共同体观点，在全球化的

---

① Carroll A B. The pyramid of corporate social responsibility：Toward the moral management of organizational stakeholders ［J］. Business Horizons，1991，34（4）：39－48.

② Freeman R E. Strategic Management：A Stakeholder Approach ［M］. Boston：Pitman Publishing Inc，1984：1.

形势下，企业必须有本地公民意识。在研究中，Logsdon 和 Wood 区别了"全球商业公民"与"企业公民"，认为"全球商业公民"这一概念需要从共同体思想向普适人权思想转变。Logsdon 和 Wood 认为，如果"公民身份"对于商业组织而言仅是一个自我概念，并且这些组织仅就当地慈善和自我利益的战略优势达成有限共识的话，那么就不可能修正权利失衡或对此做出预防。全球商业应该向实现所有的人的自由和公正前行，履行作为商业公民的义务，因为这不但是人类自治和保证生活质量的养料，而且是实现商业资本自身的可持续发展的动力。①

21 世纪初，对于企业社会责任及相关衍生理论做出重要贡献的是 Garriga 和 Melé 于 2004 年所开展的研究。在《企业社会责任理论：范围界定》一文中，Garriga 和 Melé 针对企业社会责任及其相关衍生理论，例如利益相关者理论、资源基础理论、社会公民理论、可持续发展理论等进行梳理，将企业社会责任的理论分为工具化理论、政治理论、整合理论以及伦理理论。② 这一梳理清晰地描述了相关衍生理论的不同视角及基本内涵，为理论应用和进一步整合提供了工具性的支持。

21 世纪以来，关于企业社会责任表现的测量方法及其与企业绩效之间关系方面的研究成果也相当丰硕，关于这部分文献，本研究将在后续涉及此方面内容的章节中进行述评。

综上，随着理论的不断演进和研究的逐步深入，企业社会责任及其相关衍生理论在过去半个世纪有重大发展。在全球化的大背景下，随着社会对企业社会责任期待的提升以及企业对社会责任战略重视程度的提高，相关理论的进一步发展以及整合有了广阔的实践基础。特别是在可持续发展成为时代主题、企业承担相应的社会责任已经成为绝大多数人共识的情况下，对企业社会责任理论及其相关衍生理论的内在联系进行分析、整合，为实践提供理论支持，将是未来相关研究的重点。

---

① Logsdon J M, Wood D J. Business citizenship：From domestic to global level of analysis ［J］. Business Ethics Quarterly, 2002, 12（2）：155 – 187.

② Garriga E, Melé D. Corporate Social Responsibility theories：Mapping the territory ［J］. Journal of Business Ethics, 2004, 53（1 – 2）：51 – 71.

三　企业社会责任的内涵

通过对企业社会责任理论的发展与演进过程的回顾与综述，可以发现企业社会责任的内涵与定义一直都是学者们研究的重点。不同学者或组织从不同的视角出发，对企业社会责任内涵的认识不尽相同。随着理论与实践的不断发展，企业社会责任内涵更加丰富，但学者们对这一概念并没有形成统一的认识，利益相关者、环境、经济与社会等方面都已成为学者们对企业社会责任进行定义的视角。为此，本研究将对中西方学者以及国际机构对企业社会责任内涵的分析进行回顾、梳理，并对这一概念的内涵进行进一步的界定。

（一）西方学者关于企业社会责任的概念

在《商人的社会责任》一书中，Bowen 指出商人具有按照社会的目标和价值体系来制定政策并采取行动的义务，这就是商人的社会责任。[①] 这一概念强调了承担企业社会责任的主体是现代的大公司，负责实施的是企业的管理者，承担企业社会责任的原则是自愿。

在 20 世纪六七十年代，Davis 对企业社会责任的内涵进行了多次界定，这些概念产生了重要影响。Davis 提出社会责任是商人做出的超越公司直接经济目标与技术利益的决策和所开展的行动：一方面企业作为经济组织需要承担社会福利责任，另一方面企业还承担培养和发展人的责任，前者为企业社会责任的经济属性，后者为企业社会责任的非经济属性。[②] 1967 年，在《理解社会责任之谜》一文中，Davis 为其 1960 年有关企业社会责任的界定赋予了新的内容，认为企业社会责任的实质是个人对其自身行为可能对他人利益造成影响的道德性考虑。通过强调组织行为及其对整个社会造成的影响，企业社会责任研究向前迈出一大步，拓宽了个人对于整个社会

① Bowen H R. Social Responsibilities of the Businessman [M]. New York: Harper&Row, 1953 (2013): 5.

② Davis K. Can business afford to ignore social responsibilities? [J]. California Management Review, 1960, 2 (3): 70 – 76.

体系的关注。① 1973 年，Davis 在《赞成与反对商业承担社会责任》一文中，引用萨缪尔森的观点对反对企业承担社会责任的观点进行了批驳，强调企业社会责任就是指企业对超越狭隘经济、技术以及法律对公司期望的考虑与反应。②

Frederick 认为商人应当将经济体系的运作视为对公共期待的满足，这意味着企业在生产和流通过程中应该提高整个社会的经济福祉水平。Frederick 指出企业社会责任传递出一种公共姿态，将社会的经济资源、人力资源都用于实现广泛的社会目的，而不是仅仅局限在个人以及企业的利益范围内。③ 在这一观点中，Frederick 强调了企业商业目标与社会目标应该协调、统一，公司的经营应该服务于提高整个社会的福祉水平。

Manne 和 Wallich 对企业社会责任这一概念范畴做了进一步延伸，认为责任至少在一定程度上意味着企业是一个自由行动者，前面所表述的社会目标都已经通过法律强制公司承担了，企业实施这些目标时，实际上并没有承担任何责任。他们指出企业承担社会责任应该涉及以下三个步骤：一是设置目标；二是决定是否承担既定目标；三是对选定目标提供资助。④ 可以看出，Manne 和 Wallich 倾向于由股东对公司做出指示，以使公司更好地满足股东利益。

Carroll 是西方学者中对企业社会责任概念界定贡献最大的学者，他于 1979 年对企业社会责任给出了正式定义，并随着实践的发展和理论的演进不断对其进行修改，使这一定义更好地与现实相一致。Carroll 回顾了之前企业社会责任概念的缺点，认为企业社会责任是指在某一特定的时间点，社会

① Davis K. Understanding the social responsibility puzzle [J]. Business Horizons, 1967, 10 (4)：45 – 50.

② Davis K. The case for and against business assumption of social responsibilities [J]. Academy of Management Journal, 1973, 16 (2)：312 – 322.

③ Frederick W C. The growing concern over business responsibility [J]. California Management Review, 1960, 2 (4)：54 – 61.

④ Manne H G, Wallich H C. The Modern Corporation and Social Responsibility [M]. Washington, DC：American Enterprise Institute for Public Policy Research, 1972.

对企业在经济、法律、伦理和酌情行事方面的期望①，这就是著名的企业社会责任四部分定义。企业四部分责任具体如下。

一是经济责任：经济责任是企业首要的社会责任，企业首先是最基本的经济单元，负有在一定利润水平上向社会提供产品和服务的义务，其他商业角色也都以这一假定为基础。

二是法律责任：法律代表最基本的"游戏准则"，社会期望企业在社会法律体系要求的框架内履行自身的经济职能。

三是伦理责任：伦理责任代表了社会期待企业按社会伦理准则行事，这一准则超越了法律的规定，是超越"法律要求"的责任。

四是酌情行事责任：社会对企业的这部分责任并没有像对伦理责任那样给出清晰的期待，这就需要企业的管理者做出判断并进行选择。企业承担酌情行事责任的驱动力主要来自社会规范。

1983 年，Carroll 进一步修正了其在 1979 年提出的企业社会责任四部分定义，将酌情行事修正为自愿或慈善，因为在他看来自愿或慈善是酌情行事方面最好的例子，修正后的企业社会责任包含经济、法律、伦理以及自愿或慈善等四个部分。② 1991 年，Carroll 对其企业社会责任四部分定义进行了第二次修改。这次最大的调整在于将企业社会责任模型看作"金字塔"状，经济责任是基础，向上依次为法律、伦理和慈善责任（见图 2-1）。Carroll 的企业社会责任"金字塔"模型并没有对他的四部分定义做出根本性改变，而仅仅对其进行了图表式的描述，在强调经济责任的基础地位的同时，Carroll 也表明企业并不一定按顺序来承担这些责任，任何时间都可以承担任意责任。③ 尽管 Carroll 的企业社会责任"金字塔"模型中的责任界定存在部分重合，但他的这一概念模型仍为学者们开展相关研究提供了分析框架。

---

① Carroll A B. A three - dimensional conceptual model of corporate performance [J]. Academy of Management Review, 1979, 4 (4): 497 - 505.

② Carroll A B. Corporate Social Responsibility: Will industry respond to cutbacks in social program funding [J]. Vital Speeches of the Day, 1983, 49 (19): 604 - 608.

③ Carroll A B. The pyramid of Corporate Social Responsibility: Toward the moral management of organizational stakeholders [J]. Business Horizons, 1991, 34 (4): 39 - 48.

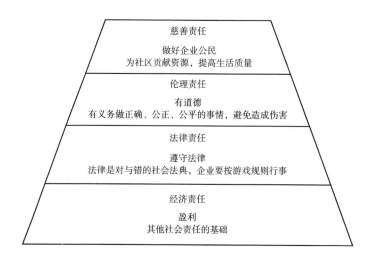

图 2-1　企业社会责任的"金字塔"模型

资料来源：Carroll A B. The pyramid of corporate social responsibility：Toward the moral management of organizational stakeholders ［J］. Business Horizons, 1991, 34（4）：39-48。

　　Wartick 和 Cochran 对 Carroll 的"企业社会表现模型"中的"原则—响应—社会问题"进行了修正，提出了"企业社会表现演化模型"，将 Carroll 模型中的原则调整为责任，将响应调整为过程，将社会问题调整为政策，形成"责任—过程—政策"模型。①

　　Wood 在 Carroll 的"企业社会表现模型"以及 Wartick 和 Cochran 的"企业社会表现演化模型"基础上，提出企业社会表现模型，将原有的研究成果重组为三项原则：一是制度层面的合法性原则；二是组织层面的公共责任原则；三是个体层面的管理者酌情行事原则（见表 2-1）。② Wood 的这一模型重点强调并相对清楚地描述了社会责任的表现或结果，为企业社会责任表现方面的研究做出了重要贡献。

① Wartick S L, Cochran P L. The evolution of the corporate social performance model ［J］. Academy of Management Review, 1985, 10（4）：758-769.

② Wood D J. Corporate social performance revisited ［J］. Academy of Management Review, 1991, 16（4）：691-718.

表 2 - 1 企业社会表现模型

企业社会表现定义		
商业组织社会责任原则、社会反应过程、政策、计划以及与公司社会关系相关联的可观测结果等的组合		
企业社会表现原则		
制度原则:合法性	组织原则:公共责任	个体原则:管理者酌情行事
应用层面:制度层面,基于企业作为商业组织的一般义务 关注点:责任和约束 价值:定义了商业与社会间的制度关系,详述了社会对商业组织的期待 来源:Davis[1]	应用层面:组织层面,基于企业具体的境遇及其与环境的关系 关注点:组织行为的规范 价值:界定了与企业行为和利益相关联的商业责任(并没有过渡局限) 来源:Post 和 Preston[2]	应用层面:个体层面,基于组织内部作为行动者的个人 关注点:选择、集会、个体责任 价值:界定了管理者作为道德行动者的责任(感知并运用机会服务于社会责任) 来源:Carroll[3] 和 Wood[4]
企业社会响应过程		
环境评估:扫描并分析经济、技术、社会、政治以及法律等企业外部环境 利益相关者管理:对利益相关者进行管理 问题管理:问题识别、问题分析与反应方案形成		
企业社会行为结果		
社会影响:企业行为对社会造成的影响 企业社会方案和政策:采取满足特殊利益需求的社会责任方案,形成影响决策制定的企业社会政策		

注：①Davis K. The case for and against business assumption of social responsibilities [J]. Academy of Management Journal, 1973, 16 (2): 312 - 322.

②Post J, Preston L E. Private Management and Public Policy: The Principle of Public Responsibility [M]. Englewood Cliffs, NJ: Prentice - Hall, 1975.

③Carroll A B. A three-dimensional conceptual model of corporate performance [J]. Academy of Management Review, 1979, 4 (4): 497 - 505.

④Wood D J. Business and Society [M]. Glenview, IL: Scott, Foresman, 1990.

资料来源：Wood D J. Corporate social performance revisited [J]. Academy of Management Review, 1991, 16 (4): 691 - 718。

（二）国际组织关于企业社会责任的概念

1971 年，美国经济发展委员会发布《商业企业的社会责任》，对 20 世纪 60 年代到 70 年代发生的有关环境、劳工安全、消费者以及雇员等社会运动带来的商业与社会之间正在发生改变的社会契约关系进行了回应。该报告指出：企业被期待承担比以往更多的社会责任，并服务于更广泛的人类利益。该报告用三个同心圆对"企业社会责任"这一概念进行了描述,其中内圈代表企业必须承担的产品、就业、经济增长等经济职能方面的基础责任;中间圈要求企业在承担经济职能时,也要密切关注员工、消费者、环境等的需求;外圈则要求企业更加广泛地参与到改善社会环境等新出现、尚未明确的责任中去(见图2-2)。

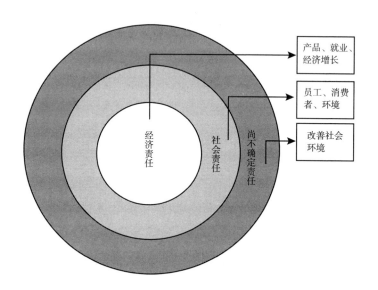

产品、就业、经济增长

员工、消费者、环境

改善社会环境

经济责任

社会责任

尚不确定责任

图2-2 企业社会责任的"同心圆"概念

资料来源:Committee for Economic Development. Social responsibilities of business corporations [M]. New York:Author, 1971。

世界可持续发展工商理事会1997年开始进行一项为期三年的关于企业社会责任的研究项目,并于2000年出版了其研究成果《企业社会责任:满足不断变化的期望》。在该报告中,世界可持续发展工商理事会将企业社会责任定义为企业持续致力于使其行为符合伦理要求,在提高员工及其家庭、社区和更广泛的整个社会的生活质量的同时,为经济发展做出贡献。[①] 世界可持续发展工商理事会的这一定义强调了企业的参与性,将企业社会责任的目标指向整个社会生活质量的提高,在某种程度上表明了企业是实现可持续

① WBCSD. Corporate social responsibility:Meeting changing expectations [R]. Conches - Geneva:World Business Council for Sustainable Development, 2000.

发展的重要力量。

2001 年 7 月 18 日，欧盟委员会在《关于推动欧洲公司社会责任框架》绿皮书中对企业社会责任做出了定义。此后，随着实践的发展，欧盟委员会对企业社会责任的定义也在不断地发展、完善。2011 年，欧盟委员会将企业社会责任定义为企业承担其对社会造成影响的责任，认为遵守社会法律、在社会不同成员间达成一致是落实这一责任的前提。为了全面落实企业社会责任，企业在运营过程中需要整合对社会、环境、伦理、人权以及消费者的关注，并实施与利益相关者密切合作的核心战略，使公司所有者、利益相关者以及更广阔范围内的社会人员利益最大化。[①] 欧盟这一最新修改的定义，明确了公司在运营过程中需要考虑其所有行为对社会造成的影响，并强调了企业需要将社会责任提到公司战略层面。

商务社会责任国际协会（Business for Social Responsibility，BSR）将企业社会责任定义为"以满足或超越社会对企业在伦理、法律、商务和公共等方面期待的方式进行企业运营"[②]。商务社会责任国际协会认为企业社会责任应该是企业在运营过程中的战略、实践以及项目的完全整合。

（三）我国学者关于企业社会责任的概念

刘俊海在其所著的《公司的社会责任》一书中，指出所谓公司的社会责任就是指公司不能仅仅以最大限度地为股东们赚钱作为自己存在的目的，而应当最大限度地增进股东利益之外的其他所有社会利益。[③] 他从利益相关者视角出发，指出社会利益包括员工、消费者、中小竞争者、社区、环境、社会弱者的利益以及公共利益，既涵盖自然人的权益，也涵盖法人和非法人组织的权益，反映出企业社会责任不仅仅是公司的利他主义行为或慈善行为。

卢代富认为，企业社会责任是指企业在谋取股东利润最大化之外所肩负

---

① European Commission. A renewed EU strategy 2011 – 14 for Corporate Social Responsibility［R］. Brussels：COM，2011：681.

② Mullerat R. International Corporate Social Responsibility：The Role of Corporations in the Economic Order of the 21st Century［M］. Austin：Wolters Kluwer Law & Business，2010.

③ 刘俊海. 公司的社会责任［M］. 北京：法律出版社，1999：7.

的维护和增进社会利益的义务，其具有以下四个特点：一是从履行责任的出发点看，企业社会责任是一种关系责任或积极责任；二是从履行责任的对象看，企业社会责任的对象是除企业股东以外的其他对象；三是从责任内容看，企业社会责任既包括道德义务又包括法律义务，是正式与非正式制度的统一；四是从与传统股东利益最大化的关系看，企业社会责任是对后者的补充完善。① 卢代富这一定义主要从法学的角度出发，指出企业社会责任要服务于社会整体利益，并分析了其与其他责任的区别。

屈晓华认为，企业社会责任是指企业对员工、商务伙伴、消费者、社区、国家履行的各种积极义务和责任，是企业对市场和利益相关者的一种良性反应，企业制度和企业行为是其体现载体。② 屈晓华的这一定义主要从利益相关者视角出发，强调了企业要对利益相关者承担相应的强制性和自愿性责任。

李淑英从契约论的角度理解企业的社会责任，指出：第一，企业社会责任由一系列显性和隐性契约所规定；第二，这种契约关系已经规定了企业应该履行的社会责任；第三，企业与社会的契约是不断发展变化的。③ 李淑英的这一解释，给出了关于企业社会责任的分析框架，在一定程度上拓展了这一概念的理解视角。

（四）本研究对企业社会责任概念的界定

从上述关于企业社会责任概念的回顾可以看出，国内外学者以及国际组织对这一概念的定义并没有达成一致，这一方面是因为学者的分析视角不同，另一方面是因为企业运营的环境在不断变化，社会对企业的期望在不断提高。通过对上述概念的分析，可以发现国内外学者和国际组织有关企业社会责任的定义具有以下共同点。

首先，几乎所有的定义都认为企业是一个经济组织，经济责任是企业要承担的首要责任。从狭义的角度看，经济责任可以理解为企业的运营要建立

---

① 卢代富. 企业社会责任的经济学与法学分析 [M]. 北京：法律出版社，2002：96.
② 屈晓华. 企业社会责任演进与企业良性行为反应的互动研究 [J]. 管理现代化，2003 (5)：13 – 16.
③ 李淑英. 社会契约论视野中的企业社会责任 [J]. 中国人民大学学报，2007 (2)：51 – 57.

在获取一定利润的基础上；从广义的角度看，经济责任可以理解为企业本身就是为满足社会对产品与服务的需求而存在的。

其次，几乎所有的定义都认为企业的运营过程具有"合规性"。"合规性"表明企业的运营既要在社会法律的框架内，又要合乎社会在伦理、道德以及风俗等方面对企业的期待。

最后，几乎所有的定义都认为企业除了基本的经济责任外，还负有其他责任，这些责任的最终指向是提高社会的整体福祉水平。

综上，本研究认为企业社会责任是指企业在运营过程中，在履行企业基本经济职能并满足社会对其"合规性"要求的基础上，为社会整体福祉水平的提高所履行的责任，目的是实现企业、经济、社会与环境的协调可持续发展。

第二节　企业社会责任相关理论研究综述

一　利益相关者理论

（一）利益相关者理论的起源与发展

利益相关者理论起源于对"股东至上论"的批判，其否定企业的根本目标为"股东利润最大化"。在与现代产权理论结合的基础上，该理论认为企业的发展离不开各种利益相关者，企业在创造利润的同时，也要对政府、雇员、消费者、供应商、投资者等为企业发展做出贡献的外部利益相关者负有相应的责任。此后，学者们围绕着企业的利益相关者是谁、利益相关者与企业的关系是什么、如何对利益相关者进行划分、如何满足不同利益相关者的利益、对利益相关者利益的满足与公司绩效是否矛盾等问题展开研究，形成了独立的理论体系，并成为研究企业社会责任的一个重要视角。

20世纪60年代，"利益相关者"作为正式的理论概念出现。1963年，斯坦福研究所（Stanford Research Institute，SRI）的研究学者提出"利益相关者"（stakeholder）概念，以此来表示企业的管理者需要对其利益进行响应的群体和个人，并作为"股东"（shareholder）的对应词。斯坦福研究所将利益相关者定义为支持并影响企业的利益群体①，这一概念对后续的理论研究产生了重要的影响。

从 1963 年斯坦福研究所提出"利益相关者"概念，到 1984 年 Freeman 的《战略管理：一种利益相关者方法》出版之前的这段时间，学术界对利益相关者的研究还处于积蓄期，研究的主要关注点为"利益相关者"概念的研究及界定，学者们从不同的角度开展研究，为 20 世纪 80 年代利益相关者理论体系的正式形成奠定了基础。Freeman 根据这段时间学者们研究出发点和研究方法的不同，将"利益相关者"的概念分为四类：公司计划理论、系统理论、企业社会责任理论与组织理论（见图 2 - 3）。②

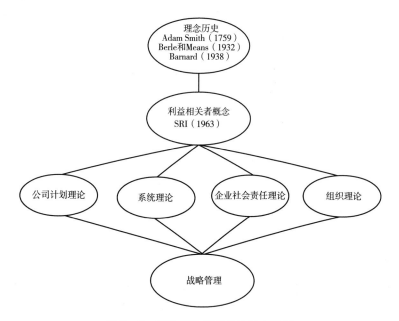

图 2 - 3　利益相关者理论的历史渊源

资料来源：Freeman R. E. Strategic Management：A Stakeholder Approach ［M］. Cambridge：Cambridge University Press，2010：32。

---

① 贾生华，陈宏辉. 利益相关者的界定方法述评 ［J］. 外国经济与管理，2002，24（5）：13 - 18.

② Freeman R E，McVea J. A Stakeholder Approach to Strategic Management ［M］// Hit M A，Freeman R E and Harrison J S. Handbook of Strategic Management. Oxford：Blackwell Publishing，2001.

公司计划理论的代表人物 Ansoff 在其代表作《公司战略：企业成长与扩张的政策》中描述了识别关键利益相关者的重要性，但他将利益相关者仅仅看作公司实现目标的约束条件，并没有意识到利益相关者的益处①，这与斯坦福研究所的观点有所不同②。公司计划理论属于"工具化理论"，将利益相关者看作对企业活动的限制，认为管理者必须了解利益相关者需求并确定公司行动的"边界"，将某一特定利益相关者的利益最大化是管理者的工作重点。斯坦福研究所则认为公司在运营过程中要考虑所有利益相关者的利益，而不是仅将某一利益群体的利益最大化。③ 对利益相关者对公司重要性程度认识的不同是二者之间的主要区别。

系统理论有非常复杂的理论渊源，最早是由 Ackoff 应用到组织体系分析中的。④ 系统理论强调外部联系是每个组织的组成部分，以"开放系统"方式存在的组织并不是一个独立的个体，而仅是庞大网络中的一部分。解决组织问题需要网络内部所有成员或利益相关者的支持是系统理论的基本看法。从系统理论来看，组织问题的解决有赖于网络中所有成员或利益相关者的支持。系统理论强调发展能使整个网络利益最大化，个人利益最大化并不是这种分析方法的关注点。⑤

20 世纪 70 年代初，企业社会责任理论体系初步形成。一些学者发现原有理论比较模糊，缺乏操作性，开始提出"企业社会响应"（Corporate Social Responsiveness）这一概念，强调公司要系统管理其与整个社会的关系，利益相关者视角开始融入企业社会责任的研究中，早期的研究者主要有

① Ansoff H I. Corporate Strategy：Business Policy for Growth and Expansion ［M］. New York：McGraw - Hill Book，1965.

② Freeman R E. Strategic Management：A Stakeholder Approach ［M］. Boston：Pitman Publishing Inc，1984.

③ Freeman R E. Strategic Management：A Stakeholder Approach ［M］. Boston：Pitman Publishing Inc，1984.

④ Ackoff R. Redesigning the Future ［M］. New York：Wiley，1974.

⑤ Freeman R E，McVea J. A Stakeholder Approach to Strategic Management ［M］// Hit M A，Freeman R E and Harrison J S. Handbook of Strategic Management. Oxford：Blackwell Publishing，2001.

Ackerman①、Sethi②、Ackerman 和 Bauer③ 等。

组织理论与系统理论有相同的渊源，都强调公司外部环境是影响公司组织的一个重要因素。Pfeffer 和 Salancik 提出了著名的"资源基础理论"④，认为组织的生存基础是其获得和保持资源的能力，与关键资源供应商间建立紧密关系则是组织存在的关键⑤。组织理论的目的就在于描述和解释这些对组织存在有重要影响的组织，从而为利益相关者的识别与划分提供参考。

1984 年，Freeman 的《战略管理：一种利益相关者方法》一书出版，标志着利益相关者理论体系的正式形成。Freeman 对利益相关者的研究主要从企业战略角度出发，力图为当时深受环境问题困扰及处于经营环境变革中的企业管理者提供一种管理框架，帮助他们明晰企业的战略方向并知晓如何在变革中创造新的机会。Freeman 明确指出："我们现有的理论在数量和种类上与 20 世纪 80 年代在商业环境中发生的变革都不相匹配……这需要一个新的概念框架。"⑥ 战略管理视角的利益相关者理论，主要强调将利益相关者放在企业环境分析、战略制定及实施的中心位置，在对利益相关者诉求进行分析的基础上，明确企业战略方向，制定并实施满足利益相关者诉求的企业战略。Freeman 及其后继者的这种战略视角的利益相关者理论已经融入企业战略管理理论中，为利益相关者管理的实施提供了机制和框架。

除了从企业战略视角对利益相关者展开研究外，学者们也开始从"演

① Ackerman R W. How companies respond to social demands [J]. Harvard Business Review, 1973, 51 (4): 88 – 98.
② Sethi S P. Dimensions of corporate social performance: An analytical framework [J]. California Management Review, 1975, 17 (3): 58 – 64.
③ Ackerman R W, Bauer R A. Corporate Social Responsiveness [M], Reston, Virginia: Reston Publishing, 1976.
④ Pfeffer J, Salancik G R. The External Control of Organizations: A Resource Dependence Perspective [M]. New York: Harper & Row, 1978
⑤ 王辉. 从"企业依存"到"动态演化"——一个利益相关者理论文献的回顾与评述 [J]. 经济管理, 2003 (2): 29 – 35.
⑥ Freeman R E. Strategic Management: A Stakeholder Approach [M]. Boston: Pitman Publishing Inc, 1984: 1.

化"视角进行研究。采取这种研究视角主要是由于学者们对利益相关者概念认识不同以及企业的利益相关者在不断变化，造成管理者对利益相关者识别困难并对公司的管理产生了影响。Mitchell 等根据利益相关者的不同特性对利益相关者进行的分类就是此类研究的代表。[①]

（二）利益相关者的概念及界定

1. 利益相关者的概念

自 1963 年斯坦福研究所正式提出"利益相关者"概念以来，学者们从不同的研究维度，针对不同的研究目的，提出了许多观点。对利益相关者概念认识的不同，将直接导致对利益相关者界定的不同。本研究将回顾一些有代表性的概念并进行分析。

（1）利益相关者的广义概念

Freeman 认为利益相关者是指能够影响一个组织实现其目标，或者受到组织目标实现过程影响的任何组织和个人。[②] 这一对利益相关者的界定涵盖了影响企业运营与受企业运营影响的个人和群体，包括股东、管理者、雇员、供应商、客户、社区以及环境等。Freeman 的这一定义可以将一切相关方纳入利益相关者范围，是利益相关者广义概念的代表。

Starik 等认为利益相关者能够并且正在向企业"投注"，他们受到或可能受到组织影响，也可能对组织造成现实或潜在影响。[③] Starik 等对于利益相关者的这一定义与 Freeman 的相类似，但强调了组织和个人要对企业"投注"，从这点来看，Starik 等的利益相关者范围相比 Freeman 的而言要略窄。该定义另一特点是将利益相关者的范围扩展为潜在受影响者或影响者，这实际上是将利益相关者放在企业运营的动态过程中来考察。

①　Mitchell R K, Agle B R, Wood D J. Toward a theory of stakeholder identification and salience：Defining the principle of who and what really counts ［J］. The Academy of Management Review，1997, 22 （4）：853 – 886.

②　Freeman R E. Strategic Management：A Stakeholder Approach ［M］. Boston：Pitman Publishing Inc，1984：1.

③　Starik M, Clarkson M, Cochran P, et al. The Toronto conference：Reflections on Stakeholder Theory ［J］. Business and Society，1994, 33 （1）：82 – 131.

（2）利益相关者的狭义概念

Freeman 对于利益相关者的定义，在一些学者看来过于宽泛，在理论研究以及实践方面都存在一些缺点。[①] 为此，一些学者提出了关于利益相关者的狭义概念。

Clarkson 是对利益相关者概念采取狭义态度的代表。Clarkson 将利益相关者定义为"自愿和非自愿的风险承担者"[②]，将企业的利益相关者局限在是否承担风险这一条件上。1995 年，Clarkson 又将利益相关者定义为对企业及其活动具有所有权、索取权和利益要求的个人和组织，并将利益相关者分为首要利益相关者和次要利益相关者。[③] 这一定义通过引入对企业的特殊资产或其他投入的限制条件，缩小了利益相关者的范围，将其限制在与企业发生直接关系或间接关系的个人和群体内。

还有其他一些比较有代表性的利益相关者的狭义概念，如 Cornell 和 Shapiro 认为利益相关者是合同的索取者[④]；Carroll 认为利益相关者是声称对企业拥有某种或更多利益的组织或个人，这些利益包括对公司从所有权的权利（法律或道德上的）到所有权或公司资产的法律头衔的兴趣[⑤]。

利益相关者的广义概念与狭义概念的主要区别体现在以下两点：其一，两种概念中的"利益"一词指代范围存在差异，广义的利益泛指企业对相关者造成的影响或相关者对企业的影响，狭义的利益指的则是"一种投注"，即对企业的所有权、索取权或其他直接的利益关系；其二，广义利益相关者概念涵盖潜在利益相关者，在强调对企业造成影响的同时也动态地考

① Mitchell R K, Agle B R, Wood D J. Toward a theory of stakeholder identification and salience: Defining the principle of who and what really counts [J]. The Academy of Management Review, 1997, 22 (4): 853 – 886.

② Clarkson M E. A risk based model of Stakeholder Theory [C]. Proceedings of the Second Toronto Conference on Stakeholder Theory, 1994: 18 – 19.

③ Clarkson M E. A stakeholder framework for analyzing and evaluating corporate social performance [J]. Academy of Management Review, 1995, 20 (1): 92 – 117.

④ Cornell B, Shapiro A C. Corporate stakeholders and corporate finance [J]. Financial Management, 1987, 16 (1): 5 – 14.

⑤ Carroll A B. Business and Society: Ethics and Stakeholder Management [M]. Cincinnati: South – Western, 1989.

虑了企业的运营，而狭义利益相关者概念仅考虑对企业造成现实影响的组织或个人。

2. 本研究对利益相关者的界定与定义

通过文献回顾，可以发现学者们对利益相关者概念的界定主要分为广义概念与狭义概念两类。广义的利益相关者概念更加注重这一群体或个人会受到企业运营的影响或对企业的运营造成影响，不对求偿权做出约束，也不考虑其是否与企业存在直接利益关系。狭义的利益相关者概念则强调利益相关者只包括那些对企业有"赌注"或与企业有直接利益关系的群体和个人，涵盖范围小，也没有考虑到利益相关者的动态特性。虽然狭义的利益相关者概念更容易抓住关键利益相关者，但往往也容易漏掉那些短期内看似与企业并无直接利益关系，但从长期来看对企业生存造成影响的因素，如自然资源、环境等，在实际操作上可能导致企业的战略误判。

结合研究目的，本研究在利益相关者概念的界定上主要考虑两点：其一，本研究主要研究发达国家汽车企业社会责任，在利益相关者的选取范围上不能过窄，否则可能无法涵盖尽可能多的企业利益相关者；其二，考虑到本研究的一个重要目的是为中国汽车企业提升企业社会责任表现水平、实现可持续发展提供经验与方法借鉴，故利益相关者的选择主要从企业实践出发，并考虑实现可持续发展所涉及的利益群体。

为此，本研究在利益相关者内涵界定上接受 Freeman 的广义利益相关者概念①，结合发达国家汽车企业实践，将利益相关者定义为影响企业实现短期经营目标以及长期战略，或受到企业经营活动影响的个人、组织或其他外部环境。这一定义将利益相关者概念范畴扩展到包括制约企业运营的自然资源、能源与环境状况在内的外部环境。在企业的利益相关者中增加环境因素，主要是基于以下考虑：在可持续发展理念成为人类共识、资源趋紧、环境污染日趋严重的情况下，全球企业特别是汽车企业在运营过程中会面临越来越严苛的制度限制、资源以及能源约束，企业制造的产品造成的外部性效

---

① Freeman R E. Strategic Management：A Stakeholder Approach［M］. Boston：Pitman Publishing Inc，1984：1.

应逐步累积。要实现汽车产业的可持续发展，汽车企业在运营过程中除了关注传统意义上广义利益相关者的利益诉求外，也要更多地考虑其他外部环境，要以更负责任的心态，承担更多的社会责任，消除负外部性。

结合 Clarkson 的划分方法[①]，本研究将汽车企业利益相关者划分为：首要利益相关者，即对企业承担经济责任并造成直接影响的群体或个人，包括股东与投资者、员工、消费者、供应商、政府等；次要利益相关者，即对企业没有直接的求偿权，但受到企业经营活动的间接影响，或对企业的运营造成间接影响的群体或个人，如竞争者、行业协会、社区、公众、媒体等；环境因素，即制约企业经营目标实现的群体和个人之外的因素，包含资源、能源、环境、生物多样性等。

（三）利益相关者视角下的企业社会责任研究

利益相关者思想已经蕴藏在学者们早期的研究中。1984 年，Freeman 正式提出利益相关者理论后，从这一视角进行的企业社会责任研究在不断扩展。正如 Donaldson 和 Preston 所指出的那样，利益相关者理论通过其描述的准确性、工具化的效果以及规范性得到了极大的推进与证明。[②]

Carroll 是企业社会责任研究领域的"大师"，在这一研究领域发表了多篇有影响力的著述。Carroll 指出企业社会责任思想与组织的利益相关者之间存在天然的联系。利益相关者概念通过描述企业在承担社会责任时应该具体对其负责的群体和个人，将社会与社会责任具体化，避免了企业社会责任的含糊。[③] Carroll 在企业社会责任研究中，已经开始使用利益相关者理论，并对管理者们在决策过程中如何给予不同的利益相关者（股东、消费者、雇员、供应商、社区与活跃群体）以关注进行了分析。

Wood 发表了《企业社会表现再审视》一文，在企业社会责任表现过程中提出了利益相关者管理理论，认为 Freeman 关于利益相关者理论的具

---

① Clarkson M E. A stakeholder framework for analyzing and evaluating corporate social performance [J]. Academy of Management Review, 1995, 20 (1): 92 – 117.

② Donaldson T, Preston L E. The Stakeholder Theory of the corporation: Concepts, evidence, and implications [J]. Academy of Management Review, 1995, 20 (1): 65 – 91.

③ Carroll A B. The pyramid of Corporate Social Responsibility: Toward the moral management of organizational stakeholders [J]. Business Horizons, 1991, 34 (4): 39 – 48.

有里程碑意义的著作为公司外部利益相关者与公司职能之间的联系提供了令人可信的证据，并提供了绘制这些关系及其结果的初步工具。^① Wood识别了企业社会责任表现的利益相关者管理过程，为公司的外部环境管理提供了渠道。

Clarkson 指出通过使用建立在管理公司同其利益相关者关系上的框架来分析和评估企业社会表现，要比使用建立在企业社会责任和企业社会响应等概念上的模型和方法更加有效。在这个框架中，企业社会责任被界定为企业与利益相关者之间的关系，企业管理人员不能再以牺牲其他首要利益相关者的利益来使股东的利益最大化，而应该为履行公司对所有首要利益相关者的责任负责。^② Clarkson 通过引入利益相关者概念，很好地区分了利益相关者问题与社会问题，明确了企业承担社会责任的对象、内容与范围。

Freeman 指出企业社会责任这一理念已经失去作用，应该使用利益相关者这一方法来了解不同利益相关者的诉求，制定公司战略，有针对性地承担企业社会责任。Freeman 提出了企业致力于利益相关者方法的四个层次：基本价值阐述、利益相关者持续合作、了解更广泛的社会事务、道德领先。^③ Freeman 还从利益相关者视角出发提出了企业履行社会责任的管理框架、方法与原则，将公司利益相关者责任作为一种新的企业社会责任表现形式，对相关后续研究具有重要启示。

通过对上述学者们研究成果的回顾，可以发现，从利益相关者理论视角研究企业社会责任具有以下优点。

首先，利益相关者理论为企业社会责任研究提供了分析框架。企业为了更好地承担社会责任，需要明确"社会"一词究竟涵盖了哪些内容，而传统的社会责任理论明确了企业社会责任的内涵，却没有明确回答企业社会责任的具体对象以及责任内容。从利益相关者视角研究企业社会责任，可以使

---

① Wood D J. Corporate social performance revisited [J]. Academy of Management Review, 1991, 16 (4): 691 – 718.

② Clarkson M E. A stakeholder framework for analyzing and evaluating corporate social performance [J]. Academy of Management Review, 1995, 20 (1): 92 – 117.

③ Freeman R, Velamuri S R. A New Approach to CSR: Company Stakeholder Responsibility [M] // Kakabadse A, Morsing M. Corporate Social Responsibility. London: Palgrave Macmillan, 2006.

学者们和企业管理者们明确企业到底要对哪些利益相关者负责，这些利益相关者与企业的利益关系如何，基于传统企业社会责任内涵的企业如何对相应的利益相关者承担责任及承担哪些责任，从而清晰地界定了企业社会责任对象与内容。

其次，利益相关者理论为企业社会责任战略的实施提供了一种管理方法。企业在日常经营中，会受到外部政治、经济等宏观环境以及供应商、消费者等微观环境的影响，企业愿景的确定以及战略的实施也会受到这些环境因素的影响。通过分析可以发现，企业外部环境一般由利益相关者构成或受到利益相关者影响。因此，企业可以管理、评估这些外部因素并对其做出反应，构建相应的企业社会责任机制并使之与企业的战略方向保持一致。利益相关者理论为企业提供了一种具有高度操作性的管理工具，可以使企业通过对利益相关者承担相应的责任，对外部环境进行适应与管理，以保证企业战略目标的实现。

最后，利益相关者理论为企业实现可持续发展提供了路径。1987 年，世界环境与发展委员会发表了《我们共同的未来》，可持续发展理念逐渐被世人所接受。可持续发展的目标是在经济社会与环境之间实现平衡、协调，社会问题的解决对于可持续发展的实现同样至关重要，可持续发展也在从宏观经济层面向微观经济个体延展。不同的利益相关者对可持续发展有不同的看法并施加不同的影响，同时发挥重要的作用，企业可以通过推行企业社会责任战略，化解来自不同利益相关者的压力，将可持续发展理念从社会群体传导到整个商业世界。

二 资源基础理论

（一）资源基础理论的发展与演进

20 世纪 80 年代以来，企业竞争优势理论得到了极大发展，学者们从两个不同角度对企业竞争优势进行了探讨：一是以 Porter 产业分析理论为代表的企业竞争优势外生理论，强调外部环境对企业竞争优势的重要意义；二是以资源基础理论等为代表的竞争优势内生理论，强调企业的竞争优势来源于自身拥有的独特资源、能力与知识等。随着研究的深入，以试图剖析企业

"黑箱"、探究企业内部资源对竞争优势形成的影响为目的的资源基础理论（Resource-based Theory）得到了广泛关注。企业社会责任在一定程度上也可以视为内生资源，影响企业声誉、业绩等，是企业建立竞争优势的新的来源。

20 世纪 80 年代以来，企业外部竞争环境的不稳定性和脆弱性加剧，学者们开始从企业内部寻找竞争优势的来源。在 Wernerfelt①、Conner②、Amit 和 Schoemaker③、Barney④ 等学者的努力下，资源基础理论形成了系统的理论和研究范式，并成为解释企业竞争优势形成的重要方法。

20 世纪 20 年代，Marshall 在《经济学原理》一书中就已经讨论过企业成长的内生性特征，强调其对解释企业竞争优势的形成具有重大意义。Penrose 被认为是资源基础理论的奠基人，她对企业成长的内生性因素的讨论⑤，使这一理论成为战略管理中的中心理论方法。Penrose 发展了 Marshall 的内生理论，并用经济学理论探讨了企业资源与企业成长之间的关系，提出了组织非均衡成长理论，认为公司成长的主要原因是组织剩余存在不完全市场，而组织剩余会为发挥其经济效率而改变公司规模。⑥ 她将企业定义为被一个行政管理框架协调并限定边界的资源集合，认为企业现有的资源与力量必然在给定的期限内限制企业的增长，并指出企业的成长主要依靠对现有资源利用效率的提高，这是一个不断挖掘未利用资源的无限动态管理过程。管理资源是企业成长的资源，突破管理服务供给限制，释放管理能力对企业成长有显著意义。此外，Penrose 还分析了知识对于企业成长的重要性，认为每个企业的知识积累都是独特的，企业知识积累的独特性决定了不同企业的

①　Wernerfelt B. A resource - based view of the firm ［J］. Strategic Management Journal, 1984, 5 (2): 171 - 180.

②　Conner K R. A historical comparison of Resource - based Theory and five schools of thought within industrial organization economics: Do we have a new theory of the firm? ［J］. Journal of Management, 1991, 17 (3), 121 - 154.

③　Amit R, Schoemaker P J H. Strategic assets and organizational rent ［J］. Strategic Management Journal, 1993, 14 (1): 33 - 46.

④　Barney J B. Resource - based theories of competitive advantage: A ten - year retrospective on the resource - based view ［J］. Journal of Management, 2001, 27 (6): 643 - 650.

⑤　Penrose E. The Theory of the Growth of the Firm ［M］. Oxford : Oxford University Press, 1959.

⑥　Penrose E. The Theory of the Growth of the Firm ［M］. Oxford: Oxford University Press, 1959.

运营效率的不同。上述观点引发了学者们对企业内在资源尤其是对资源基础、知识与能力等与企业成长的关系的关注与研究。

20 世纪 80 年代以来，资源基础理论取得了重要进展，对资源本质的界定、资源对于企业成长的意义的研究不断深入，越来越多的学者与企业开始关注企业内部资源在企业的发展过程中所发挥的重要作用。Wernerfelt 指出，对于企业而言，资源和产品就如同硬币的两面，大多数产品需要不同资源予以服务，而大多数资源也可以被用来生产不同的产品，通过具体了解一个企业的资源现状，就可以确定一个企业最优的产品—市场活动。[①] Wernerfelt 从企业资源角度指出企业内部的物质资源、客户忠诚、产品体验以及技术领先都是较有吸引力的资源，企业可以借此形成"资源壁垒"以获取竞争优势。这一研究是资源基础理论的奠基之作，使学者们的认知从挖掘公司竞争优势转为挖掘公司内部资源，标志着资源基础理论初步形成。

20 世纪 90 年代后期，资源基础理论越来越受到理论界的重视，资源基础理论取得了重要进展，并形成了全面的理论体系。Barney 分析了可以形成可持续竞争优势的资源类型——高价值资源、稀缺资源以及不可完全模仿资源，并指出企业通过战略规划、信息处理系统、正面声誉等框架可以将资源内化为可持续竞争优势。[②] Barney 在研究中重点分析了企业可持续竞争优势对社会福利的影响，认为企业持续竞争优势的获取在于其善于发掘资源的优势，而不是以损害整体社会福利的不完全竞争方式获取，并认为这些利润是"效率租金"而不是"垄断租金"，并从可持续发展的高度对资源与企业竞争优势的关系进行了阐述。

Grant 认为资源和能力是企业制定战略时所要考虑的首要问题，资源是建立企业特性与战略框架的主要常量，并成为企业主要利润来源。Grant 系统地分析了企业内部资源与能力如何决定公司的战略方向与利润，从基础资源视角研究了"资源—能力—竞争优势—企业战略"的形成机制，进一步

① Wernerfelt B. A resource - based view of the firm [J]. Strategic Management Journal, 1984, 5 (2): 171 - 180.

② Barney J. Firm resources and sustained competitive advantage [J]. Journal of Management, 1991, 17 (1): 99 - 120.

强调了企业的竞争优势来源于对公司独特优势的最大化利用。①

　　Hart 对资源基础理论的最大贡献在于首次提出了企业的自然资源基础观（Natural - resource - based View）。Hart 分析了二战后世界经济、人口数量、工业生产以及化石能源应用等给企业带来的挑战，认为未来商业（市场）将不可避免地受制于或依赖于生态体系（自然），因此未来企业的战略与竞争优势会根植于企业开展可持续型经济活动的能力。② Hart 指出，基于自然资源基础观的企业的主要战略能力包括环境污染防治、产品管理与可持续发展。Hart 顺应了时代的主题，指出自然资源是企业未来竞争优势的来源，认为企业需要管理好其与自然资源的关系。Hart 在这一研究中，也梳理了此前的资源基础理论的演进脉络，并总结如图 2 - 4。

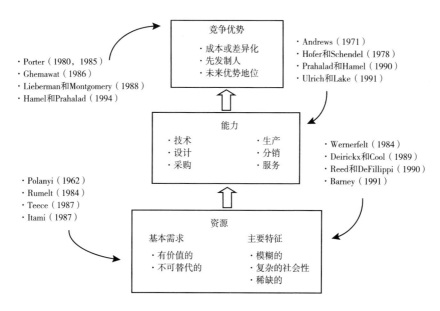

图 2 - 4　资源基础理论的演进脉络

　　资料来源：Hart S L. A natural - resource - based view of the firm [J]. Academy of Management Review, 1995, 20 (4)：988。

---

① Grant R M. The Resource - based Theory of competitive advantage：Implications for strategy formulation [J]. California Management Review, Spring 1991：114 - 135.

② Hart S L. A natural - resource - based view of the firm [J]. Academy of Management Review, 1995, 20 (4)：986 - 1014.

进入 21 世纪以来，在资源基础理论主体框架已经形成的基础上，学者们在这一方面的研究不再局限于企业基础资源的界定以及其与企业竞争优势的关系，研究的内容呈现多样化趋势。Barney 指出资源基础理论的发展在很大程度上是由不同的经济学理论基础决定的，并将资源基础理论的经济学基础分为产业组织经济学〔SCP based-theories of industry，结构（Structure）—行为（Conduct）—绩效（Performance）〕、新古典经济学（Neo - classical microeconomics）与演化经济学（Evolutionary economics）三类，并分析了不同经济学理论基础上资源基础理论的研究成果。[1] Petrick 和 Quinn 识别了企业社会、伦理资源和能力可以成为企业竞争优势的又一来源。[2] Acedo 等通过开展实证与归纳分析，识别了资源基础理论的主要发展趋势：资源基础观、知识基础观以及关系观。[3] Branco 等从资源基础理论视角分析了企业社会责任为企业带来的优势：内部可以帮助企业发掘新资源与能力，外部可以帮助企业提高声誉等。[4] Barney 和 Ketchen 对过去 20 年间资源基础理论的进展进行了简要回顾，指出理论贡献主要集中于以下几个主题：同其他观点的关系、资源获取和发展的过程、资源基础理论的微观基础、资源基础理论与可持续发展，以及研究方法和测量手段。[5]

（二）资源基础理论的主要概念和观点

资源基础理论主要强调企业成长的内生性，认为企业所掌控的资源、能力与知识等会转化为持续的竞争优势，企业的成长取决于对这些资源利用的效率。由此可见，为了形成企业持续的竞争优势，企业必须明确这些内部资源的构成。Acedo 等在学者们有关资源基础理论的研究趋势中识别了资源观

---

[1] Barney J B. Resource - based theories of competitive advantage：A ten - year retrospective on the resource - based view［J］. Journal of Management，2001，27（6）：643 - 650.

[2] Petrick J A，Quinn J F. The challenge of leadership accountability for integrity capacity as a strategic asset［J］. Journal of Business Ethics，2001，34（3 - 4）：331 - 343.

[3] Acedo F J，Barroso C，Galan J L. The Resource - based Theory：Dissemination and main trends［J］. Strategic Management Journal，2006，27（7）：621 - 636.

[4] Branco M C，Rodrigues L L. Corporate Social Responsibilityand resource - based perspectives［J］. Journal of Business Ethics，2006，69（2）：111 - 132.

[5] Barney J B，Ketchen D J，Wright M. The future of Resource - based Theory：Revitalization or decline？［J］. Journal of Management，2011，37（5）：1299 - 1315.

和知识观①，而 Grant②、Stalk③ 和 Makadok④ 等学者的研究成果表明能力也是企业基础资源的一个组成部分。为此，资源基础理论可以分为资源观、能力观与知识观等三个理论视角。

1. 资源基础理论的资源观

资源观主要对企业资源基础进行识别、分类。Wernerfelt 提出资源包括商标、技术知识、技术工人、交易合约、机器、高效组织流程、资本、产品体验与客户忠诚等。⑤ 同时，Wernerfelt 强调了无形资源对企业的重要性。20 世纪 90 年代，学者们对资源的认识更加深入，开始重视企业资源中的无形资源部分，企业资源涵盖的范围更加广阔。Barney 将资源定义为由企业控制的包括所有资产、能力、组织流程、企业特质、信息、知识等，是促使企业为了提高自身效率和效益而制订并实施战略的基础，并将这些企业资源分为三类：物质资本资源、人力资本资源与组织资本资源。⑥ Grant 认为企业资源包括财务资源、物质资源、人力资源、技术资源、声誉资源以及组织资源等六类⑦，将资源的范围进一步扩展，特别是将财务上难以进行价值评估的无形资产列入了资源的范围。Amit 和 Schoemaker 将企业资源定义为企业拥有或可以控制的要素组合。公司可以通过使用广泛资产和机制，如技术、管理信息系统、激励机制以及管理人员和员工之间的信任等，将资源转化为

① Acedo F J, Barroso C, Galan J L. The Resource – based Theory: Dissemination and main trends [J]. Strategic Management Journal, 2006, 27 (7): 621 – 636.

② Grant R M. The Resource – based Theory of competitive advantage: Implications for strategy formulation [J]. California Management Review, Spring 1991: 114 – 135.

③ Stalk G, Evans P, Shulman L E. Competing on capabilities: The new rules of corporate strategy [J]. Harvard Business Review, 1992, 70 (2): 57 – 69.

④ Makadok R. Toward a synthesis of the resource – based and dynamic – capability views of rent creation [J]. Strategic Management Journal, 2001, 22 (5): 387 – 401.

⑤ Wernerfelt B. A resource – based view of the firm [J]. Strategic Management Journal, 1984, 5 (2): 171 – 180.

⑥ Barney J. Firm resources and sustained competitive advantage [J]. Journal of Management, 1991, 17 (1): 99 – 120.

⑦ Grant R M. The Resource – based Theory of competitive advantage: Implications for strategy formulation [J]. California Management Review, Spring 1991: 114 – 135.

最终产品和服务。① 他们明确指出，上述资源包括可以交易的专有技术、财务资产和物质资产以及人力资本。Hart 提出了企业的自然资源基础观，在这一研究中，他并没有对资源进行明确的分类，而是指出企业未来的竞争优势要建立在企业开展可持续性经济活动能力的基础上。②

通过对上述理论的分析与回顾，不难看出资源观对于资源概念的界定主要集中于企业的物质资源上，但也涵盖了人力资源与其他无形资源，强调资源是企业战略的基础，企业持续的竞争优势建立在企业所掌握的资源基础之上。

2. 资源基础理论的能力观

学者们在对资源基础理论进行研究的同时，发现能力与资源紧密相连，并影响企业将资源转化为竞争优势的成效。能力观建立在资源观基础之上，并与其相互交织在一起。能力观的主要观点是企业持续的竞争优势不仅建立在异质性的资源基础上，更建立在对这些难以模仿资源的协调与利用的能力基础上。

Stalk 等对能力给出了如下定义：能力是可以从战略角度进行解读的一组商业流程，企业战略的核心并不是企业产品组合以及市场，而是其行为的动力。③ 可以看出，Stalk 等将能力视为企业战略的核心，将企业流程看作能力的来源。Amit 和 Schoemaker 认为能力是企业的一种特质，是以信息为基础，随着时间的推移，通过与企业资源的复杂互动而得到发展的无形或有形的本领。④ 在这一定义中，Amit 和 Schoemaker 将能力看作企业在提高资源利用效率过程中产生的"半成品"，与战略的灵活性一起，为企业的最终产品和服务提供保障，能力形成的基础是企业的人力资源。Teece 等提出动态能力概念，认为战略管理问题的核心是如何获取并维持可持续的竞争优势，并指出分析这一问题的两种范式分别为波特的竞争力范式和强调通过企业效率

---

① Amit R, Schoemaker P J H. Strategic assets and organizational rent [J]. Strategic Management Journal, 1993, 14 (1): 33 - 46.

② Hart S L. A natural - resource - based view of the firm [J]. Academy of Management Review, 1995, 20 (4): 986 - 1014.

③ Stalk G, Evans P, Shulman L E. Competing on capabilities: The new rules of corporate strategy [J]. Harvard Business Review, 1992, 70 (2): 57 - 69.

④ Amit R, Schoemaker P J H. Strategic assets and organizational rent [J]. Strategic Management Journal, 1993, 14 (1): 33 - 46.

获取"效率租金"范式，资源基础理论是后一种范式的重要流派。[①] 动态能力反映了企业在既有路径依赖及市场地位的基础上，获取新的或创新性竞争优势的能力，其将焦点集中在管理能力以及难以模仿的组织能力、技术能力上。

通过对上述学者观点的分析，可以发现能力观在承认资源基础作用的同时，更加强调企业利用与管理资源的能力。能力是企业战略的又一基础，企业可以通过核心能力来获取"效率租金"。

3. 资源基础理论的知识观

知识观的主要观点是企业可以从内外部获取更新的知识，企业的重要作用就是通过专业知识整合实现产品生产或服务提供，而企业可以通过与外部合作伙伴的合作或内部积累实现知识提升，知识是企业构建竞争对手无法模拟的竞争优势的关键。

Nonaka 认为信息由资讯流构成，而知识产生于信息流，并锚定于所有者的信念。通过分析公司组织情境，Nonaka 将知识产生过程划分为个人知识的扩展、意会知识分享与概念化、结晶、论证、知识网络化。[②] 在该研究中，Nonaka 识别了组织在转移意会知识过程中所发挥的重要作用，指出组织通过社会化、整合化、外部化与内部化为知识的螺旋式增长提供了场所（见图 2-5）。

	隐性知识 　向 显性知识	
隐性知识	社会化	外部化
来自 显性知识	内部化	整合化

图 2-5　知识产生模型

资料来源：Nonaka I. A dynamic theory of organizational knowledge creation [J]. Organization Science, 1994, 5 (1): 14-37。

---

① Teece D J, Pisano G, Shuen A. Dynamic capabilities and strategic management [J]. Strategic Management Journal, 1997, 18 (7): 509-533.

② Nonaka I. A dynamic theory of organizational knowledge creation [J]. Organization Science, 1994, 5 (1): 14-37.

Grant 将企业概念化为知识整合机构，并利用知识界定了企业的"垂直边界"与"水平边界"。他认为企业的首要角色就是将公司内部个体的专业知识整合到一起以生产产品或提供服务，组织的基本任务是知识的应用而不是积累，而管理的主要任务就是建立这种知识整合所需要的协调机制。[1] Grant 认为企业的组织能力可以使其获得竞争优势，组织能力的"差异性"则取决于公司获取和整合存在于员工中的知识的能力，竞争优势的持续性依靠构成竞争优势的能力的不可模仿性，大范围整合的复杂性产生了模糊的因果关系和障碍，可以阻碍竞争对手进行模仿。

此外，还有学者对影响企业知识获取的因素进行了研究。Wiklund 和 Shepherd 通过实证研究发现企业家精神对知识基础资源与企业表现起到了调节作用，一个公司越是乐于创新、积极主动并承担风险，企业的知识资源对业绩的影响越显著。[2] Wiklund 和 Shepherd 的研究回答了知识基础资源是否有助于企业探索并发现可以提高企业业绩的机会，以及企业家导向是否会增强知识基础资源与企业表现之间的关系等问题。

综上，知识观强调，在不断变化的市场环境中，企业的可持续竞争优势除了建立在资源和能力的基础上，更建立在知识的基础上。企业必须从内外部获取更新的知识，并将知识管理、创新制度化。企业需要将更大范围的内部资源进行整合，构建竞争对手难以模仿的资源基础、能力与知识体系，提高资源运作效率，形成隔绝机制，以获取"效率租金"，并形成持续的竞争优势。

（三）资源基础理论视角下的企业社会责任研究

探讨企业内部资源如何转化为可持续竞争优势的资源基础理论，为企业社会责任研究提供了又一理论框架。企业社会责任涉及环境保护、人力资源管理、消费者、供应商、社区关系等复杂的问题，企业进行经营决策时在考

---

① Grant R M. Toward a Knowledge – based Theory of the firm [J]. Strategic Management Journal, 1996, 17 (S2): 109 – 122.

② Wiklund J, Shepherd D. Knowledge – based resources, entrepreneurial orientation, and the performance of small and medium – sized businesses [J]. Strategic Management Journal, 2003, 24 (13): 1307 – 1314.

虑履行企业社会责任为社会带来益处的同时，还需要考虑其对企业可能造成何种影响。资源基础理论为回答上述问题提供了分析工具。近年来，越来越多的学者在研究企业社会责任问题时，采取了资源基础理论视角。

资源基础理论为企业社会责任研究提供了新的视角，将企业社会责任作为帮助企业形成新的竞争优势的资源来看待。学者们基于资源基础理论视角对企业社会责任进行研究时，通常在两个方面展开：一方面，学者们将企业社会责任作为企业资源的重要组成部分，对社会责任如何转变为企业可持续的竞争优势开展了相关的研究；另一方面，学者们将企业社会责任这一资源作为自变量，将企业业绩作为结果变量，对两者之间的关系及传导机制进行研究。

使用资源基础理论框架对企业社会责任进行分析，最早可以追溯到 Hart 于 1995 年所开展的研究。Hart 基于资源基础理论，提出了自然资源基础观的概念框架（见表 2 - 2）。通过分析过去几十年中自然、经济与社会发生的变化，Hart 指出未来企业的战略管理方向必须进行转变，企业未来的竞争优势要建立在开展环境友好型的可持续经济活动的能力基础上，也就是企业的自然资源基础观上，环境保护方面的战略是竞争对手模仿成本极大的企业的资源和能力，企业通过这种外部导向性战略可以增强企业的竞争优势。[①]Hart 将企业竞争优势的获取手段拓展到履行污染防治、产品管理以及可持续发展等环境保护方面的责任上，是基于资源基础理论对企业社会责任进行研究的一项重要成果。

表 2 - 2　自然资源基础观的概念框架

战略能力	环境驱动力量	主要资源	竞争优势
污染防治	使废气、废水、废弃物最小化	持续改进	较低成本
产品管理	使产品生命周期费用最低化	利益相关者整合	抢占先机
可持续发展	将公司成长与发展带来的环境负担最小化	愿景共享	未来地位

资料来源：Hart S L. A natural - resource - based view of the firm [J]. Academy of Management Review, 1995, 20 (4): 986 - 1014。

---

① Hart S L. A natural - resource - based view of the firm [J]. Academy of Management Review, 1995, 20 (4): 986 - 1014.

针对企业管理人员经常面临利益相关者群体不断要求企业将资源用于承担企业社会责任这一问题，McWilliams 和 Siegel 提出了企业社会责任供应和需求水平模型，该模型将企业社会责任视为公司投资的一种形式，企业对社会责任的投资存在一个能使其利润最大化而又满足于不同利益相关者需求的最优水平，这一水平可以通过"成本—收益"分析来确定。企业在考虑通过企业社会责任实现产品/服务差异化的时候，在资本、原材料和服务、劳动力等社会责任要素方面的投入（见表 2 – 3）要与客户对企业社会责任需求的决定因素，如差异化水平、广告强度、带有社会责任属性的产品价格、客户收入、人口统计因素、替代品价格、劳动力市场发展水平、政府市场销售水平等相适应，以实现利益的最大化。[①] McWilliams 和 Siegel 在这一研究中，将企业社会责任视为企业差异化战略的实施要求，并将利益相关者（消费者、雇员、社区）对社会责任的需求纳入研究中，为企业开展相关实践提供了理论依据。

表 2 – 3　企业提供企业社会责任所需资源或投入

资源或投入	企业社会责任相关资源或投入	额外资源或投入成本
资本	专门应用于企业社会责任的特殊设备、机械和不动产	高额资本支出
原材料和服务	从负有社会责任的供应商处购买投入品	更高成本的原材料和服务（中间品）
劳动力	不断改善人力资源管理实践,落实企业社会责任政策	高额工资、福利,雇用额外工人以提高社会表现水平

资料来源：McWilliams A，Siegel D. Corporate Social Responsibility：A theory of the firm perspective [J]. Academy of Management Review，2001，26（1）：117 – 127。

McWilliams 和 Siegel 又分析了采取企业社会责任战略的企业如何产生并获取企业和社会利益，指出企业社会责任是一种共有的专业化资产，可以使

---

① McWilliams A，Siegel D. Corporate Social Responsibility：A theory of the firm perspective [J]. Academy of Management Review，2001，26（1）：117 – 127.

其他资产的价值得到提高，企业的声誉、品牌价值等就是例证。①
McWilliams 和 Siegel 通过将资源基础理论分析框架同经济学的概念和工具如特征价格法（Hedonic Pricing Method，HPM）、条件价值评估法（Contingent Valuation Method，CVM）相结合，为企业的管理者提供了对企业通过承担社会责任为企业带来的战略价值进行定量分析的工具。这一研究的一项重要启示是企业可以将社会责任视为企业的资源基础，企业社会责任可以为消费者、企业自身及整个社会带来收益。

学者们除了使用资源基础理论作为分析企业社会责任如何转化为企业可持续竞争优势的框架外，还对企业社会责任与企业业绩之间的关系开展了众多实证研究。Russo 和 Fouts 开展了一项有代表性的研究。他们对企业环境表现与利润之间的关系开展了研究，并对企业如何将环保策略转变为竞争优势进行了分析。他们认为，企业的资源观为学者们研究企业社会责任提供了良好的分析工具，可以用来改善有关企业社会责任政策如何影响企业业绩方面的分析。②

综上，资源基础理论为研究企业社会责任提供了全新的分析工具与方法，可以用来分析企业社会责任的驱动因素及其价值，为探求企业社会责任如何影响企业业绩提供了分析框架。企业社会责任是企业无形资产的重要组成部分，企业通过承担相应的社会责任，在对利益相关者诉求进行回应的同时，可以提高企业、利益相关者及社会的整体利益。同时，企业社会责任可以作为企业形成隔绝机制的差异化资源，成为企业可持续竞争优势的又一新来源。

三　可持续发展理论

（一）可持续发展思想起源及发展

可持续发展思想历史悠久，中西方一些古老的哲学思想中都有蕴含。

---

① McWilliams A, Siegel D S. Creating and capturing value strategic Corporate Social Responsibility, Resource – based Theory, and sustainable competitive advantage [J]. Journal of Management, 2011, 37 (5): 1480 – 1495.

② Russo M V, Fouts P A. A resource – based perspective on corporate environmental performance and profitability [J]. Academy of Management Journal, 1997, 40 (3): 534 – 559.

《论语·述而》中有"子钓而不纲，弋不射宿"一句，描述了孔子主张用竹竿钓鱼而不结网捕鱼，射飞鸟而不射栖息在鸟巢中的鸟，体现了对物取用有度而不影响后代的使用这一思想。孟子在论述"王道之始"时说："不违农时，谷不可胜食也；数罟不入洿池，鱼鳖不可胜食也；斧斤以时入山林，材木不可胜用也。"（《孟子·梁惠王上》）反映了在适当时候做适当的事情，对自然资源不能过度开发、使用的环境观。17世纪的德国对伐木也曾做出"按照树木生产的速度伐木，而使森林可以自我恢复"的规定，将可持续利用这一思想制度化。[①]

可持续发展同上述古老思想有所联系，但是更根植于第二次世界大战后世界经济高速发展所导致的人口激增、环境污染严重、粮食短缺以及能源趋紧等问题。1962年，生物学家 Rachel Carson 的《寂静的春天》一书的出版，引发了公众对环境的关注，环境问题摆到了各国政府面前，也促使越来越多的学者开始关注环境保护问题。1968年，以研究人类面临的困境及其破解方式为主要宗旨的罗马俱乐部（Club of Rome）成立，罗马俱乐部将全球看成一个整体，倡导从全球入手解决人类面临的重大问题，这表明人类已经开始从全球的高度认识人类、社会和自然的关系。《增长的极限》是罗马俱乐部的第一份研究报告，该报告指出了经济的增长不能无限持续下去，因为石油等资源是有限的。这唤醒和增强了人们的未来意识。

为促使各国政府和组织注意到人类的活动正在破坏自然环境，并对人类的生存和发展造成严重的威胁，1972年6月在瑞典首都斯德哥尔摩召开了由各国政府代表团及政府首脑、联合国机构和国际组织代表参加的讨论当代环境问题的第一次国际会议。这次会议通过了《人类环境宣言》和《行动计划》，在全球范围内对环境问题达成共识，并阐述了人类共同的信念，向可持续发展理念的形成迈出了重要的一步。斯德哥尔摩会议后，"环境与发展"、"无损害发展"以及"环境友好型发展"等术语出现并进一步演化。1978年，"生态发展"这一术语出现在联合国环境规划署的年度审查报告

---

① Steurer R, Langer M E, Konrad A, et al. Corporations, stakeholders and sustainable development Ⅰ: A theoretical exploration of business – society relations [J]. Journal of Business Ethics, 2005, 61 (3): 263 –281.

中，全世界进一步认识到需要对环境与发展观念做出进一步的探讨。1980年，世界自然保护联盟（IUCN）同世界自然基金会（WWF）、联合国环境规划署合作，提出了世界保护战略（World Conservation Strategy），这是将环境保护与发展进行概念整合的一次重大尝试。虽然在该报告中并没有提出"可持续发展"这一概念，但这一战略的副标题——"可持续发展的生物资源保护"也强调了可持续发展这一理念，是可持续发展理念形成过程中的一大进展。① 世界发展战略将发展定义为改善生物圈，即通过利用人力、财力以及生物资源满足人类需求并提高人类生活质量，该战略的最终目的是建设充满活力、稳定的世界经济，通过促进经济增长抵消贫困的影响。

20 世纪 80 年代初，国际组织和世界各国政府更加注重环境保护及对发展方式的探索，但是直到 1987 年世界环境与发展委员会发表《我们共同的未来》，可持续发展才引起广泛关注并得到接受。该报告首次提出了可持续发展的含义及内容框架，明确了可持续发展的公平性、持续性及共同性原则，阐述了人类共同的诉求，是可持续发展理念发展史上的里程碑。②

1992 年，联合国环境与发展会议（UNCED，又称"地球峰会"）在巴西里约热内卢召开，这是继 1972 年斯德哥尔摩联合国人类环境会议之后，规模最大、级别最高的一次国际会议。这次会议的主要目的是帮助各国政府重新思考经济发展，并且寻求对不可再生的自然资源毁坏以及地球污染的补救和防治方法，会议主要议题包括彻底检查产品形态、以替代能源取代与全球气候变化有关的石化燃料、更多依赖公共交通体系以减少污染、水资源日益稀缺等，强调环境效率要成为世界各国政府与商业组织的共同准则。③ 会议通过关于环境与发展的《里约热内卢宣言》（又称《地球宪章》）、《21 世纪议程》和《关于森林问题的原则声明》等三项文件，并对《联合国气候

① Mebratu D. Sustainability and Sustainable Development: Historical and conceptual review [J]. Environmental Impact Assessment Review, 1998, 18 (6): 493 – 520.

② Brundlandt G. Our common future: Report of the World Commission on Sustainable Development [R]. UN, Geneva, 1987.

③ UN. UN Conference on Environment and Development (1992) [EB/OL]. 1997 [2013 – 9 – 22]. http://www.un.org/geninfo/bp/enviro.html.

变化框架公约》和《联合国生物多样性公约》进行开放性签字，本次会议的召开标志着可持续发展的理念被广泛接受。此次会议是可持续发展的又一重要转折点，除了上述重要成果外，此次会议的又一突破在于强调了商业企业对于可持续发展也应承担相应的责任。

联合国环境与发展会议强调了工商业对可持续发展的作用，作为会议主要成果的《21世纪议程》的第30章以一整章篇幅讨论强化商业和工业在可持续发展中发挥的作用，并提出了促进清洁生产和开展负责任的企业活动两个行动方案。[①] 受此影响，1995年可持续发展工商理事会（BCSD）变更为世界可持续发展工商理事会（WBCSD），国际企业开始一道探讨如何实现可持续发展和商业互利。此外，国际可持续发展研究协会（International Institute for Sustainable Development，IISD）和全球报告倡议组织等国际组织开展的活动进一步促进了在商业环境下可持续发展理念的传播。

2002年，第一届可持续发展世界首脑会议（WSSD）在南非约翰内斯堡召开，会议涉及广泛的政治、经济、环境与社会等问题，全面审议了1992年联合国环境与发展会议所通过的《里约热内卢宣言》《21世纪议程》等重要文件和其他环境公约的执行情况。本次会议是一个多方利益相关者参加的会议，工商业界也深信能够通过市场机制在可持续发展方面发挥作用。会议就先前达成的一致意见形成了行动战略与措施，积极推进全球的可持续发展。作为全球变化的组成部分，全球化背景下的企业社会责任与可持续发展的重要性得到了广泛关注。2012年联合国可持续发展大会（United Nations Conference on Sustainable Development，又称"里约 + 20"峰会）在巴西里约热内卢召开。会议重点关注了可持续发展与消除贫困背景下的绿色经济、可持续发展的体制框架两个主题，目的是重拾各国对可持续发展的承诺，找出目前各国在实现可持续发展过程中取得的成就、面临的不足与不断出现的各类挑战。"里约 + 20"峰会的召开，对各国政府与工商业界在可持续发展方面做出进一步努力起到了重要的推进作用。

---

① UN. Agenda 21：Earth Summit［M］. New York：United Nations Publications，2003.

通过对上述国际会议的回顾，可以发现联合国及其所属的国际组织在可持续发展理念的传播和发展中发挥了重要的作用，可持续发展理念已经被世界各国政府、非政府组织和工商业界普遍接受。

（二）可持续发展理论内涵

不同的国际组织和学者纷纷对可持续发展提出自身的见解并进行解读。根据研究目的，本研究将重点回顾世界环境与发展委员会、世界可持续发展工商理事会、国际可持续发展研究协会等国际机构对可持续发展的认识，并对可持续发展的原则进行总结。

1. 不同国际组织对可持续发展的定义

（1）世界环境与发展委员会对可持续发展的定义

世界环境与发展委员会在《我们共同的未来》这一报告中将可持续发展定义为"既能满足当代人的需要，又不对后代满足其需要的能力构成危害的发展"，强调可持续发展包括以下两个主要概念①：

✧ "需要"这一概念，特别是对世界上贫困人口的生活必需，应该给予压倒一切的重点关注；

✧强调由于目前的科技水平，社会组织为满足当代及未来的需要给环境带来了限制这一观点。

《我们共同的未来》这一报告通过明确人类共同关注、共同面对的挑战，提出将消除贫困、环境保护以及社会公平等问题通过可持续发展联结起来。该报告从众多方面对可持续发展进行了解读，其对可持续发展的定义被广泛接受并成为其他有关可持续发展概念的核心。世界环境与发展委员会认为可持续发展的驱动力主要来自各国政府的一致意见，解决焦点在于可持续增长，解决平台在于各个国家，各国政府和国际组织要起引领作用。在"地球峰会"等联合国组织召开的相关会议上，对需要发挥引领作用的力量进行了进一步扩展说明，特别强调了工商业对可持续发展的作用。

---

① Brundlandt G. Our common future: Report of the World Commission on Sustainable Development [R]. UN, Geneva, 1987.

（2）世界可持续发展工商理事会对可持续发展的定义

世界可持续发展工商理事会在其纲领中将可持续发展描述为："商业领袖们应致力于可持续发展，以满足当代人的需要，又不损害后代人的福祉水平。"这一定义认为经济发展与环境保护紧密相连，当代人与后代人的生活质量依靠既能满足人类基本需求，又不对所依存的环境造成损伤。① 世界可持续发展工商理事会认为工商业可持续发展的驱动力来自商业利益，解决焦点在于提高生态效率，解决平台在于工商业企业，企业领导要发挥引领作用。

（3）国际可持续发展研究协会对可持续发展的定义

国际可持续发展研究协会接受了世界环境与发展委员会对可持续发展的定义，认为可持续发展应该在现今及未来的环境保护、经济发展以及社会福祉等三个方面取得进展。国际可持续发展研究协会认为所有关于可持续发展的定义都应该将世界视为两个系统——连接空间的系统、连接时间的系统。连接空间的系统主要帮助人们了解目前人类生存的环境状况，连接时间的系统则帮助人们理解当前决策对后代生活的影响。② 国际可持续发展研究协会认为可持续发展的驱动力来自国际合作，解决焦点在于首要环境关注（primary environmental care），解决平台在于社区，国家和世界非政府组织要发挥引领作用。

2. 可持续发展的主要内容

可持续发展理论的最大特征在于其被广泛接受的三项核心内容，这些内容涵盖经济、环境与社会三个方面，有时也可将其视为可持续发展的"支柱"。

（1）经济成长与公平

可持续发展在经济方面提倡通过提高组织和个人的生产能力从而为人类提供一个拥有合理的生活质量的平台。经济繁荣涉及商品和服务的生产流通，可以帮助人类提高生活水平。开放、竞争、鼓励创新的世界市场以及高

---

① Schmidheiny S. Changing Courses: A Global Business Perspective on Development and the Environment. Executive Summary [M]. Massachuset: The MIT Press, 1992.

② IISD. What is Sustainable Development [EB/OL]. 2013 [2013 - 9 - 22]. http://www. iisd. org/sd/.

效率的财富创造是可持续发展的基础。① 经济繁荣同时也与社会公平和环境完整性紧密相连，例如：人们要满足如食物、衣物以及住房等基本需求，将使用自然资源满足这些眼前需要，而这可能是以牺牲长远健康和自然环境为代价的。一个社会如果不能实现经济繁荣，那么最终会在其健康和福祉方面做出妥协。一个国家如果在收入利益方面不能做到机会均等，人们之间便会为了实现公平产生冲突。可见，经济繁荣是实现社会公平与环境完整性的基础。

（2）保护自然资源和环境

环境完整性确保人类的活动不会对土地、空气以及水资源等造成影响。一般认为生态系统仅有有限的自我修复和承载能力。人口增长、过度消费、污染加剧以及自然资源的大量消耗对环境完整性造成了极大威胁。人类的活动对自然环境造成了严重的影响，同时也造成了生物多样性的减少、臭氧层的破坏以及温室气体排放的增加、森林毁坏以及有害物质外溢等。如果人类赖以生存的自然环境遭到破坏，那么人类将失去生存的基础，后代的生存将无法保障，可持续发展将无从谈起。

（3）实现社会公平

社会公平确保了全体社会成员对资源和机会的使用享有同等权利。可持续发展定义的核心就是目前和未来的"需要"一定要得到满足。人类的需要不仅包括食物、衣物以及住房等基本需求，还包括健康、教育以及政治自由等。《我们共同的未来》中强调可持续发展是一个内容广泛的目标，但是即使是最基本的目标也应该包括非同代人之间以及同代人之间的平等。② 这种公平包括代内公平、代际公平，同时也意味着人类在自然资源、机会等方面应该拥有平等的权利。

综上，为了实现可持续发展，必须提高经济发展水平，为可持续发展提供基础；采取相应措施保护环境，不对后代的发展能力造成损害。同时，还要实现社会公平，为可持续发展提供机制保障。

---

① Holliday Jr C O, Schmidheiny S, Watts P. Walking the Talk: The Business Case for Sustainable Development [M]. Sheffield: Berrett-Koehler Publishers, 2002.

② Brundlandt G. Our common future: Report of the World Commission on Sustainable Development [R]. UN, Geneva, 1987.

（三）可持续发展理念向企业的延展

"可持续发展"这一概念稳步地将其适用范围从社会领域拓展到商业组织领域，后者被称作公司可持续发展。尽管学者们关于这一概念是否以及如何应用于组织层面仍存在很多怀疑，但考虑到工商业是经济中将自然资源转化为人造物品的最主要参与者，所以从企业的角度对可持续发展进行解读并做出贡献是实现可持续发展的重要组成部分。

世界可持续发展工商理事会将企业社会责任定义为："企业致力于经济的可持续发展，同雇员、家庭、本地社区以及社会一道尽最大努力提高生活水平。"① 这一定义将企业社会责任与可持续发展联系在一起，表明企业在履行社会责任的过程中越来越注重利益相关者的需求，并将可持续发展作为企业重要战略目标。

Dyllick 和 Hockerts 将可持续发展这一观念运用到商业层面，并将其定义为"满足企业直接与非直接利益相关者（雇员、客户、压力集团以及社区等）的需求，又不对满足利益相关者未来需求的能力造成损害"②。为了实现这一目的，企业必须保持并增加其经济、社会和环境资本，将可持续发展作为企业战略目标，并贯穿到企业的日常经营管理中。Dyllick 和 Hockerts 根据这一定义，识别了企业可持续发展的三个重要组成部分。

1. 通过"三重底线"对经济、生态与社会方面进行整合

"可持续发展"概念从传统管理学理论分离出来的最重要的意义在于其识别了经济可持续发展并不是企业整体可持续发展的充分条件。一味关注经济的可持续发展可以在短期内取得成功，然而从长期来看，企业的可持续发展要求经济、环境与社会的可持续发展等三个方面得到同时满足（见图 2 - 6）。"三重底线"概念中的三个方面交织在一起，可能以不同的方式相互影响。

2. 将短期方面与长期方面进行整合

近年来，在股票市场的驱动下，公司开始过分强调短期收益，关注季度收益而不是关注长期成功的基础。对短期利润的着迷与可持续发展精神是相

---

① Holme R, Watts P. Corporate Social Responsibility: Making good business sense [R]. Geneva: World Business Council for Sustainable Develoment (WBCSD), 2000.

② Dyllick T, Hockerts K. Beyond the business case for corporate sustainability [J]. Business Strategy and the Environment, 2002, 11 (2): 130 - 141.

违背的，后者需要企业同时满足利益相关者现今与未来的需求。然而，由于社会和环境的恶化，经济贴现率的存在将使短期收益虚高。

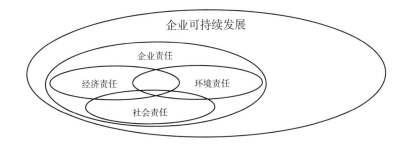

图 2-6 企业可持续发展/企业责任一般模型及其范畴

资料来源：van Marrewijk M. Concepts and definitions of CSR and corporate sustainability: Between agency and communion [J]. Journal of Business Ethics, 2003, 44 (2-3): 95-105.

3. 消费收入而不是资本

在商业王国，维持资本基础是一件非常平常的事情，这一理念被认为是获取成功的前提条件和负责任的管理方式。然而，为了实现长期的可持续发展，企业不仅要管理经济资本，同时还需要管理自然资本与社会资本。Benn 等提出了"可持续发展"概念，认为组织的可持续发展需要经过拒绝、忽视、遵守、效率、主动战略以及公司可持续发展等不同阶段（见表 2-4）。① 这展示了企业在经营过程中如何对待人力及自然资源。一般而言，企业经过这些阶段，会对企业社会责任这一理念从拒绝到不重视，再到主动采取可持续发展战略，以实现企业的可持续发展。

表 2-4 企业社会责任的发展阶段

发展阶段	对待人力资源方式	对待自然资源方式
1. 拒绝	雇员和分包商得到开发,公司对员工的健康、福利和发展不承担任何责任,社区关注的问题也被直接拒绝	公司对其运营对环境造成的影响不承担任何责任,也不改进生产流程以避免未来环境的恶化,自然资源被视为免费商品

---

① Benn S, Edwards M, Williams T. Organizational Change for Corporate Sustainability [M]. Abingdon: Routledge, 2014 (2003): 15-19.

发展阶段	对待人力资源方式	对待自然资源方式
2. 忽视	财务与技术因素在企业战略中起支配作用，人力资源管理的大多数方面被排除在外，广泛的社会责任和社区关注的问题被忽视	财务与技术因素在企业战略中起支配作用，环境问题被排除在外，环境风险、成本、机会与规则被认为不与企业相关或未被识别
3. 遵守	财务与技术因素仍在企业战略中起支配作用，企业为了降低风险而采取遵守策略	比较明显的践踏环境的行为得到遏制，但一些不大会引起关注或社区强烈反应的环境问题仍然被忽视
4. 效率	采取措施将人力资源职能整合到人力资源管理系统中，以降低风险并提高效率。如果资金允许并且会带来切实利益，才会开展一些社区项目	如果产生成本的环境问题的解决被系统视为在降低成本与提高效率方面所进行的尝试，企业会采取如ISO14001等管理体系
5. 主动战略	人力与社会资本被用来获取战略优势。企业会考虑社区效应并将其纳入企业战略中来	采取主动的环境战略以获取竞争优势，企业通过提供环境友好型产品与流程以取得竞争领导者地位
6. 公司可持续发展	公司根据不同利益相关者的诉求采取坚定与明确的道德立场，对行业和社会中的参与者施加影响，以追求人类的整体福祉与公平	公司是可持续发展价值的积极推动者，并对行业和社会中的参与者施加影响。公司会采取最优的环境行为，因为这是其应尽的义务

资料来源：Benn S, Edwards M, Williams T. Organizational Change for Corporate Sustainability ［M］. Abingdon: Routledge, 2014（2003）: 15 - 19。

从全球而言，企业的可持续发展越来越成为企业管理者及利益相关者关注的重点。可持续发展是企业作为商业组织存在的最终目标，企业在经营管理过程中，所有的战略及其方针的最终导向应该将企业短期与长期商业目标转变为企业的可持续发展能力。企业通过承担相应的社会责任，在经济、环境与社会方面做出自己的贡献，在形成竞争优势的基础上增强企业的可持续发展能力。

（四）可持续发展理论视角下的企业社会责任研究

学者们将可持续发展理论延伸到企业层面，越来越多的企业将可持续发展作为战略目标，通过制定相应的战略，履行企业社会责任，对利益相关者需求进行管理，以实现企业的可持续发展。可持续发展与企业社会责任在某种程度上都涵盖了经济、环境与社会三个方面，虽然在内容上有所重合，但可持续发展为企业社会责任提供了方向性指引，同时也为学者们研究企业社会责任提供了又一研究方向与操作化方法。

1. 可持续发展为企业社会责任提供了方向性指引

可持续发展通常被看作社会指引性模型，涵盖了长期而又广泛的经济、环境与社会问题，而企业可持续发展则是企业的指引性模型，强调了企业短期与长期所要面临与解决的经济、环境与社会问题。可持续发展是指企业致力于经济的可持续发展，同雇员、家庭、本地社区以及社会一道尽最大努力提高生活水平，这可以看作企业发展的最终目标。企业社会责任则是指企业在运营过程中，在履行企业基本经济职能并满足社会对其"合规性"要求的基础上，对社会整体福祉水平的提高所承担的责任。企业通过承担社会责任，最终的经营目的是增强企业的竞争力，提高企业的经营业绩；从企业长远经营角度而言，是要实现可持续发展。欧盟在 2002 年发表了《企业社会责任：工商业对可持续发展做出的贡献》这一报告，再次表明企业社会责任与可持续发展是过程工具与战略目标的关系。从这一角度来看，可持续发展与企业社会责任都需要满足"三重底线"，企业在对这两个概念的内容实践上有一定的相似性。在可持续发展被广泛接受的情况下，企业社会责任研究在一定程度上可以以实现可持续发展为导向。

2. 可持续发展拓宽了企业社会责任研究范畴

随着"企业社会责任"概念的演进及内涵的扩展，可持续发展与企业社会责任在内涵上有所交织，但可持续发展更加强调发展的持续性，强调解决人类面临的共性问题，延伸到企业层面的可持续发展则要求企业的发展不损害满足利益相关者未来需求的能力，而"企业社会责任"这一概念的涵盖范围略显狭窄。工商业企业对可持续发展发挥着重要的作用，而企业可持续发展是这一贡献的前提。从这个角度分析，企业在战略管理过程中可以将可持续发展作为战略目标，统领企业的经营活动，企业社会责任则可以作为企业的管理工具，为可持续发展目标的实现提供路径支持。企业可以通过承担相应的社会责任，满足利益相关者的不同诉求，形成企业差异化的基础资源并转化为不可模仿的竞争优势，从而实现企业的可持续发展并为人类社会的可持续发展做出贡献。因此，在此种情况下开展企业社会责任研究，可以进一步梳理企业社会责任的驱动因素以及面向可持续发展的企业社会责任管理模式等，对原有研究范畴进行适应性扩展。

3. 可持续发展为企业社会责任研究提供了新的工具

可持续发展理论为研究企业社会责任提供了新的研究工具，学者们可以将企业社会责任实践活动进行进一步分解、剖析、评价。全球报告倡议组织制定了世界上广泛使用的最完整的可持续发展报告框架，供相关机构来衡量和报告他们的经济、环境和社会绩效，截至 2014 年底已经有 5511 个机构采用该报告体系，发布了 12350 份满足全球报告倡议组织报告框架要求的可持续发展报告。① 全球报告倡议组织的可持续发展报告框架涵盖了经济、环境与社会三个方面，并对报告基本内容做出了详细规定，很好地反映了企业为承担社会责任在战略管理、公司治理、利益相关者诉求识别与满足以及相关领域所取得的绩效数据等，为学者们研究企业社会责任提供了坚实的数据基础。围绕这方面的研究，学者们主要在两个方面进行：一方面，学者们对企业可持续发展报告本身进行分析，研究企业社会责任实施情况；另一方面，学者们将可持续发展报告中的相关指标操作化，研究企业社会责任（企业可持续发展）水平与企业业绩等之间的关系。

通过上述分析，可以发现可持续发展为企业社会责任研究提供了全新的视角。可持续发展理论在实践上为企业社会责任提供了方向性指引，为企业开展企业社会责任活动提供了战略目标，使企业社会责任这一理念更加具有操作性。同时，通过分析企业的可持续发展报告，学者们可以具体分析企业在承担社会责任方面所开展的实践活动，并对企业社会责任表现进行量化评价，为开展其他实证研究提供支持。

---

① Global Reporting Initiative. Sustainability Disclosure Database ［DB/OL］. 2014 ［2015 - 2 - 19］. http：//database. globalreporting. org/.

第三章

发达国家汽车企业社会责任的
演进及影响因素分析

通过第二章对企业社会责任理论的一般性分析，可以发现企业社会责任主要包括经济责任、环境责任与社会责任，企业的自然属性与社会属性决定企业在日常运营中需要履行相应的社会责任。企业作为社会公民，对社会责任的履行不应停留在自发层面，而应将其作为企业最高经营战略。本章首先分析企业社会责任战略是如何将上述理论进行整合从而实现价值共享的。在此基础上，对发达国家汽车企业社会责任的战略性转变进行分析，并进一步分析发达国家汽车企业实施企业社会责任战略的影响因素。

第一节　企业社会责任战略：一种价值的共享

一　企业社会责任战略

企业的成功离不开其存在的自然环境与社会环境，企业的经营活动也对其外部环境产生了一定影响。在可持续发展理念广为接受的今天，企业社会责任已经不仅仅是企业的一种自愿行为、一种对外部环境的反应方式，更是一种实现可持续发展的战略举措。Porter 和 Kramer 提出了"共享价值"（shared value）理论，这一理论将企业社会责任理论及其相关理论进行了有机整合，终极目标就是通过实现企业与社会的价值共享，实现可持续发展。他们指出，企业和社会之间的相互依存意味着商业决策和社会政策都必须遵循"共享价值"原则。也就是说，这种决策必须使双方共赢，如果企业与社会一方利益的获取建立在对方利益受损的基础上，其虽然会在短期内获利，但是会陷入损害双方长期繁荣的险境。① "共享价值"理论的主要内容如下。

1. 企业社会责任战略的形成

首先，企业可以通过"价值链"分析和"竞争环境"分析，找出企业和社会的交叉点。企业在日常经营中会对社会产生影响，即产生"由内及外"的联系（inside-outside linkage），几乎价值链上的每一种活动都会与外界产生联系继而带来影响，企业需要建立完善的流程以识别价值链活动对社会造成的影响。同时，社会环境也会给企业带来影响，即产生"由外及内"的联系（outside-inside linkage），为了确保战略执行能力长期不受影响，企业需要确保竞争环境的健康。

其次，有针对性地解决社会问题。Porter 和 Kramer 将社会问题分为三类：一般型社会问题（generic social issues），即不受企业运营影响，也不对企业的长期竞争力产生影响的社会问题；价值链主导型社会问题（value chain social impacts），即显著受到企业运营影响的社会问题；竞争环境主导型社会问题（social dimensions of competitive context），即存在于外部环境中并显著影响企业的竞争力的社会问题。针对这三类社会问题，企业可以分别采取反应型企业社会责任和战略性企业社会责任方式加以解决（见图 3 - 1）。

一般型社会问题	价值链主导型社会问题	竞争环境主导型社会问题
做良好的企业公民	减轻价值链活动给社会造成的危害	开展战略性慈善事业，充分发挥企业的能力，从而改善竞争环境中突出的社会问题
反应型企业社会责任	改造价值链活动，以造福社会，并强化公司战略	战略型企业社会责任

图 3 - 1　企业参与社会的战略性方法

资料来源：Porter M E, Kramer M R. Strategy and society［J］. Harvard Business Review, 2006, 84（12）：78 - 92。

---

① Porter M E, Kramer M R. Strategy and society［J］. Harvard Business Review, 2006, 84（12）：78 - 92.

最后，在企业价值主张中考虑社会利益。独特的价值主张（value proposition）是企业战略的核心，是企业与竞争对手的价值区隔。当企业在价值主张中考虑社会利益时，其企业社会责任的战略性便得到了最大体现。

2. 围绕企业社会责任进行组织调整

将企业与社会紧密相连，不能仅依靠良好的意愿和强大的领导力，还需要在组织机构、报告关系以及激励手段上进行调整。要实现企业与社会的良好结合，企业需要采取一种全新的视角对待企业与社会责任之间的关系，即从分散、被动到整合、主动，将重形象改为重实质。目前企业在对利益相关者满意度的测量方面还存在很多缺点，而实际需要测量的是其社会影响。企业管理者必须了解竞争环境由外而内对企业所产生的影响，而企业社会责任的管理者必须对价值链中每一项活动有细致入微的了解。在对财务经理人员进行业绩评估时，应将企业社会责任中对价值链以及外部环境的投入活动也一并考虑。

战略通常意味着选择，在企业履行社会责任时也不例外。企业需要选择合适的问题进行关注，短期市场表现的压力使得企业不能不加选择地进行社会责任投资。事实上，共享价值的创造应该被视为研发活动，是公司为了获取未来竞争优势而进行的长期投资。反应型企业社会责任要求企业成为良好的企业社会公民，并消除企业在运营过程中对社会造成的每一处细微损害，而战略型企业社会责任则更具选择性。企业只有做出正确的选择，并建立目标集中、具有前瞻性和整合性、与企业核心战略相呼应的企业社会责任，才能获得成功。

3. 企业的道德目的

企业在运营过程以及外部竞争环境中找到共享价值，不仅可以促进经济繁荣和社会发展，也可以改变企业与社会对彼此的看法。把履行企业社会责任看作建立共享价值，而非降低控制力或单纯的公关活动，需要企业彻底转变传统理念。企业并不可能对世界上所有问题负责，也不具备这样的资源，但每一家企业都可以识别一些自身有能力解决而又可以获取极大竞争优势的社会问题。通过创造共享价值来解决社会问题，便会为这些问题找到不需要个人或政府资助的自我解决方式。

Porter 和 Kramer 的"共享价值"理论使企业对社会责任的履行上升到企业战略层面，从使企业和社会都有价值可以分享的角度对企业社会责任进行了新的诠释，对于学术研究和企业日常经营具有重要的意义。首先，这一理论重新定义了企业与社会之间的关系，提出使用价值链分析法和竞争环境分析法寻找企业与社会之间的价值交叉点，系统地阐述了两者之间的互利共融性，为理解企业与社会之间的关系提供了新的视角；其次，该理论倡导将企业对社会活动的参与提到战略高度，在企业的价值主张中考虑社会利益，对价值链进行改造并开展战略性慈善活动等，变被动反应为积极主动反应；最后，这一理论系统地阐述了企业竞争优势与社会责任之间的关系，并为企业提供了具有可操作性的战略管理工具。

二 企业社会责任战略特点分析

（一）利益相关者诉求的满足性

从历史的角度看，利益相关者管理是作为一个比较悠久的研究传统的最新阶段而出现的，其专注于解决不同类型的企业与社会关系问题。[1] 利益相关者是企业经营环境的组成部分，影响着组织目标的实现。Freeman 等强调将利益相关者放在企业战略制定与实施的中心位置，认为企业的经营战略必须满足利益相关者的需求。[2] 企业社会责任主要强调企业与社会之间的关系，但是这种关系的协调与处理需要通过可行的管理方法加以实施，利益相关者管理便提供了一种可行方法，企业社会责任的履行也是对利益相关者诉求的满足。企业通过识别利益相关者对利益相关者进行有效管理，是处理企业、社会以及伦理关系的有效方式。[3]

Freeman 将企业利益相关者管理划分为以下四个阶段。

---

① Steurer R，Langer M E，Konrad A，et al. Corporations，stakeholders and Sustainable Development I：A theoretical exploration of business-society relations ［J］. Journal of Business Ethics，2005，61（3）：265.

② Freeman R，Velamuri S R. A New Approach to CSR：Company Stakeholder Responsibility ［M］// Kakabadse A，Morsing M. Corporate Social Responsibility. London：Palgrave Macmillan，2006.

③ Carroll A B，Buchholtz A K. Business and Society：Ethics and Stakeholder Management ［M］. Mason，OH：South-Western Cengage Learning，2009.

1. 阶段一：基本价值主张

在这一最基本层次，企业家或管理者需要了解公司如何才能使客户的境况变得更好，与此同时，为雇员、供应商、社区以及投资者提供有吸引力的价值主张。企业必须意识到如果不能使利益相关者的境况得到好转，那么同时也不能使客户的境况得到持续改善。企业的失败是因为没有能力向其全部的利益相关者提供足够强大的价值主张。

2. 阶段二：持续利益相关者协作

企业的外部环境，如宏观经济、政策法规、政治环境与竞争态势处于动态变化之中，以至于企业对利益相关者的认知和安排需要不断调整。例如，如果某一企业在市场中遇到一个低成本竞争者，那么其将被迫进行价格调整，而这一价格调整将使其降低采购成本、雇员工资等。此时，管理者对这些不同的取舍如何影响利益相关者、某一利益相关者能承受的最大损失以及这些损失在将来如何弥补等深入判断就显得尤为重要。

3. 阶段三：了解更广泛的社会问题

现今，管理者被要求关注越来越多的国际问题或对其子公司所在国的社会事件采取立场，企业通常在面临这些意外时会措手不及。这就要求管理者对这些与企业业务不相关的事情做出反馈，企业对非政府组织等对企业运营产生影响的非直接利益相关者也要采取积极主动态度。

4. 阶段四：道德领先

最近研究表明，道德价值准则与企业的经营成果，如持续盈利以及高创新度有较强的联系。只有当企业对利益相关者的利益、优先权以及关注点有深入的了解，才会去积极主动地采取道德领先策略。

上述企业致力于利益相关者管理的四个阶段是一个循序渐进的过程，在这个过程中，企业对社会责任的承担也有一个从接受到主动，到扩展，再到领先的提升过程。为此，企业社会责任战略实施过程在某种程度上就是利益相关者诉求得到满足的过程。

（二）可持续发展的目标性

当前，实现"既能满足当代人的需要，又不对后代满足其需要的能力构成危害"的可持续发展是国际社会一致努力的方向，但是在实现我们共同期望的过程中，人类社会的可持续发展在就业、能源、城市、粮食、水、海洋与减灾等众多方面依然面临严峻的挑战。企业作为社会的重要成员，在实现其最基本的经济职能时，需要使用大量的资源、能源，雇用大量的劳动力，并在生产过程中对环境、社区以及人类社会产生持续的影响，是可持续发展的重要实践者。没有企业的参与，可持续发展就无法得到真正的推进。

对于商业企业而言，可持续发展意味着企业的商业战略以及日常经营行为既要满足公司及其利益相关者当期的需要，同时也要保护、维系其未来的需要。可持续发展涉及的经济、环境与社会方面也正是企业履行社会责任的重要实践领域。企业在日常经营中需要履行经济责任、环境责任与社会责任，其最终目标是要实现企业的可持续发展。

1. 企业通过履行经济责任实现经济繁荣

企业最基本的责任就是经济责任。企业通过生产产品、提供服务创造利润，通过提高产品生产和服务提供效率来提高价值创造能力。企业的这种价值创造并不局限在生产过程，通过扩大生产规模，企业还可以拉动供应商的经济效益；通过产品的创新设计与成本降低，企业可以为消费者提供全新的产品体验；通过全新的销售模式，企业可以降低消费者的购买成本；通过使用劳动力，企业可以将创造的价值进行分享，从而提高员工的生活水平。从上述角度分析，企业经济责任的履行从本质而言与可持续发展对经济繁荣的要求相一致。

2. 企业通过履行环境责任实现环境保护

环境责任是企业社会责任的重要组成部分。企业在生产经营过程中，会消耗大量的自然资源、能源，排放大量的废水、废气以及废弃物等，对环境造成持续性影响。保护人类赖以生存的环境，是实现可持续发展的重要基础，也是企业履行社会责任的重要内容。为了降低对环境的影响，众多企业已经开展环境经营活动，并将其贯穿于企业价值创造的全过程。通过成立相应的组织机构、采用 ISO14001 等管理体系，企业可以使环境保护更具系统性。通过生命周期评价（LCA）开展产品设计、推进绿色采购、实施清洁生产、对废旧资源等进行循环再利用等，企业可以减少资源、能源的消耗并减弱环境的负效应。

3. 企业通过履行社会责任实现社会公平

企业社会责任要求企业将经济责任、法律责任、伦理责任以及酌情行事责任进行整合统一，而企业在履行除经济责任之外的其他社会责任时，在一定程度上也促进了社会公平。企业通过在法律范围内进行生产经营活动，避免违规活动，可以维护社会的公平正义。在人力资源管理中，企业通过避免使用童工、避免性别歧视、保障劳工权益、提供员工成长空间等，可以为员工提供公正的就业环境。同时，企业通过成立基金、开展捐赠等慈善活动，可以为弱势群体提供基本生活需求、健康、教育等方面的支持，使其在使用社会资源和机会方面享有同等权利，也就是实现机会平等。

通过上述分析，可以发现企业对相关社会责任的履行，特别是对"三重底线"的满足与可持续发展对经济繁荣、社会公平以及环境保护的要求是协调统一的。当企业将企业社会责任视为一种必要行为而不仅局限于自愿时，可持续发展向企业层面的扩展便成为必然。

（三）价值的共享性

企业通过系统地分析企业价值链的社会影响以及竞争环境对企业的影响，有针对性地解决社会问题，实施企业社会责任战略，可以实现企业与社会的价值共享。

1. 社会所获取的价值

从企业价值链对社会的影响来看，企业通过履行企业社会责任战略，可以为社会带来以下价值。一是资源与能源的节约。企业通过生命周期评价，可以从研发阶段就开始考虑将产品整个生命周期的环境影响降到最低。企业可以通过实施绿色采购，对供应商的环境管理以及运输过程等做出要求。同时，企业通过建造绿色工厂或者对工厂实施改造、采用先进管理流程、对废旧资源等进行循环再利用等措施，可以大大减少资源、能源的消耗和污染物的排放。二是人力资源水平提升。企业可以为员工提供安全的工作环境，提供医疗、养老保障等一系列福利，特别是为其提供职业生涯规划与培训，促进员工成长。三是社会进步。企业可以发起并成立各种基金组织，用以资助解决人类社会面临的一系列自然和社会问题，促进文化、艺术交流。与企业所在地的文化相融合是近年来一些企业积极推进的社会活动，而企业的这种战略性社会责任活动也使其社会收益颇丰。

2. 企业所获取的价值

获取经济利益是企业经营的主要目标，也是企业最基本的社会责任。建立在企业社会责任战略基础上的企业经营活动让企业社会责任不只是一种成本，还是一种竞争优势来源。企业从履行社会责任中获取的益处是学者们理论和实证研究的重点，这些益处主要包括以下几个方面。一是对企业品牌形象和声誉的积极影响。企业通过积极承担社会责任，可以提升其在消费者心目中的形象，使消费者为其品牌形象背书。① 二是提升员工的积极性，使其易于招聘并保留员工。这一方面源于企业声誉的提升，另一方面员工自身也会受到企业社会责任行为的激励，并致力于此。② 三是提高企业的盈利能力，增强企业的市场地位。企业品牌形象和声誉的提升会提高消费者的忠诚度，同时绿色消费运动的兴起也会促进消费者对企业社会责任表现优异的企业产品的追捧。此外，通过履行社会责任，企业也会降低与政府、工会、非政府组织等压力团体产生冲突的风险，为自身提供良好的经营环境。

第二节　发达国家汽车企业社会责任的发展与演变

经济责任是发达国家汽车企业最基本的社会责任，是企业最主要的经营目标和履行其他社会责任的基础。在履行企业经济责任的基础上，发达国家汽车企业对其他社会责任履行的演变和发展，总体上与 Carroll 的企业社会责任金字塔模型相一致③，经历了从经济责任、法律责任、伦理责任到慈善责任这一过程，并最终将企业社会责任视为企业最主要的经营战略，以及微观经济主体实现可持续发展的良好范式。

---

① Werther Jr W B, Chandler D. Strategic Corporate Social Responsibility as global brand insurance [J]. Business Horizons, 2005, 48 (4): 317 - 324.

② Collier J, Esteban R. Corporate Social Responsibility and employee commitment [J]. Business Ethics: A European Review, 2007, 16 (1): 19 - 33.

③ Carroll A B. The pyramid of Corporate Social Responsibility: Toward the moral management of organizational stakeholders [J]. Business Horizons, 1991, 34 (4): 39 - 48.

一　阶段一：重点关注并回应社会对环境问题的关切

发达国家汽车企业之所以对环境问题格外关注，主要是因为政府的相关制度安排以及社会团体的压力，另外，其还希望通过履行相关的法律责任以体现其"合法性"。经济中的制度性因素无时无刻不在影响着经济活动的参与者，对经济活动参与者的行为方式进行规范并促使企业按照制度的规定行事。舒尔茨和拉坦等新制度经济学家曾从最一般的意义上给制度做出定义。舒尔茨将制度定义为约束人们行为的一系列规则[1]，这些规则涉及社会、政治及经济行为。拉坦区分了制度与组织的含义，认为制度是一套被用于支配特定的行为模式与相互关系的行为准则，组织则是一个决策单位，它实施对资源的控制，并认为制度的含义应该包括组织的含义。[2] North认为制度是一系列被制定出来的规则、秩序和行为道德与伦理规范，它旨在约束主体福利或效益最大化的个体行为[3]，是社会的"游戏规则"。青木昌彦将制度定义为共有信念的自我维持系统，认为其实质是博弈均衡的概要表征。[4] 组织社会学家 Scott 将制度定义为受规章、规范及认知体系制约的结构和活动，这些结构和活动使社会行为产生意义。[5] 通过回顾上述文献，可以发现制度的本质就是社会中一系列人为制定的行为规则，是人们互动时的激励结构。

制度环境对发达国家汽车企业的生产经营活动产生了重要影响。政府对企业的强制性约束，很大一部分体现在对政策与法规等制度的制定和强制性实施上。汽车在生产和使用的过程中会消耗大量的资源和能源，在使用过程中会排放大量的有害气体并对环境造成持续性影响，为此，美国、德国、日

① 舒尔茨. 制度与人的经济价值的不断提高 [M].//科斯，等. 财产权利与制度变迁：产权学派与新制度学派译文集. 上海：上海三联书店，1991.

② 拉坦. 诱致性制度变迁理论 [M].//科斯，等. 财产权利与制度变迁：产权学派与新制度学派译文集. 上海：上海三联书店，1991.

③ North D C. Institutions, Institutional Change and Economic Performance [M]. New York：Cambridge University Press，1990.

④ 青木昌彦. 比较制度分析 [M]. 周黎安，译. 上海：上海远东出版社，2001.

⑤ Scott J. Social Capital：A Theory of Social Structure and Action [M]. New York：Cambridge University Press，2001.

本等发达国家都制定了大量的法律、法规和政策，促使汽车企业在经营过程中关注环境问题。为了控制汽车行驶过程中的污染物排放，美国、日本与德国从 20 世纪 60 年代开始就制定了相应的排放法规，对汽车尾气排放加以控制。为了进一步提升汽车的燃油效率，日本与美国还对汽车企业的燃油经济性进行管理，如果汽车企业的燃油经济性达不到要求的话，这些国家会对其采取相应的处罚措施。同时，德国和日本还采取"扩大生产者责任"的方法，对汽车厂商废旧车辆处理等进行立法管理。此外，这些汽车企业通常还要受到其他一般性环保法规的约束。

与此同时，随着环境污染、气候变暖等问题成为全球关注的焦点，越来越多的利益相关者开始关注环境问题，并对企业施加影响。1992 年联合国环境与发展会议的召开，标志着环境问题已经成为全人类共同面临的课题。1997 年 12 月，《联合国气候变化框架公约》缔约方第三次会议在日本京都召开，会议通过了旨在限制发达国家温室气体排放量、抑制全球变暖的《京都议定书》，汽车产业的产业特征使其成为节能减排的重点产业。

20 世纪 60 年代至 21 世纪初，在政府的制度约束与利益相关者环境保护诉求的双重影响下，发达国家汽车企业为取得"合法性"，在企业社会责任的履行中非常关注环境问题。为了更好地履行企业的环境责任，发达国家汽车企业通常会设定企业的环境保护目标，并设置相应的组织机构进行推进。丰田早在 1963 年就成立了环境产品设计评价委员会和生产环境委员会，对涉及产品设计、销售、使用、废弃以及公司环境保护措施等进行讨论。1990 年，丰田又成立了循环利用委员会，专门研究报废车辆循环利用方面的问题。为了使环境保护方面的问题得到更有效的解决，1992 年，丰田成立了环境委员会，并直接向董事长汇报工作。在成立相应的管理机构的基础上，为了强化其生产运作过程中的环境保护方面的管理运作能力，发达国家汽车企业也纷纷引入环境管理体系。1995 年，丰田高冈工厂就已经通过 ISO14001 环境管理体系认证。1996 年，福特也开始将 ISO14001 环境管理体系作为其管理环境问题的框架。同时，在企业社会责任信息披露上，这些企业也发布了单独的环境报告对上述信息进行披露。以丰田为例，其在 2002 年以前便通过《环境报告》来披露其履行企业社会责任的相关活动及绩效。

二　阶段二：环境问题与社会问题并重，考虑发展的可持续性

进入 21 世纪后，发达国家汽车企业的外部经营环境发生了重大变化。2002 年，可持续发展问题世界首脑会议在南非约翰内斯堡召开，会议认为人类在过去的 50 年中取得了前所未有的经济成就，但在环境与发展的问题上始终面临严峻的挑战。虽然可持续发展可能需要世界上每个区域、每个国家、每个个体采取不同的行动，但努力建立一种真正可持续的生活方式需要在促进经济成长与公平、保护自然资源和环境以及促进社会发展等三个关键领域内采取一体化行动。

一是经济成长与公平。相互关联的全球各个经济系统需要采取综合办法以促进经济的长期增长，同时确保任何国家或所在社区不出现滞后状况。

二是保护自然资源和环境。要为后代保护环境和自然资源，就必须制订经济上可行的解决方法以减少资源消费，停止污染并保护生态环境。

三是促进社会发展。在整个世界，人们需要职业、食物、教育、能源、保健、水和卫生等资源与服务。世界大家庭在满足这些需要时也应尊重多姿多彩的文化和社会的多元化以及工人权利，并使社会所有成员有权有能，可以发挥作用并决定自己的未来。[①]

可持续发展需要采取行动的三个关键领域都需要作为微观经济主体的企业采取积极行动，世界各国政府、非政府组织和其他利益群体也都呼吁企业切实采取措施。作为商业界关键行动领域的汽车企业不得不重视这种外部呼声，其在企业社会责任的履行过程中，也切实地融入了可持续发展。我们从发达国家主要汽车企业社会责任报告名称的变化上可以深切体会到这种变化。2004 年起，日产开始发布《可持续发展报告》，2005 年福特将其从 2000 年开始的《福特企业社会公民报告》改变为《福特可持续发展报告》。2006 年，丰田的企业社会责任报告也进行了调整，将其从 2003 年开始发布的《环境与社会报告》更名为《可持续发展报告》。发达国家主要汽车企业

---

① 联合国. 2002 年约翰内斯堡首脑会议 ［EB/OL］. 2002 ［2014 - 4 - 18］. http：//www. un. org/chinese/events/wssd/basicinfo. html.

对企业社会责任报告名称的调整，表明这些企业开始转变经营思维，在经济、社会与环境之间寻求协调，并实现可持续发展。

在可持续发展目标的指引下，发达国家汽车企业的企业社会责任内涵进一步丰富，主要汽车企业开始将环境问题与社会问题并重，并且从企业自身出发，分析企业价值链对外部环境或利益相关者产生的影响。福特在《可持续发展报告2004/2005》中指出，作为一个跨国经营的企业，其自身的活动会对环境、社会与经济体系产生深远影响。福特根据其价值链的不同阶段将可持续发展的相关问题进行了组织与划分：环境方面，努力提升生产效率，减少汽车尾气排放，在设计过程中考虑产品的整个生命周期并提高报废车辆的再循环利用率；社会方面，强化并扩展与所在社区的关系，强化整个价值链中的关系；经济方面，努力构建适应每一阶段并对不同挑战和机遇做出反应，以满足消费者需求和利益相关者的期望的能力。日本汽车企业方面，2006年，丰田首次发布了《可持续发展报告》，从环境、社会与经济三个方面对企业为了实现可持续发展所开展的活动进行了披露。

通过对这一时期发达国家主要汽车企业社会责任信息披露的分析，可以发现在可持续发展理念被各国政府、非政府组织所接受的这种外部环境的约束下，发达国家汽车企业已经开始接受可持续发展理念，并将其作为企业履行社会责任的方向指引。这一阶段，发达国家汽车企业在关注环境问题的基础上开始更加重视社会问题，除了关注和回应传统的消费者、社区、雇员等利益相关者的诉求外，也开始关注人类的生存、安全与健康等更加广泛范围的问题。这些企业在履行社会责任的过程中，已经开始按照经济问题、环境问题与社会问题对社会责任进行划分，重点考虑企业价值链活动的外部影响，企业可持续发展的目标已经非常清晰。发达国家汽车企业作为工商业的主要代表，在这一阶段已经开始积极承担相应的企业社会责任，以实现可持续发展。

三　阶段三：寻找共同价值，进行企业社会责任战略性转变

随着发达国家主要汽车企业在履行社会责任过程中对社会问题、环境问题与经济问题的综合考虑，可持续发展理念已经融入企业的经营过程。发达

国家主要汽车企业对自身价值链的外部环境影响做出了分析并进行了应对，但并没有止步于此，而是开始进一步考虑企业与社会的共同价值，将企业社会责任融入企业的经营战略之中，企业社会责任正在进行战略性转变。

发达国家主要汽车企业的这种企业社会责任战略性转变始于 2008 年爆发的全球金融危机。2007 年爆发的美国次贷危机逐步演变成全球性的金融危机，并开始向实体经济渗透，2009 年欧债危机的爆发更是对世界经济的复苏造成了不利影响。在全球金融危机的影响下，世界汽车产业的产量出现下滑，根据世界汽车组织（OICA）的统计数据，2008 年世界汽车产量为 70729696 辆，同比下滑 3.5%；2009 年世界汽车产量为 61762324 辆，降幅高达 12.7%。① 在此形势下，发达国家主要汽车企业的生产经营受到重大影响，这些企业开始重新审视自身的发展战略，更加重视通过承担社会责任为企业的可持续发展带来价值。

企业社会责任战略是企业实现可持续发展的路径，更是企业履行社会责任的内部基础。企业可以通过履行社会责任，提高企业声誉、产品竞争力，吸引更多的社会责任投资，进而获取持续的竞争优势，而企业战略特别是企业社会责任战略在这一过程中发挥着中介的作用。Ganescu 将这一研究聚焦在欧洲汽车产业，指出企业可以选择并实施恰当的社会责任战略，通过产生并强化可持续发展以获取附加价值。② 因此，企业在外部环境不断变化、资源与能源约束不断强化的情况下，通过清晰地定义自身经济、环境与社会目标，将社会责任纳入战略管理范畴，可以实现企业与社会的价值共享。

这一时期，发达国家主要汽车企业纷纷发布可持续发展战略，通过"由内及外"的竞争价值链分析和"由外及内"的竞争环境分析，将企业社会责任与可持续发展锚定在企业的价值链中。2007 年，宝马发布名为"1号战略"（Strategy Number One）的公司战略，明确宝马将在 2020 年前成为个人移动方面的世界领先的优质产品和优质服务提供者。2009 年夏，宝马发

---

① OICA. Production Statistics［DB/OL］. 2013［2014 - 5 - 19］. http：//www.oica.net/category/production - statistics/2009 - statistics/.

② Ganescu M C. Corporate Social Responsibility，a strategy to create and consolidate sustainable businesses［J］. Theoretical and Applied Economics，2012，11（11）：91 - 106.

布可持续发展战略，这一战略直接源于"1号战略"，其目标是将宝马打造成最具可持续性的汽车公司，并在产品与服务、生产与价值创造、员工与企业社会公民三个领域八个方面设定了具体目标。2010年，戴姆勒将可持续发展纳入其战略目标体系，以此正式确认可持续发展对企业运营的重要性。其他汽车企业，如福特、日产、丰田等美、日汽车企业也都为实施企业社会责任制定了类似的发展战略，并设置了相应的组织机构予以推进。发达国家主要汽车企业对企业社会责任的这种战略性调整，标志着这些企业对企业社会责任的认识更加深入，既可以造福于社会也可以为企业带来竞争优势的"共享价值"理论正在指引企业进行经营实践。

第三节　发达国家汽车企业社会责任影响因素分析

一　制度性及其他约束因素

（一）制度性约束因素

经济中的制度性因素无时无刻不在影响着经济活动的参与者，对经济活动参与者的行为方式进行规范、约束并促使其按照制度规定行事。制度环境对发达国家汽车企业的经营产生了重要影响。在影响企业履行社会责任因素的研究中，Bauner、Cortez 和 Cudia 等学者发现政策、法规等制度安排对汽车企业的技术创新影响最大，是汽车企业履行社会责任的重要影响因素。[1]鉴于汽车产业及汽车产品的特性，美国、德国、日本等发达国家都制定了相应的法规、政策，促使汽车企业承担更多的社会责任。这些制度安排可以分为以下几类。

1. 尾气排放法规

汽车在使用过程中，会排放出氮氧化合物（NO_x）、碳氢化合物（HC）、

---

[1] Bauner D. International private and public reinforcing dependencies for the innovation of automotive emission control systems in Japan and USA [J]. Transportation Research Part A: Policy & Practice, 2011 (5): 375 – 388; Cortez M A A, Cudia C P. Sustainability innovation and the impact on financial performance of Japanese automotive and electronics companies [J]. Journal of International Business Research, 2010, 9 (1): 33 – 46.

一氧化碳（CO）和悬浮粒子（PM）等有害气体和物质，对环境造成严重危害。20 世纪 60 年代开始，主要发达国家已经开始关注汽车尾气对环境的危害。美国是世界上最早开始控制汽车尾气排放的国家。美国汽车排放标准存在两个不同的法规体系：一个是加利福尼亚州的法规体系，另一个是美国联邦政府的法规体系。加利福尼亚州的法规较苛刻且其实施时间早于联邦政府法规的实施时间。全世界控制汽车排放污染物，最早是由美国加利福尼亚州的洛杉矶地区提出的。1959 年，美国加利福尼亚州通过法律规定了车辆排放控制和大气质量标准，并于 1961 年开始强制执行。1963 年，美国联邦政府颁布《清洁空气法》（Clean Air Act），此后又制定了一系列排放控制法规。1990 年，联邦政府对《清洁空气法》做出重大修订，制定了两阶段标准，第一阶段标准（Tier 1）从 1997 年开始执行，第二阶段标准（Tier 2）从 2004 年开始实施。美国第二阶段轻型车排放标准见表 3 - 1。

表 3 - 1　美国第二阶段轻型车排放标准

单位：克/千米

使用年限	NO_x	NMOG	CO	HCHO	PM
10	0.6	0.156/0.230	4.2/6.4	0.018/0.027	0.08
9	0.3	0.090/0.180	4.2	0.018	0.06
上述临时等级已在 2006 年（乘用车和小型轻型载重车）和 2008 年失效（大型轻型载重车）					
8	0.20	0.125/0.156	4.2	0.018	0.02
7	0.15	0.090	4.2	0.018	0.02
6	0.10	0.090	4.2	0.018	0.01
5	0.07	0.090	4.2	0.018	0.01
4	0.04	0.070	2.1	0.011	0.01
3	0.03	0.055	2.1	0.011	0.01
2	0.02	0.010	2.1	0.004	0.01
1	0.00	0.000	0.0	0.000	0.00

资料来源：EPA. Control of air pollution from new motor vehicles：Tier 2 motor vehicle emissions standards and gasoline sulfur control requirements［EB/OL］. 1999 - 12 - 1［2014 - 10 - 20］. http://www.epa.gov/tier2/。

欧洲汽车尾气排放由联合国欧洲经济委员会（ECE）的排放标准和欧洲经济共同体（EEC，即现在的欧盟，EU）的排放指令加以控制，排放标准是

ECE 参与国根据协议自愿采用相互认可的，排放指令则要求 EEC（EU）参与国强制执行并相互认可。欧盟积极推进统一的排放法规，一方面是出于环境保护的目的，另一方面也是为了形成统一的汽车市场。欧盟从 1992 年开始实施欧I排放法规，其后法规逐步加严，目前已经实施欧 VI 排放法规。在控制汽车污染物排放的基础上，欧盟还对 CO_2 排放做出限制。2012 年 7 月 11 日，欧盟委员会正式提出 2020 年新车和厢式货车的 CO_2 减排目标，规定新车平均 CO_2 排放量将从 2011 年的 135.7 克/千米减少到 95 克/千米，厢式货车平均 CO_2 排放量将从 2010 年的 181.4 克/千米减少到 147 克/千米。[1]

日本紧随美国，于 1966 年起实施汽车排放法规，控制汽车污染物排放，采用 4 工况法对新车进行检测，并做出了 CO 排放小于 3% 的规定。此后的排放标准逐步加严，并于 1973 年开始增加碳氢化合物和氮氧化合物指标的控制，采用 5 工况法进行测试。1994 年又提出了较为完整的汽车排放 NO_X·PM 草案，2003 年 10 月经过进一步完善后，汽车排放 NO_X·PM 法以法律形式开始正式实施。[2] 2009 年开始，日本正式采用 JC08 测试循环，对所有类别汽车（即不分汽柴油等燃料类别）实施相同的排放限值（见表 3 - 2），这一限值即使与欧美国家相比，也处于较高水平。

表 3 - 2　日本乘用车排放限值

单位：克/千米

过去的规定				现在的规定			
试验工况	实施年份	成分	限值	试验工况	实施年份	成分	限值
10 * 15M + 11M	2005	CO	1.15	JC08M	2009	CO	1.15
		NMHC	0.05			NMHC	0.05
		NO_X	0.05			NO_X	0.05
						PM	0.005

资料来源：日本环境省、国土交通省。

---

[1] Europa. Further CO_2 emission reductions from cars and vans: A win-win for the climate, consumers, innovation and jobs [EB/OL]. 2011 - 7 - 11 [2014 - 5 - 20]. http://europa. eu/rapid/pressReleasesAction. do? reference = IP/12/771&format = HTML&aged = 0&language = EN&guiLanguage = en.

[2] 关洪涛. 21 世纪日本汽车产业政策新变化及其影响 [J]. 现代日本经济, 2008, 159（3）: 54 - 59.

2. 汽车企业燃油经济性强制管理规定

企业平均燃油经济性（Corporate Average Fuel Economy，CAFE），是以企业为考核单位，分类型用"调和平均值"计算，以单位汽油（或当量的其他燃料）行驶的里程数为表征的燃料经济性指标。在能源不断趋紧，汽车保有量却不断增长的情况下，为了促使汽车企业生产油耗更低、经济性更好的产品，发达国家纷纷对汽车企业燃油经济性进行强制性管理，如果汽车生产企业达不到企业平均燃油经济性的要求，会受到相应的处罚。

美国是较早实施汽车燃油经济性管理的国家。美国国会于 1975 年 12 月 22 日制定了《能源政策和保护法》（Energy Policy and Conservation Act），并在《机动车信息和节约费用法》（Motor Vehicle Information and Cost Saving Act）中增加第 5 章"改进汽车效率"，制定了乘用车和轻型卡车的企业平均燃油经济性限值。2010 年 4 月 1 日，美国交通部（DOT）与美国国家环境保护局（EPA）公布了汽车燃油经济性新标准，规定在美国销售的 2016 款轻型车（包括轿车、SUV、皮卡及小型厢式车）的平均燃油经济性由 2011 年的 27.3 英里/加仑提升为 35.5 英里/加仑，燃油经济性增幅约为 30%。[①]

日本也有类似的汽车企业燃油经济性指标。1979 年，日本政府颁布《能源合理消耗法》《能源合理消耗法实施政令》《关于确定机动车能源利用率的省令》《制造者等关于改善机动车性能的准则》，规定了不同重量的轻型乘用车及货车的能源效率考核标准。[②] 根据《乘用车及货车 2015 年度油耗标准》，2015 年日本乘用车平均油耗比 2004 年改善 23.5%。[③] 目前，欧盟的油耗法规标准主要规定了汽车 CO_2 排放量和燃油消耗量，对燃油经济性

① DOT, EPA. DOT, EPA set aggressive national standards for fuel economy and first ever greenhouse gas emission levels for passenger cars and light trucks [EB/OL]. 2010 - 4 - 1 [2014 - 5 - 20]. http：//yosemite. epa. gov/opa/admpress. nsf/bd4379a92ceceeac8525735900400c27/562b44f2588b871a852576f800 544e01！OpenDocument.

② 靖苏铜. 轻型汽车油耗法规标准的对比与分析 [J]. 能源与环境，2008（2）：40－42.

③ 经济产业省，国土交通省，社团法人日本汽车工业协会. 乘用车及货车的 2015 年度油耗标准开始实施！[EB/OL]. 2007 - 7 [2014 - 5 - 20]. http：//www. jamabj. cn/eco/fuel2015/pdf/fuel2015. pdf.

不做联盟或成员国的法令性规定，但通过征收燃油税来鼓励消费者购买节油车型。

3. 报废车辆处理法规

车辆报废后，一些金属材料、保险杠等可以回收利用，而氟利昂、汽车粉碎残渣（ASR）等如果处理不当，则会对环境造成重大影响。针对此种情况，发达国家制定了相应的法律，规范汽车企业对报废汽车的处理。德国的《废旧车辆处理法规》是以 1992 年通过的《限制废车条例》为基础，根据欧盟报废汽车指令修订的。该法规于 2002 年 6 月 28 日生效，明确规定了报废汽车回收利用的适用范围，对车主的委托义务、汽车制造商和进口商的回收义务、拆解厂的资质认证以及回收利用率、禁用重金属等做了明确规定。2005 年 1 月起，日本《汽车回收再生利用法》开始实施，从法律上明确日本汽车企业必须承担"扩大生产者责任"，要求汽车企业对氟利昂、安全气囊、汽车粉碎残渣等进行再生利用并合理处理。目前美国还没有全国性的汽车废旧车辆回收法规，但相关法律也体现了"扩大生产者责任"这一思想，对汽车生产者的延伸责任进行了明确规定。

发达国家在尾气排放、企业燃油经济性以及报废车辆处理等方面做出的制度安排，是强制发达国家汽车企业履行相关社会责任的制度性约束因素。除了这些产业针对性法规外，这些企业也受本国其他法律的管制。在这些法规的约束下，汽车企业必须加大研发投入，提高技术水平，从而生产燃油经济性更高、更加环保的汽车，并从研发阶段就开始研究报废车辆的处理问题，从而满足政府以及外部环境利益相关者在资源、能源以及环境等方面对企业的诉求，为可持续发展做出相应的贡献。

（二）国际组织的诉求

随着全球性政治运动的兴起以及非政府组织对全球性问题的持续关注，上述制度性约束因素已经不能满足非政府组织、非营利组织对企业的利益诉求。一些企业，特别是跨国公司面临越来越多的全球性非法律性因素的约束。在这种情况下，发达国家汽车企业会选择遵循这些非强制性规范，以进一步获取合法性。

1. 联合国"全球契约"

1999 年 1 月，在达沃斯世界经济论坛年会上，时任联合国秘书长的安南提出了"全球契约"计划，该计划于 2000 年 7 月在联合国总部正式启动。"全球契约"要求企业在各自的影响范围内遵守、支持以及实施一套关于人权、劳工标准、环境保护及反贪污方面的十项基本原则。这些基本原则来自联合国的《世界人权宣言》、国际劳工组织的《关于工作中的基本原则和权利宣言》以及关于环境和发展的《里约原则》。"全球契约"是在全球化背景下提出的，目的是使企业承担更多的社会责任，以减少全球化的负面影响。该协议得到了众多跨国公司的支持。大众、宝马、戴姆勒等汽车企业是该契约的首批支持者，随后日产、福特等汽车企业也纷纷支持该契约，并将契约原则纳入公司日常运作中。"全球契约"明确了企业在运营过程中应遵守的原则，对发达国家汽车企业的社会责任实践起到了一定的约束作用。

2. 国际标准化组织

从 80 年代起，美国和西欧的一些企业为了响应可持续发展的号召，开始减少污染，提高企业形象，建立各自的环境管理方式。1985 年，荷兰率先提出"企业环境管理体系"的概念。1990 年，欧盟在慕尼黑的环境圆桌会议上专门讨论了环境审核问题。为了响应可持续发展，国际标准化组织（ISO）于 1993 年 6 月成立了 ISO/TC207 环境管理技术委员会，正式开展环境管理系列标准的制定工作，规范企业和社会团体等所有组织的活动、产品和服务的环境行为，支持全球环境保护工作。国际标准化组织制定的 ISO14000 环境管理体系包括环境管理体系（EMS）、环境管理体系审核（EA）、环境标志（EL）、生命周期评价（LCA）、环境绩效评价（EPE）、术语和定义（T&D）等国际环境管理领域的研究与实践的焦点问题，大众、丰田、通用、宝马、日产等发达国家汽车企业纷纷参与这一管理体系的认证活动，以提高环境保护水平。

3. 全球报告倡议组织

全球报告倡议组织是一家致力于推进经济、环境与社会可持续发展的非政府组织，为企业及其他组织提供了详尽的可持续发展报告框架。该框架可以使企业与组织衡量自身的可持续发展表现，以提高利益相关者对其企业社会责任表现的信任水平。随着企业社会责任投资与绿色消费的兴起，全球报告倡议组织的可持续发展报告框架备受关注。为此，发达国家汽车企业非常注重对企业社会责任相关信息的披露，自发接受全球报告倡议组织报告框架的指引，发布可持续发展报告。同时，这些企业在披露有关企业社会责任实践相关信息的同时，还会就 GRI 报告框架要求的绩效指标进行说明。全球报告倡议组织为发达国家汽车企业开展企业社会责任实践活动以及与公众进行相关信息沟通提供了非强制性约束与应用工具框架。

（三）其他利益相关者诉求

在企业的外部环境中，存在股东与投资者、员工、消费者、供应商、政府、竞争者、行业协会、社区、公众、媒体与资源、能源、环境、生物多样性等利益相关者，这些利益相关者"能够并且正在向企业'投注'，他们正在受到或可能受到组织活动的影响，也可能对这些组织造成实质或潜在影响"[1]。企业与利益相关者之间存在共生关系，利益相关者受到企业的影响也会对企业的运营产生影响，因此会要求企业承担相应的责任。在发达国家，工会组织与员工是企业必须重点考虑的利益相关者。

一方面，工会组织对企业社会责任实践活动起到了约束作用。20 世纪以来，工会在主要发达国家迅速发展。工会代表并维护企业劳动者的合法权益，具体包括劳动者的经济权益、政治权益（主要是民主权益）和劳动权益等，集体谈判是维护劳动者权益的主要方式。工会组织作为工人的代言人，就员工的劳动条件、工作时间、人员流动以及报酬等与企业进行谈判，以此对企业施加较大的影响。美国的全美汽车工人联合会（UAW）成立于1935 年，拥有39 万在职会员和60 万退休会员。德国五金工会（IG Metall）是德国最有影响力的行业工会之一，拥有170 多个地方组织，人员涵盖汽车产业工人。全日本汽车产业劳动组合总联合会（JAW）成立于1972 年，由汽车厂商、零件厂商、经销商、运输部门及其他有关汽车产业的公司工会组

① Clarkson M, Starik M, Cochran P, et al. The Toronto conference: Reflections on Stakeholder Theory [J]. Business and Society, 1994, 33 (1): 82 – 131.

成。上述发达国家汽车企业工会都具有强大的影响力，主要就维护工人的薪酬、劳动权益，改善工作环境以及为工人争取培训和教育等利益对企业施加影响，促使汽车企业更加关注员工的收入、健康与个人成长，并积极承担相应的责任。

另一方面，员工也在一定程度上影响汽车企业的社会责任实践。Brekke和 Nyborg 的研究表明，企业社会责任可以提高企业获取高度自我激励的员工的能力。如果负责任的企业和不负责任的企业均衡存在的话，较少逃避责任并有高道德动机的员工会选择负责任的企业，并使不负责任的企业退出市场。[①] 同时，员工也是企业最重要的资源，其会影响企业知识转化的效率以及对其他资源利用的能力，最终对企业竞争优势的形成产生影响。基于此，发达国家的汽车企业在经营过程中都会努力提高自身的企业社会责任表现水平，并重点关注员工的收入、健康、个人成长等，平衡员工与其他利益相关者的利益。

二　市场机制性促进因素

（一）竞争优势的新形成机制

获取竞争优势是发达国家汽车企业履行社会责任的重要促进因素。汽车在使用过程中要消耗大量的能源，并排放出 CO_2 等有害气体，汽车企业在生产过程中也要消耗大量的能源，并产生大量的污染。正是由于汽车产业以及汽车产品的这种特殊性，消费者在购买过程中，会非常重视产品的节能环保性能。同时，随着绿色消费与伦理消费的兴起，消费者会非常关注企业的社会责任表现水平。这种市场环境与消费趋势使得发达国家汽车企业在经营过程中不得不高度重视企业社会责任。

目前，德国、美国以及日本的汽车企业都已经将可持续发展作为企业经营战略的终极目标，从产品研发入手，基于"产品生命周期评价"进行产品设计，直观评估产品在其生命周期中对环境的影响，并且注重生产运营方

---

① Brekke K A, Nyborg K. Attracting responsible employees: Green production as labor market screening [J]. Resource and Energy Economics, 2008, 30 (4): 509-526.

面的可持续发展问题。除了通过上述努力对环境诉求进行反馈外，发达国家的汽车企业也对员工、顾客、商业合作伙伴以及社区等利益相关者的需求进行积极回应，将企业社会责任战略作为提升企业竞争力的关键与实现可持续发展的重要举措。

发达国家汽车企业通过实施企业社会责任战略提升了企业的竞争优势。产品竞争力方面，发达国家汽车企业通过大量的技术研发与创新，使产品能耗降低，CO_2 等的排放得到控制。品牌竞争力方面，发达国家汽车品牌价值有所上升，特别是在绿色品牌方面排名表现颇佳。Interbrand 发布的 2014 年全球最佳品牌价值排行榜，以品牌产品或服务的财务表现、品牌在影响消费者选择方面扮演的角色以及品牌在控制溢价或公司安全盈利方面的实力作为主要的评估依据，对诸多知名品牌进行了价值评估。在排行榜中 18 个行业的 100 个品牌中，汽车行业品牌占据主导地位，共有 13 个汽车品牌登榜，丰田、梅赛德斯－奔驰和宝马占据行业前三位（见表 3 - 3）。[①] 在 Interbrand 发布的 2014 年全球最佳绿色品牌 50 强中，福特、丰田、本田分列前三位，日产排第四位。[②] 该报告以消费者对绿色环保活动的印象和环保实际成效作为衡量标准来评价品牌，这一结果表明发达国家汽车企业在企业社会责任表现方面得到了越来越多的消费者的认可。

表 3 - 3　汽车品牌入选 2014 年全球最佳品牌价值排行 TOP100 情况

2014 年排名	品牌名称	所属产业	品牌价值（万美元）	较上年增减（%）
8	丰田	汽车	4239200	20
10	梅赛德斯－奔驰	汽车	3433800	8
11	宝马	汽车	3421400	7
20	本田	汽车	2167300	17
31	大众	汽车	1371600	23
39	福特	汽车	1087600	18

① Interbrand. Best global brands 2014 ［R/OL］. 2014 ［2015 - 1 - 22］. http：//www. interbrand. com/en/best - global - brands/2012/Best - Global - Brands - 2014. aspx.

② Interbrand. Best global green brands 2014 ［R/OL］. 2014 ［2015 - 1 - 22］. https：//www. interbrand. com/wp - content/uploads/2015/08/Interbrand - Best - Global - Green - Brands - 2014 - Overview - 8. pdf.

续表

2014 年排名	品牌名称	所属产业	品牌价值（万美元）	较上年增减（%）
40	现代	汽车	1040900	16
45	奥迪	汽车	983100	27
56	日产	汽车	762300	23
60	保时捷	汽车	717100	11
74	起亚	汽车	539600	15
82	雪佛兰	汽车	503600	10
91	陆虎	汽车	447300	新晋

资料来源：Interbrand. Best global brands 2014 ［EB/OL］. 2014 ［2015 - 1 - 22］. http: // www. interbrand. com/en/best - global - brands/2012/Best - Global - Brands - 2014. aspx。

由此可见，发达国家汽车企业通过实施企业社会责任战略以及开展相关实践活动，产品与品牌等方面的竞争力得到了提升，在为企业带来竞争优势的同时也大幅提高了企业的经济效益，为企业的可持续发展奠定了基础。企业社会责任对于企业竞争力提升所起到的这种推动作用以及企业竞争对手企业社会责任表现水平的提升，会通过市场竞争进一步促进发达国家汽车企业提升企业社会责任表现水平。

（二）市场需求的"绿色化"转变

20 世纪 60 年代以来，随着人类工业化进程的加速，环境污染问题日趋严重，环境保护运动此起彼伏。《寂静的春天》一书的出版以及罗马俱乐部《增长的极限》的发布，使得越来越多的学者、非政府组织等开始关注人类发展问题。针对经济发展中出现的不可持续性危机，绿色消费理念开始出现。绿色消费又称可持续消费，通常指消费者对绿色产品的需求、购买和使用活动，是消费者在低碳环保价值观驱动下的具有生态意识的理性消费行为。此后，一系列国际会议的召开促进了绿色消费的进一步发展。绿色消费的出发点是保护生态环境，维护人类社会的可持续发展。

绿色消费从市场需求角度促使发达国家汽车企业承担更多的社会责任。绿色消费的主要内容包括消费无污染的物品、消费过程中不污染环境、自觉抵制和不消费那些破坏环境或大量浪费资源的商品等。伴随着人们对国际人权和温室气体排放问题的关注，绿色消费运动逐渐趋向于"伦理消费"。汽车产业产业链较长、资源与能源消耗大、生产过程中对环境的污染水平较高，在绿色消费观念的影响下，消费者必然会越来越关注汽车企业在产品设计、供应链管理、生产流程控制等过程中对环境问题的关注及其所造成的影响，关注企业在运营过程中对员工、社区等的权益的满足，综合衡量企业的社会责任表现水平，促进企业承担更多的社会责任。

环境管理认证是发挥绿色消费市场机制作用的重要手段。在消费者消费过程中，信息是不完全对称的。因此，如果企业想要提供符合环境要求的产品或者通过符合环境要求的方式实施生产产品的差异化战略，让潜在消费者了解产品的环境属性就显得非常重要，否则，消费者可能会购买没有这些属性的类似产品。① 在此背景下，相关绿色认证就成为向消费者传递有关企业社会责任信息的重要渠道。发达国家主要汽车企业在这种消费趋势的驱动下，纷纷通过产品生命周期评价体系（LCA，ISO14040/14044）、ISO14001环境管理体系以及生态管理和审核计划（EMAS）等认证，利用规范化的标准对企业运营过程进行规范，以表明自身的企业社会责任表现水平。

相关产品标识与消费刺激政策的实施，对市场需求起到了进一步的引导作用。为了使消费者更加直观地了解汽车的能效水平，欧盟、美国、日本等发达国家及国际组织都已经根据各自情况实施了不同形式的汽车燃料消耗量和 CO_2 标示制度，作为控制汽车 CO_2 排放和降低油耗的措施。德国修订后的《乘用车强制能效标识规定》于 2011 年 12 月 1 日开始施行，按照该规定，小轿车生产厂家必须向购车人提供该款车型的实际耗油量，以及应用全新的 CO_2 尾气排放级别标识。日本政府自 2009 年 4 月起，实施了为期三年的旨在普及环保车辆的环保车辆减税措施，对购买符合一定排放标准的车辆的消费者进行补贴。在原有减税措施即将到期的情况下，日本政府又推出了新一轮的减税措施，从而引导消费者购买更加环保的车辆。在这种油耗标示制度的促进下，发达国家汽车企业纷纷加大研发力度，开发低车重、低能耗、高效能的车辆，以降低产品的油耗水平。在满足消费者需求的主观基础上，客观

---

① McWilliams A, Siegel D. Corporate Social Responsibility: A theory of the firm perspective [J]. Academy of Management Review, 2001, 26 (1): 117 – 127.

上也履行了相应的环保责任。

（三）企业社会责任投资的快速发展

企业社会责任投资（Socially Responsible Investing，SRI）又被称为绿色投资，即投资者在选择投资企业时不仅关注其财务、业绩等传统财务指标，同时也关注企业社会责任表现水平，对企业的经济、社会以及公司治理水平等进行全面评价，在对企业可持续发展能力做出判断的基础上，做出投资决策。

企业社会责任投资起源于 20 世纪六七十年代的社会和环境危机，当时主要发达国家爆发的社会危机和日益严峻的环境问题，引起了环保人士、民权主义者和反战人士的思考，促进了传统投资方式的转变。1971 年，柏斯全球基金（Pax World Fund）在美国成立，这一基金由反对越战的牧师成立，他们把其认为道德水平不高的公司排除在投资组合之外。同年，美国公司互信责任中心（ICCR）成立。此后，美国相继出现了投资者责任研究中心（Investor Responsibility Research Center，IRRC）、南岸银行（South Shore Bank）、环境责任经济联盟（Coalition for Environmentally Responsible Economics，CERES）等组织。1983 年，英国伦理投资研究机构（EIRIS）成立，1988 年推出了可持续发展基金——Merlin 生态基金。20 世纪 90 年代以后，企业社会责任投资出现了爆发式增长，主要表现在：①多米尼 400 社会指数（Domini 400 Social Index）、道琼斯可持续发展指数、伦敦金融时报社会指数（FTSE 4 Good Index，又称"富时社会责任指数"）等社会责任指数相继发布；②英国社会投资论坛（UKSIF）、美国社会投资论坛（USSIF）和亚洲可持续发展投资协会（ASrIA）成立；③美国、英国以及亚太地区推出了众多企业社会责任类基金。

企业社会责任投资已经成为美、欧、日等国家和地区的重要投资方式，并有进一步加速发展的趋势。根据全球可持续投资联盟（Global Sustainable Investment Alliance，GSIA）估计，2012 年全球至少有 13.6 万亿美元的资产是社会责任投资，这些公司将环境、社会以及公司治理纳入投资选择和管理，投资资产类型包含公开上市股票、固定收益类资产、对冲基金管理资产以及小微金融机构投资。这一资产规模相当于《全球可持续投资回顾 2012》中所统计的美国、加拿大、欧洲、日本、澳大利亚、非洲以及除日本外亚洲投资总额的 21.8%。欧洲是最大的可持续投资市场，投资总额为 8.758 万亿美元，占全球可持续投资额的 64.5%；美国位列第二，投资总额为 3.740 万亿美元，占可持续投资额的 27.6%。其中，欧洲可持续投资额已经占到欧洲总投资额的 49%。[①] 随着企业社会责任投资总额的增加，越来越多的投资者会在投资过程中考虑企业的环境、社会及治理表现。企业社会责任投资者或可持续投资者同其他投资者一样，在投资过程中也追求收益，这就要求想要获取企业社会责任投资的企业更好地履行自身的经济、社会以及环境责任，提高自身的企业社会责任表现水平。

社会责任投资指数的发布，进一步促进了企业社会责任投资市场机制作用的发挥。社会责任投资指数，是指由指数编制公司或金融机构按照一定的原则选择具有广泛行业代表性并具有较高社会责任表现水平的公司，依据相应的指标体系对公司在经济、社会、环境以及治理等方面的表现进行评价，并形成指数，为投资者提供社会责任投资方面的决策参考。为了展示自身良好的社会责任表现水平以及可持续发展前景，给投资者以更大信心，以吸引更多投资，发达国家汽车企业非常重视入选这类指数。大众入选了高级可持续绩效指数（ASPI），道琼斯可持续发展全球指数（DJSWI），ECPI 系列指数，埃希贝尔可持续发展指数（ESI），斯托克全球环境、社会和治理领袖指数（STOXX Global ESG Leaders Indices）与伦敦金融时报社会指数。宝马入选了 2011/2012 年度道琼斯可持续发展指数、伦敦金融时报社会指数、Sustainalytics 指数，并获得了 SAM 可持续发展奖（SAM Sustainability Award）。丰田入选了 2012/2013 年度道琼斯可持续发展亚太指数（DJSI Asia Pacific），同时也入选了 2013 年度伦敦金融时报社会指数。

发达国家汽车企业对社会责任投资指数的重视程度正在提高，社会责任投资指数已经成为其展示自身企业社会责任水平的表征。同时，发达国家汽车企业也非常重视这些指数的沟通功能，将其作为可持续发展报告、社会责任报告、网络媒体以及其他企业宣传资料中社会责任表现的主要内容，与利

---

① GSIA. Global sustainable investment review 2012 [R/OL]. 2013 [2014 - 11 - 22]. http://gsiareview2012. gsi - alliance. org/#/1/.

益相关者进行沟通，传递企业在社会责任方面取得的进展，这必将使这些企业更加致力于企业社会责任表现水平的提升。

综上所述，发达国家汽车企业通过履行社会责任，可以提升其在产品、品牌等方面的竞争力，同时，对这种竞争优势的获取促使其承担更多的社会责任，并为企业的可持续发展提供保障。消费环境的进一步变化，特别是消费者绿色消费运动的开展，从市场需求方面加大了发达国家汽车企业对以"产品绿色性"为主要特征的社会责任实践活动的重视程度。同时，企业社会责任投资从企业的融资渠道上对企业社会责任表现提出了更高要求。上述市场机制因素的共同作用，促使发达国家汽车企业在经营中更加注重提升企业社会责任表现水平。

三　内外部基础性因素

发达国家汽车企业对社会责任的履行，除了受到上述约束性与促进性因素影响外，也建立在其所处的经济与产业发展水平基础之上。同时，企业的发展战略与技术研发能力也是发达国家汽车企业履行社会责任的基础。

（一）经济发展状况与产业基础

一个国家的经济社会发展水平和发展阶段会对企业社会责任的履行及其表现产生重要影响。企业对社会责任的履行会随着经济的发展与社会的进步而呈现相应变化。通常情况下，当一个国家处于经济欠发达状态时，企业在产品质量、环境污染等方面的问题会比较突出，利益相关者对企业的诉求会集中在这些问题上。而当一个国家进入发达阶段后，社会的环保意识、人权意识已经发展到较高水平，人们开始追求普适价值和权利，企业承担的不仅仅是基本的经济、法律责任，还要考虑其他利益相关者在慈善以及伦理等方面的诉求。

发达国家汽车企业社会责任意识的提升是建立在一定的经济发展水平基础上的，在对经济基础进行分析时，最重要的是选择合适的切入点作为其社会责任提升的基准点。在这一问题上，我们可以对不同发达国家出台相关排放法规时的经济发展水平以及汽车产业的发展状况进行分析。之所以选择相关排放法规的出台时间点，主要是基于以下几点考虑：首先，由于汽车产业的特殊性，在排放法规等的约束下，汽车企业为了满足法规要求，会加大技术研发力度，减少产品的能源消耗与环境污染，这是其履行企业社会责任的重要表现；其次，由于时间跨度较长，对不同汽车企业承担的其他社会责任的追溯难度较大，且这些社会责任不具有代表性；最后，以排放法规为代表的约束性法律的出台时间具有国际的横向对比性，可以对不同国家情况进行对比。

较高的经济发展水平为发达国家汽车企业承担社会责任提供了坚实的国民经济基础。20 世纪 60 年代，发达国家陆续出台汽车排放控制法规，对汽车尾气排放进行强制性约束。1963 年，美国政府颁布《清洁空气法》，日本紧随美国，从 1966 年开始实施汽车排放法规，德国政府也在 20 世纪 60 年代推出了汽车的一氧化碳排放标准。在发达国家出台排放法规，强制性要求汽车企业承担相应的环境责任时，其经济发展都处于较高水平。第二次世界大战后，美国始终稳居世界第一大经济体位置；德国在 20 世纪 50～70 年代经历了经济的持续增长期；而日本更是用了不到 30 年的时间便恢复经济并实现了经济的腾飞，并于 1968 年成为世界第二大经济体。根据经济合作与发展组织（OECD）数据，1970 年，美国人均 GDP 已经接近 5000 美元，德国为 3802 美元，日本最低，但也达到了 3153 美元（见表 3 - 4）。发达国家这种高度发达的经济水平，为企业履行社会责任奠定了坚实的经济基础。

汽车产业自身的发展水平也为发达国家汽车企业承担更多的社会责任提供了产业基础。美国汽车工业发展较早，20 世纪 20 年代已经完成汽车普及化进程，1955 年美国的汽车产量就已经接近 800 万辆。美国汽车工业在 20 世纪 70 年代后受到日本汽车工业的冲击，2008 年以来的金融危机对美国汽车工业更是造成了重创，但美国汽车企业已经开始调整经营战略，并走出低谷。德国汽车工业起步较早，20 世纪 50 年代中后期汽车产量就已经超过 100 万辆，此后一直保持较高的增长速度，汽车厂家也维持在 10 家左右，汽车产业进入成熟期。日本的汽车产业是在政府的政策保护下开始起步的，1955 年日本通产省发布国民车构想，对国民车在重量、时速、排量、空间以及售价等方面提出一系列要求，并对厂家的技术创新提供支持。1965 年，名古屋至神户高速公路的开通揭开了日本公路交通高速时代的序幕，1966

年日本汽车产量达到 88 万辆，1967 年超过德国成为世界第二大汽车生产国。20 世纪 70 年代爆发的两次石油危机，为日本汽车的出口提供了重要机遇。由于日美汽车贸易摩擦，20 世纪 80 年代以来，日本汽车企业纷纷在美国建立生产基地，并进军豪华车市场。美国、德国、日本等国的汽车工业基础雄厚，汽车产业规模效应明显，技术与管理经验积累较多。高水平的汽车产业基础可以为技术创新提供基础，更能够为技术外溢提供便利条件。

表 3 – 4　美、德、日及 OECD 人均 GDP（1970 ~ 2011 年）

单位：美元

年份	美国	德国	日本	OECD
1970	4997	3802	3153	3419
1975	7516	5841	5053	5279
1980	12153	9851	8505	8555
1985	17546	13708	13078	12123
1990	23003	18521	19179	16302
1995	27606	22451	22869	19538
2000	35053	25764	25897	24392
2005	42448	31117	30446	29590
2006	44557	33508	31742	31533
2007	46278	35540	33342	33127
2008	46691	37115	33500	33902
2009	45236	35643	31627	32869
2010	46548	37661	33512	34023
2011	48043	39465	33834	35190

资料来源：OECD. Gross domestic product（Per head，US $，current prices，current PPPs）［DB/OL］. 2013 – 8 – 21［2014 – 11 – 22］. https：//stats. oecd. org/。

（二）技术创新与进步

由于汽车产业以及汽车产品的特殊性，发达国家汽车企业在履行企业社会责任特别是环境责任时，需要企业强大的节能环保技术实力作为支撑。为了应对气候变化，满足相关法规要求，提升产品的环境竞争力，这些企业都非常注重节能环保技术的研发，一方面提高传统内燃机的系统性能，另一方面则加快新能源技术的研发与市场化进程。

发达国家汽车企业目前在对现有法规的技术应对方面，主要还是集中在传统内燃机性能的提升上。大众陆续在其生产的全球车型中应用涡轮增压（TDI、TSI）、缸内直喷发动机（TFSI）与双离合变速箱（DSG）构成的动力总成系统，并在 2012 年导入了 CO_2 排放量更低的横置发动机模块化平台（MQB）。2011 年，戴姆勒投放了全新一代四缸汽油发动机，使用了第三代梅赛德斯－奔驰的缸内直喷技术，并增加了发动机启停装置。福特开发了 EcoBoost 发动机，采用汽油涡轮增压与直喷技术，到 2013 年底，福特在北美与欧洲市场销售的 90% 的车辆上使用了此种发动机。日产也将无级变速箱（CVT）作为提高燃油经济性的重要措施。

另外，发达国家汽车企业也在开发新能源汽车，为持续减排以及实现零污染进行技术储备及验证。丰田于 1997 年便推出了混合动力汽车（HEV）普锐斯（PRIUS）并实现量产，截至 2013 年 5 月已销售 513 万辆。目前，日产、福特、大众、宝马、戴姆勒等汽车企业都推出或者研发了混合动力以及插电式混合动力汽车（PHEV）。由动力电池或燃料电池驱动的纯电动汽车（EV）是发达国家汽车企业认为可以实现真正意义上零排放（zero-emission）的解决方案。这些汽车企业纷纷制定纯电动汽车战略，加大研发力度，并实现了全球部分市场的销售与推广。

为了更好地反映发达国家汽车企业新能源技术发展水平，本研究将采用 IPC 检索法，对丰田、通用、福特、大众、日产、本田、宝马与戴姆勒等 8 家企业的新能源技术专利进行检索。检索关键词为混合动力汽车、插入式混合动力汽车、纯电动汽车与燃料电池汽车，检索数据来源为欧洲专利局（EPO）世界专利数据库。为避免使用"electric vehicle"这一关键词对电动汽车技术进行搜索时出现有关电控系统等非相关专利，本研究将对使用这一关键词搜索到的专利信息进行进一步分析，确定指向电动汽车的关键词并进行二次筛选，以确保专利信息的指向性。

本研究检索到样本企业在 1990 年到 2011 年申请新能源汽车技术跨国专利共 1097 件，其中混合动力汽车技术专利 738 件，燃料电池汽车技术专利 121 件，纯电动汽车技术专利 238 件（见表 3 - 5）。通过专利分析，可以发现混合动力汽车技术仍为发达国家新能源技术主体，但其年度专利申请量与燃料电池汽车技术一样呈现大幅下降趋势，发达国家新能源技术创新开始向电动汽车技术转变。可以看出，发达国家汽车企业新能源技术创新相对活跃，技术积累较多，为企业更好履行社会责任奠定了坚实的技术基础。

表 3-5　世界主要汽车企业新能源汽车技术跨国专利申请量（1990~2011 年）

	混合动力汽车		纯电动汽车		燃料电池汽车	
	数量(件)	比重(%)	数量(件)	比重(%)	数量(件)	比重(%)
丰田	468	63.4	160	67.2	26	21.5
日产	66	8.9	25	10.5	16	13.2
本田	75	10.2	31	13.0	10	8.3
大众	19	2.6	5	2.1	4	3.3
宝马	29	3.9	10	4.2	4	3.3
戴姆勒	52	7.0	4	1.7	39	32.2
福特	24	3.3	2	0.8	22	18.2
通用	5	0.7	1	0.4	—	—
合计	738	100	238	100	121	100

资料来源：庞德良，刘兆国. 基于专利分析的日本新能源汽车技术发展趋势研究［J］. 情报杂志，2014，33（5）：60-65。

第四章

发达国家汽车企业履行社会责任的
实践路径

在一系列制度安排与市场机制的作用下，发达国家汽车企业正在经历企业社会责任的战略性转变，企业社会责任战略已经成为其实现经济目标、社会目标与环境目标的载体。为实现"经济人"与"社会人"的相容与统一，发达国家汽车企业积极履行企业社会责任，其实践路径主要涵盖以下几个方面：第一，制定与实施企业社会责任战略，确保企业社会责任融入价值链形成全过程；第二，回应投资者、员工、消费者等主要利益相关者诉求，做好企业社会公民；第三，着重考虑行业及产品特征，开展环境经营活动，降低企业环境负荷，提高产品环保性能。总之，企业能否在实现自身经济目标的同时兼顾社会利益，在很大程度上取决于企业的战略视角与日常实践。发达国家汽车企业有较为悠久与成熟的企业社会责任实践模式，其自身的实践也处于动态完善过程中，对我国汽车企业提高企业社会责任表现水平具有一定的借鉴意义。

第一节　制定与实施企业社会责任战略

一　企业社会责任战略的制定

企业履行社会责任是贯穿于企业整个价值链的系统工程，需要企业各部门的参与和配合，需要企业管理层的支持与协调，需要制定符合企业社会责任目标的企业社会责任战略（可持续发展战略），是发达国家汽车企业承担社会责任的基础实践。发达国家汽车企业的可持续发展战略是企业总体战略的有机组成部分。通过对发达国家主要汽车企业可持续发展战略的分析，笔者发现其可持续发展战略的制定主要有两种方式：一种建立在明晰的企业总体战略基础之上，另一种则依据企业愿景进行制定。下面，本研究将以宝马和日产为例，对这两种类型的可持续发展战略的制定过程进行说明。

（一）在企业总体战略基础上指导制定可持续发展战略

2007 年，宝马发布了名为"1 号战略"的公司战略，明确宝马将在2020 年前成为世界上优质个人移动产品与服务的领导者。为了实现这一愿景，宝马将持续关注成长性与盈利能力，主动努力塑造未来并获取新技术与新客户，这是宝马实施"1 号战略"的四个基石，而可持续性是宝马的核心价值准则，也是上述四个战略基石不可分割的组成部分。宝马认为"优质"意味着在为了满足个人移动需求而进行的可持续方案的开发中设置高标准，确信以高效率和资源友好型方式进行生产的制造商将是未来行业的领导者，这种领导者会为消费者提供最先进的环境兼容型个人移动服务。

以这一公司战略为基础，2009 年宝马制定了可持续发展战略。该发展战略的主要目的是在整个价值链以及企业所有的基础流程中都实现可持续发展，以此为公司、环境与社会创造附加价值。宝马认为履行社会责任与企业对自身作为商业企业的认知是密不可分的，可持续性对企业业绩也做出了积极的贡献。宝马的可持续发展战略涵盖了员工与企业社会公民、产品与服务、生产与价值创造三个主要方面。宝马对每一项目都进行可持续性量化测量，确保除经济因素外，环境与社会因素在企业的决策过程中也得到充分考虑。为了使可持续发展战略更具操作性，进一步提高自身地位并使其集中在自身可以产生最大影响的方面，宝马在其发布的《增加价值：可持续发展价值报告 2012》中，在企业可持续发展战略的三个主要方面都设置了具体目标，使得公司的这一战略目标可以直接落实到基层管理者并成为评价其个人表现的标准（见图 4-1）。

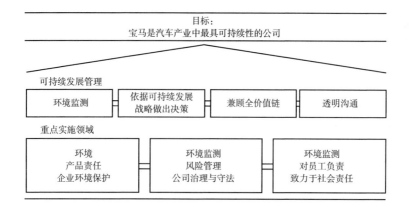

图 4 - 1 宝马可持续发展战略及关键行动领域

资料来源：BMW. Adding value：Sustainability value report 2012［R/OL］. 2013［2014 - 7 - 8］. http：//www. bmwgroup. com/bmwgroup＿ prod/e/0＿ 0＿ www＿ bmwgroup＿ com/ verantwortung/svr＿ 2012/BMWGroup＿ SVR2012＿ ENG＿ Onlineversion＿ 130513. pdf。

（二）依据企业愿景制定可持续发展战略

与依据企业总体发展战略制定企业可持续发展战略的企业不同，一些发达国家汽车企业特别是日本汽车企业，是依据企业愿景来制定企业可持续发展战略的。日产的企业愿景是"丰富你的生活"，希望通过其全球的活动来为社会的可持续发展做出贡献。日产的企业使命是"同雷诺一道为所有利益相关者提供独特和创新的汽车产品与服务并且传递优越的价值"，作为全球领先的汽车制造商，其将解决人类所面临的问题视为企业使命。在企业愿景与企业使命的引领下，日产提出了企业社会责任愿景，即"成为汽车产业中领先的可持续发展性公司"。为了实现这一企业社会责任愿景，日产致力于向所有利益相关者，包括客户、股东、雇员以及企业所在的社会提供有吸引力、有价值和可持续的移动生活服务。通过这些企业商业行为，日产希望创造经济价值并且为可持续发展的社会积极主动贡献力量。日产将这种对待企业社会责任的态度与方法称为"蓝色公民"。[1]

在"蓝色公民"这一企业社会责任方法的指导下，日产的可持续发展

---

① Nissan. Sustainability report 2013［R/OL］. 2013［2014 - 11 - 22］. http：//www. nissan - global. com/EN/CSR/SR/2013/.

战略包括八项内容。环境、安全与慈善战略表明了日产汽车对领先汽车制造商这一目标的追求。而其他五项战略——质量、价值链、雇员、经济贡献、公司治理与内部控制，是日产认为其要成为被社会相信与需要的企业所必须追寻的行动范围。通过制定上述八项企业可持续发展战略，日产明确了履行社会责任的关键行动领域与战略目标，将履行社会责任作为实现企业愿景的重要组成部分。与日产相似，丰田的企业社会责任战略是在丰田宪章的指导下制定的。

通过上述分析不难发现，制定可持续发展战略是发达国家汽车企业履行社会责任的基础实践，是发达国家汽车企业社会责任战略性转变的保障机制：首先，依据企业外部环境与内部资源基础制定的企业战略，明确了企业关键领域的发展目标和实现路径；其次，以可持续发展为目标的企业社会责任战略是在企业总体发展战略与愿景的统领下，企业在经济、社会与环保等社会责任关键领域的发展目标与方针，能够使企业战略与企业社会责任实践协调一致；最后，融入企业社会责任的可持续发展战略，在企业愿景以及关键行动领域中体现了社会责任原则，为企业履行社会责任提供了战略方向。

二　企业社会责任战略的管理与实施

为了保证企业可持续发展战略得到贯彻和落实，保证企业社会责任愿景能够实现，发达国家汽车企业采取了一系列措施对可持续发展战略进行管理，主要包括建立可持续发展治理机构、开展利益相关者对话与进行重要性分析等活动。

（一）建立可持续发展治理机构

发达国家汽车企业将企业社会责任以及可持续发展作为企业重要战略，而战略的实施需要企业内部相应的组织机构进行保障与落实。为了保证可持续发展战略的实施，发达国家汽车企业纷纷建立相应的可持续发展治理机构。

2008 年，戴姆勒管理委员会成立了可持续发展委员会，并使其直接向首席执行官汇报工作。作为可持续发展治理机构，该委员会将所有与可持续发展责任相关的管理流程在企业最高层面进行了有效整合，以"促进戴姆勒成为行业中领先的可持续发展公司"为目标。在这一目标的指引下，公司的所有决策包括投资领域都必须考虑可持续发展问题。戴姆勒可持续发展委员会下设可持续发展办公室，该办公室的责任是确保公司相关部门、实体以及各分支机构的主要决策者都参与到可持续发展的管理活动中来。

丰田的企业社会责任推进机构为可持续发展委员会。该委员会主要负责起草企业社会责任政策、对公司各分支机构的企业社会责任问题进行反馈、提高公司内外部对企业社会责任问题的关注、发布企业社会责任相关信息以及同利益相关者进行沟通等。丰田的可持续发展委员会每年召开三次会议，讨论公司企业社会责任活动、合规性以及内部控制等。在可持续发展委员会下，丰田又设置了企业伦理委员会、企业社会公民委员会、企业社会责任规划委员会以及风险管理委员会等四个子委员会。

其他发达国家汽车企业也大多设置了类似的可持续发展治理机构。通过分析可以发现，发达国家汽车企业的这种可持续发展治理机构具有以下几方面特点：首先，在公司层面组建独立的可持续发展委员会作为企业社会责任管理实体，将企业社会责任管理机制化；其次，可持续发展委员会通常由企业管理委员会主席或委员负责，通过企业高层领导推进将可持续发展与企业的组织机构与流程进行整合；最后，在可持续发展委员会下设子委员会或子机构，将可持续发展战略的实施落实到具体领域。

通过构建系统的可持续发展治理机构，发达国家汽车企业将企业可持续发展战略与企业总体战略相融合，更好地统一企业各部门对企业社会责任的认识，协调公司内部资源，打破部门间樊篱，将履行企业社会责任系统地融入企业的日常经营活动中。

（二）开展利益相关者对话

为了更好地了解并回应利益相关者的诉求，使企业社会责任战略在实施过程中创造"共享价值"，发达国家汽车企业正在积极地开展利益相关者对话。企业在经营过程中会受到利益相关者的约束，其价值链活动也会对利益相关者产生影响。利益相关者不仅是企业实现战略目标的约束条件，更构成了企业赖以生存的环境，这一点在拥有较长价值链的汽车产业表现得更加明显。所谓利益相关者对话，就是企业与经过选取的利益相关者如政府、投资者、客户、雇员、供应商、商业伙伴等开展的对话活动。开展利益相关者对话的目的是了解利益相关者对企业的相关诉求以及对有关问题的看法等，就有关企业社会责任的信息与利益相关者进行沟通并征求相关意见，以期对利益相关者关注的问题进行提前识别，与利益相关者分享经验并对具有争议的问题共同寻求解决方案。

发达国家主要汽车企业同所在地与相关市场的利益相关者开展了持续的对话活动，并将其视为公司的一个重要学习过程。在众多企业中，宝马开展的利益相关者对话更具代表性。宝马认为自身的主要利益相关者包括客户、雇员、商业合作伙伴与供应商，但是媒体、政策制定者、研发机构及其人员、非政府组织以及资本市场的代表同样也是公司给予关注的对象。

宝马的利益相关者对话由一系列涵盖不同内容的对话构成，主要包括政策制定者对话、政治领袖以及非政府组织对话、员工及供应商对话、企业社会责任投资者对话等。政策制定者对话方面，宝马在柏林、布鲁塞尔、伦敦、华盛顿、北京的代表机构负责与主要市场的政治利益相关者就政治领域中的众多话题进行交流。2010 年到 2012 年，宝马为了增强与政治领袖以及非政府组织的对话，在萨克拉门托、东京、新德里、莫斯科与首尔等新设置了代表机构。同时，宝马在除上述城市所在国家外的全球其他 43 个国家的销售机构负责与所在国进行有关公共问题的对话。员工及供应商对话方面，宝马定期开展员工调查以了解员工对工作环境、个人发展机会、企业文化的态度。同时，为了构建可持续发展供应链，宝马也定期与供应商开展对话。企业社会责任投资者对话方面，2011 年宝马首次在纽约和慕尼黑举办"资本市场可持续发展日"活动，就公司在可持续发展领域的最新进展进行说明，此后这种对话活动在柏林（2012 年）与硅谷（2012 年）也有开展。同时，宝马也积极参与"里约 + 20"等全球性峰会，就企业社会责任问题与其他国家进行更广泛的沟通。其他主要汽车企业如戴姆勒、丰田、福特等也都开展了类似的利益相关者对话活动。

发达国家主要汽车企业开展的利益相关者对话，具有本土化、全球化与数字化三个特征，其开展范围涵盖了全球市场，考虑了全球共同面临的议题，同时开展的手段越来越依靠数字化的应用。通过开展利益相关者对话，发达国家主要汽车企业建立了与利益相关者进行沟通的机制，使更多的利益相关者诉求纳入社会责任战略目标中来，并对此做出回应。

（三）进行重要性分析

重要性分析（materiality analysis）是发达国家汽车企业进行可持续发展管理的重要工具。重要性分析就是指企业通过一定的手段识别对企业以及社会产生影响的重要事项，通过利益相关者调查与内部测评，对这些事项对利益相关者的重要性以及对企业可能产生的影响进行量化评价。这些重要事项是指可能对利益相关者产生影响，或者影响利益相关者对企业在环境、社会与经济的可持续发展方面的努力进行判断，并对企业发展产生现实或潜在影响的事项。通过重要性分析，企业可以动态地了解利益相关者关注的事项以及这些事项对企业的影响，以帮助企业制定形成可持续发展战略，指导企业更好地履行社会责任。目前，福特、宝马、奔驰、日产等发达国家主要汽车企业都开展了重要性分析工作。

重要性分析是企业寻找自身与社会的交叉点，创造"共享价值"的前提。发达国家汽车企业的重要性分析一般遵循如下过程：首先，对重要的商业事项进行识别，这些事项主要通过公司年报、战略、政策等内部文件以及顾客、供应商、雇员、投资者、社会等利益相关者的输入获得；其次，进行"由内及外"的企业价值链影响分析，企业可以将不同事项归入价值链的不同阶段，评估不同利益相关者受价值链每一阶段每一事项的影响程度；最后，对重要事项进行优先级确认，通过利益相关者访谈、问卷调查等对重要事项与利益相关者的相关性进行确认，然后通过原文件中重要事项的提及率、公司内部战略研讨等确定这些重要事项对企业的现有及潜在影响，并最终形成重要性分析矩阵。

以福特 2013 年的重要性分析矩阵为例。其将重要事项按照受利益相关者关切的程度与对公司现在及潜在的影响进行识别与划分，共分成九类：一是低影响、低关切度类，识别出保健政策与碳排放交易等 2 个重要事项；二是低影响、中等关切度类，识别出创新管理 1 个重要事项；三是低影响、高

关切度类，未识别出重要事项；四是中等影响、高关切度类，未识别出重要
事项；五是中等影响、中等关切度类，识别出政治募捐、供应商可行性与竞
争性、能源使用与石油消耗等 9 个重要事项；六是中等影响、低关切度类，
识别出经销商可行性与竞争性、标识、噪声等 5 个重要事项；七是高影响、
低关切度类，识别出合规性与尾气排放 2 个重要事项；八是高影响、中等关
切度类，识别出公司治理、公共政策、财务健康等 28 个重要事项；九是高
影响、高关切度类，识别出可持续发展愿景、治理结构与管理、温室气体/
燃油经济性管理等 14 个重要事项。福特将其识别的重要事项通过公司各种
报告进行信息披露并作为可持续发展战略形成的重要前提。

第二节　回应主要利益相关者诉求

一　保护投资者利益

（一）发达国家汽车企业的股东构成

股东是指通过向公司出资或其他合法途径出资获得公司股权，对公司享
有权利和承担义务的人。股东是公司存在的基础，是公司的核心要素。股东
是企业的首要利益相关者，企业最基本的社会责任就是为股东创造价值。

发达国家汽车企业的股东主要由机构投资者和个人投资者组成，其中机
构投资者主要包括主权基金、券商、银行、保险公司以及其他企业等，个人
投资者包括普通投资者和战略投资者。通过发达国家主要汽车企业的股票所
有权构成可以发现，除宝马外，机构投资者持有的公司股票均接近或超过
80%，宝马的个人投资者持股比例超过 60%（见图 4 - 2），其中 Susanne
Klatten、Stefan Quandt 与 Hanna Quandt 三位战略投资者持股比例高达
46.7%。从中我们可以看出，机构投资者是发达国家汽车企业的主要股东，
对企业拥有较大的影响力。

机构投资者和个人持有公司股票的原因主要有以下几种。

1. 经济目标

获取经济收益、取得投资回报是持有公司股票的首要目标。人们可以把

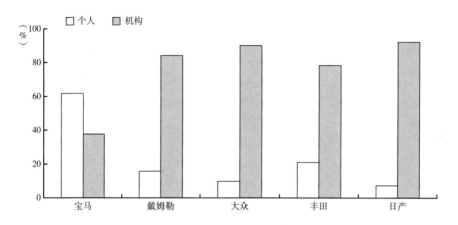

图 4 - 2　发达国家主要汽车企业股票所有权构成情况

资料来源：根据相关公司年报整理。

手中的资金存入银行，以获取收益率较低但稳定的利息收益，但很多人选择投资股票，主要原因是他们希望能获取更多的收益。机构投资者与个人购买股票的重要原因就是希望通过持有股票来分享这些企业成长的收益。

2. 社会目标

通过投资拥有较好企业社会责任表现的企业以实现社会目标是部分投资者持有公司股票的原因。20 世纪 60 年代以来，随着环境问题、社会问题的凸显，企业社会责任投资兴起。越来越多的共同基金在投资时不仅关注企业的财务、市场业绩等传统财务指标，同时也关注经济、社会与环境方面的表现，在投资过程中将污染环境、种族歧视、武器制造与贸易、烟草加工等企业从自身的投资组合中删除，转而持有拥有较好社会责任表现的企业的股票。

3. 混合目标

投资者希望通过持有公司股票，既提高自身的经济收益，又实现其他社会目标。拥有良好发展前景与较好企业社会责任表现的企业是他们投资的方向，一系列可持续发展指数的发布为实现这一投资目标提供了参考。很多实证研究表明，企业可以通过履行社会责任来提供自身的财务业绩表现，从而为投资者带来收益。

4. 战略目标

除了上述原因外，持有公司股票还有其他一些原因。生产商和供应商为了构建战略合作伙伴关系以提高合作效率会进行相互持股。电装公司是丰田的第十大股东，而丰田是电装公司的第一大股东。另外一种原因是汽车企业之间建立战略联盟，进行优势互补。从日产的股东构成来看，雷诺是其第一大股东，戴姆勒全资子公司 Daimspain 是其第二大股东。这一股权结构的产生是因为 1993 年雷诺日产联盟成立时对双方互相持股有明确的规定，而 2010 年雷诺日产联盟与戴姆勒开展战略合作时，也有交叉持股约定。

（二）进行有效的公司治理

学者们从不同视角出发对公司治理内涵的界定存在差异。林毅夫等认为公司治理结构是指所有者对一个企业的经营管理和绩效进行监督和控制的一整套制度安排。① 李维安等认为狭义的公司治理是指所有者（主要是股东）对经营者的一种监督与制衡机制，其主要特点是股东大会、董事会、监事会及管理层所构成的公司治理结构的内部治理；广义的公司治理则是通过一套正式或非正式的、内部或外部的制度或机制来协调公司与所有利益相关者（股东、债权人、供应者、雇员、政府、社区）之间的利益关系。② Shleifer 和 Vishny 指出公司治理是融资供给方（投资者）保证自身投资收益的方式。③ 虽然学者们从不同的角度出发对公司治理所下的定义有所不同，但都包含通过一种机制对公司的活动进行总体控制的含义。公司治理产生的原因是公司的所有权与经营权分离，所有者与经营者之间的利益诉求不完全一致，信息存在不对称性，合约存在不完全性。在西方发达的市场经济国家，充分的市场竞争可以实现对公司的外部治理，内部治理则需要企业进行一系列制度安排。

为了保护投资者利益，发达国家汽车企业纷纷开展有效的公司治理活

① 林毅夫，李周 . 现代企业制度的内涵与国有企业改革方向［J］. 经济研究，1997，3（3）.

② 李维安，等 . 现代公司治理研究——资本结构、公司治理和国有企业股份制改造［M］. 北京：中国人民大学出版社，2001.

③ Shleifer A，Vishny R W. A survey of corporate governance［J］. The Journal of Finance，1997，52（2）：737 – 783.

动，并在公司内部进行了一系列制度安排，形成了完善的公司治理结构。这种制度安排在保护投资者利益的同时，也为企业履行社会责任提供了制度性基础。公司治理结构取决于企业所在国的法律制度与经济环境。由于各个国家的文化背景不同，资本市场发展水平不同，发达国家典型汽车企业虽然在治理结构上都遵循决策、执行、监督"三权分立"的框架，在公司治理结构的设置上却有所差异。

1. 美国汽车企业的公司治理结构

美国汽车企业的公司治理结构主要由股东大会、董事会与首席执行官组成。从理论上讲，股东大会是公司的最高权力机构，但由于股权分散，股东大会并不是公司的常设机构，其通常定期召开会议对公司重大事项进行决策。董事会是股东大会的常设机构，由股东大会授权，负责公司的日常运营管理。董事会内部设立不同的委员会，以便协助董事会更好地进行决策。以福特汽车为例，该公司在董事会下设审计委员会、报酬委员会、财务委员会、人事提名与任免委员会及可持续发展委员会。美国汽车企业的董事除了在公司内部担任要职的高管，也有部分外部董事，以对公司的运营进行监督。首席执行官作为公司董事会的代理人，执行董事会授予的部分经营管理权。在审计工作方面，美国汽车企业并没有设立监事会，而是由公司聘请专门的审计事务所负责有关公司财务状况的年度审计工作。公司内部的财务委员会则协助董事会履行对投资者的责任，主要包括公司审计、财务信息披露并确保公司财务报告的质量和完整性。

2. 德国汽车企业的公司治理结构

德国汽车企业实施的是运营职能与监督职能相分离的管理机制，也称"双层董事会"制度，即在公司内部成立执行董事会（管理委员会）作为与监督董事会（以下简称"监事会"）相对应的管理机构。德国汽车企业按照法律要求，都在公司中设立了"双层董事会"，管理委员会主要负责公司的日常运营管理，而监事会则负责任命和解聘执行董事或管理委员会委员，同时对公司的日常运营和重要决策进行监督，审核公司的账簿，核对公司资产，并在必要时召开股东大会。员工参与对企业的监督是德国监事制度的一个重要特征，这使得员工可以参与公司重大决策，有利于对公司的监督。以大众为例，集团管理委员会由 8 位委员组成，每一位委员负责公司内部一项或多项职能，在各品牌委员会、地区委员会以及集团其他业务单元的支持下开展工作。集团监事会共有 20 位成员，其中 10 位成员为股东代表，这些代表中的 2 位由下萨克森州政府任命的持有公司流通股 15% 以上的股东担任，另外 8 位代表由股东大会选举产生。其余的 10 位监事由员工依据《德国劳资协同经营法案》（German Codetermination Act）选举产生的员工代表担任。

3. 日本汽车企业的公司治理结构

日本汽车企业的公司治理结构与德国类似，实施的都是运营职能与监督职能相分离的治理结构。但日本企业的董事会与监事会是两个平行机构，由股东大会选举产生。日本汽车企业实施这样的公司治理结构，是因为日本的商业银行等机构投资者是企业的主要股东，而法人间相互持股也非常普遍，这种投资者的构成决定了股东要通过外部监事行使对公司的监督权力。日本汽车企业的董事会负责公司重大经营战略的制定与实施，管理公司的日常经营活动。监事会负有聘任会计监事与选任临时会计监事权、决定监督事项权、听取董事报告权，大股份公司的监事则拥有对公司营业情况的调查权、业务财务监督权以及意见陈述权等。以日产为例，公司的董事会由股东任命，负责制定实现公司目标的控制体系与政策，并对执行情况进行监控。监事会由股东选举、任命，对董事会进行监督，监事可以参加董事会会议以及其他重要会议，并定期收到独立审计师的审计报告以及未来审计计划，对董事会行使监督权。

（三）保障股东的其他合法权利

通过开展有效的公司治理活动，发达国家汽车企业保障了股东对公司管理者的选择权和监督权。股东可以在年度股东大会上行使这些权利，对公司的重大决策进行表决。为了保障公司经营活动在法律规定下规范运营，保护股东利益，发达国家汽车企业都非常注重企业的合规性。

发达国家汽车企业尊重国际惯例与所在国的法律法规，平等对待合作伙伴与竞争对手，并且非常注重防范法律风险。这些企业在世界多个国家开展跨国经营，面临复杂的法律环境，需要企业在运营过程中给予关注。

避免垄断与商业贿赂,与商业伙伴进行公平交易是各汽车企业的重点管理事项。在具体实践中,这些企业会在企业内部设立常设部门和创建工作流程,对员工就相关法规要求进行培训,并对企业的合规性进行检查,避免触犯法律。

为了使企业的行为更加符合社会的期待,一些企业也开始在企业内部推行企业行为规范。企业行为规范是企业倡导并要求员工在工作中遵守的行为准则,主要包括遵守法规、公平透明、保护公司利益、承担职责、尊重多样性、保护环境等。企业行为规范的推行使员工的行为方式与企业的期待相一致,在维护企业利益的同时,也保障了股东的权益。

向股东及时、详尽、准确地披露公司信息是保障股东利益的重要措施。股东作为公司的投资者,应当尽可能多地了解公司的运营信息,以更好地做出投资决策。目前,发达国家汽车企业已经不局限于通过传统的股东大会及公司年报向股东说明公司运营情况。在互联网信息时代,这些企业已经开始利用公司网站与投资者进行互动。这些企业通过在公司网站设立投资者关系专栏,对企业战略、公司治理情况、股票信息、股票评级、债券评级、公司重大经营决策以及财务信息进行及时发布,为股东了解公司运营情况提供了便捷渠道。

二 维护员工权益

员工是企业最主要的利益相关者,是企业创造价值的基石。为了确保公司的可持续发展,发达国家汽车企业将维护员工权益作为履行企业社会责任的主要实践,形成了企业独特的人力资源管理哲学与方法。总体来看,发达国家汽车企业都非常注重员工的健康与安全,注重对员工的培训与开发,保护员工的人权并让员工参与到企业的管理与决策过程中来,使员工真正融入企业的可持续发展过程。

(一)保护员工的健康与安全

保护员工的健康与安全是发达国家汽车企业重要的企业社会责任实践活动。员工的健康与安全是企业价值的核心,人口统计因素的变动、工作与生活方式的变化、工作环境复杂性的提升与新的生产流程的应用都会对员工的健康与安全产生影响。为了确保员工健康与安全工作的有效推进，发达国家主要汽车企业都建立了员工健康与安全管理体系。

20世纪90年代中期，宝马在德国工厂开始推进保护员工职业健康与安全活动，在此基础上建立了职业健康与安全管理体系，这一体系在随后引入的全面健康管理体系中进行了进一步优化。福特也建立了全面的员工健康与安全管理体系，形成了全球统一的职业健康安全（OHS）标准，其内容涵盖了所有涉及健康与安全的话题。

在保护员工健康的实践方面，发达国家汽车企业主要采取了以下措施。首先，开展一系列培训项目提高员工的健康水平。企业根据员工面临的健康威胁，有选择地开展一些培训项目，提高员工对健康的关注度并使他们学习如何保持并提高自己的身体与心理健康水平。其次，为员工提供体检，使员工及时了解自己的身体状况。体检已经成为公司为员工提供的一项福利，2011年宝马在英国开始为员工提供年度体检服务，福特在美国开展了员工健康风险评估活动并给予保费优惠，丰田也对海外员工开展了体检服务并提供专业医师建议。最后，为高龄员工提供便利的工作环境，减轻工作强度。为了减轻工人负担，发达国家汽车企业对生产线进行了持续改进，以适应高龄工人的工作需要。宝马则更进一步，在丁戈尔芬工厂的部分生产线开展了试验项目，希望通过引入符合人体工程学的设施与进行员工轮换，在员工的身体劳损、年龄与健康之间寻求平衡。①

在保护员工安全的实践方面，发达国家汽车企业通过维护设备与设施、优化工作流程、提供适当防护措施等为员工提供了安全的工作环境。在安全生产管理方面，这些企业也基本都建立了相应的职能部门，制定安全措施，对危险进行评估与管理，并在公司范围内对安全事故进行通报。通过实施上述措施，发达国家汽车企业保障了员工的工作安全。

（二）为员工提供培训与再教育的机会

为员工提供培训与再教育的机会，一方面是发达国家汽车企业面临新的

---

① BMW. Adding value：Sustainability value report 2012 [R/OL]. 2013 [2014 - 7 - 8]. http：// www. bmwgroup. com/bmwgroup_ prod/e/0_ 0_ www_ bmwgroup_ com/verantwortung/svr_ 2012/ BMWGroup_ SVR2012_ ENG_ Onlineversion_ 130513. pdf.

市场形势的一种应对手段，另一方面也是促进员工与企业共同成长的一种方式。发达国家汽车企业对员工的培训与再教育是以顾客为导向开展的，具有清晰的层次性。

在普通员工的培训方面，最主要的培训目的是帮助员工学习专业的技能，为公司实现可持续发展提供专业性人力资源支持。发达国家汽车企业会根据企业的实际情况开发不同的职业培训项目，而这些培训项目也越来越具有国际性。日产引入了"日产专家领导体系"来促进员工在采购、会计等广泛的技术和非技术领域进一步提升个人能力。除了开展这些初级培训项目外，一些汽车企业还会根据企业战略与运营需求为员工提供职业生涯中的再教育机会，如高层次的资格认证培训等。

为了提高管理效率，为公司未来的发展储备领导人才并最大限度地挖掘员工潜能，发达国家主要汽车企业大都系统地开展了管理者培训项目。这些企业根据自身的企业愿景，形成了具有自身特点的管理者培训品牌。在对管理者的培训中，更加重视增强管理者对公司愿景的认同，拓展管理者的视野。同时，这些企业也开展了不同国家管理者的交流活动，以提高管理者的跨文化管理能力。

企业社会责任与可持续发展的相关内容也是发达国家汽车企业员工培训的内容之一。例如，为了提高员工对商业活动、环境与社会活动中可持续发展问题的关注，宝马对新入职员工开展了有关宝马如何致力于可持续发展的培训。为了提高管理者的企业社会责任意识，有些企业还注重为管理者提供有关企业伦理准则、企业社会责任、可持续发展与环境经营方面的培训项目。

（三）开展多元性与包容性管理

公平性原则是可持续发展的三大原则之一，多样性与包容性是这一原则的重要体现，也是企业必须履行的社会责任。作为进行全球化运作的企业，发达国家汽车企业非常注重多元性与包容性管理。在全球化的运作过程中，要面对不同文化、种族、年龄、宗教的员工，企业只有开展多元性管理，将多元性的员工包容在企业之下，由多元性的员工创造并提供服务给多元性的顾客，才能在为员工提供公平发展机会的同时取得商业上的成功。

发达国家主要汽车企业已经将多元性作为企业战略的重要组成部分。戴姆勒在 2005 年就清晰地表明了多元性管理是企业必须进行的，日产也将多元性作为公司战略并成立了多元性管理委员会，丰田更是将多元性作为企业的基本哲学。通过对上述企业相关实践的分析，可以看出发达国家汽车企业对多元性以及包容性的重视程度。

发达国家汽车企业的多元性与包容性管理涵盖了人力资源管理与开发的方方面面，但主要包括以下几个方面。首先，尊重女性，避免性别歧视。给予女性同等的工作机会，为女性员工提供职业咨询，提高女性管理者的比重，一些企业还在产品的开发过程中考虑女性员工的建议。其次，尊重文化多元性。通过建立具有包容性的企业文化与工作环境，使不同种族、语言、信仰的员工拥有平等的工作权利。最后，尊重员工的工作生活平衡性。为员工提供灵活的工作方式和工作时间，日本的丰田、日产等汽车企业更是为员工提供了灵活的孕期与儿童看护假期，使员工可以做到工作与生活间的平衡。此外，发达国家主要汽车企业在员工年龄多样性方面还会给予高龄员工同等的劳资谈判权，优化团队年龄结构以发挥不同年龄层员工的优势，优化相关生产设备与流程，减轻高龄员工劳动强度。

三　保障消费者权益

（一）提供满足消费者需求的产品

提供满足消费者需求的汽车产品是发达国家汽车企业的首要经济责任，是从厂商角度出发对消费者权益进行保障的一种方式。企业生存的基础在于生产满足并超越消费者期待的产品。消费者的消费行为受到文化、亚文化、所在群体、人口统计因素、个性、态度等因素的影响，消费者的需求处于不断变化中。为了开发满足消费者需求的产品，发达国家主要汽车企业通过市场调研等手段对全球市场变化趋势、消费者兴趣的变化以及社会和政治的发展进行监测。同时，依靠内外部市场专家，这些企业也对消费者未来对车辆与个人移动方式的选择进行了判断。这些趋势将成为企业开展市场营销，进行产品开发与技术研发的基础信息。

2012 年底福特开展了全球消费趋势调研，在《与福特共视未来》

（Looking Further with Ford）这份报告中，福特识别了以下趋势性因素：可以作为区隔因素的信任与透明度，优异燃油经济车辆需求的增加，安全关注度的提升与参与性消费的提升等因素。其将这些因素用于指导福特的未来产品开发工作。戴姆勒也意识到在注重客户需求舒适与便利旅行的同时也要保护环境的这一消费趋势，并采取了电动化、无碳供应链与本地公共交通等产品策略进行应对。丰田将"为每一新兴市场生产最适合的车"作为企业的目标，开发了 IMV 系列车型，并取得了良好的市场业绩。对消费者需求动态变化进行跟踪与理解，并将其转化为产品，体现了发达国家汽车企业积极的社会责任意识。

发达国家主要汽车企业还非常注重特殊人群汽车需求并开发可以满足这部分消费者需求的汽车产品。为了使特殊人群能够像正常人一样享受汽车带来的便利生活，发达国家主要汽车企业通过对车辆进行改装或适应性开发，提供了一系列可供残障人士使用的车辆。丰田秉承"为所有人提供舒适自由的移动"这一理念，为残障人士、老年人以及护理人员开发了一系列福祉车，截至 2012 年丰田共提供了 29 个系列 58 款车。戴姆勒通过与残障人士开展对话了解其需求，并提供了一系列产品与服务以满足其移动需求。其他主要汽车企业也开发并提供这类汽车产品，以满足特殊人群的移动需求，显示了这些企业对人权的尊重以及对社会责任的积极态度。

（二）提供高安全、高质量的产品与服务

为消费者提供高安全、高质量的产品与服务是发达国家主要汽车企业在保障消费者权益方面的重要实践。发达国家主要汽车企业非常重视产品的安全性。根据世界卫生组织统计，2010 年全球有 122.88 万人死于道路交通事故[1]，如果不采取措施，道路交通安全形势将非常严峻。

为此，发达国家主要汽车企业非常重视汽车的安全性能，采取一系列措施提高道路交通安全水平。首先，加大车辆安全技术的研发力度，提高车辆及其运行环境的安全性能。在道路交通系统方面，主要汽车企业开始研发智

---

[1] WHO. Mortality: Road traffic deaths by country [DB/OL] 2013 [2013 - 12 - 27]. http://apps. who. int/gho/data/node. main. A997? lang = en.

能交通系统（ITS）以减少交通事故与拥堵。在车辆安全技术方面，一方面，开发主动安全技术以预防事故的发生，如丰田开发了防碰撞（Pre-Collision）系统，戴姆勒开发了预安全防护（PRE-SAFE）系统；另一方面，开发被动安全技术以减少事故发生的危害，使用安全气囊、防碰撞雷达等装备以提高车辆运行的安全性。其次，开展安全教育活动，提高交通参与者的安全意识。安全的交通环境需要驾驶者、乘客与路人的共同参与，需要交通参与者对道路交通安全有共同的理解，为此发达国家主要汽车企业开展了一系列道路安全教育活动。日产在日本开展了"Hello 安全运动"（Hello Safety Campaign），鼓励驾驶人员安全使用灯光；宝马也开展了以"如何识别并处理危险驾驶环境"为主要内容的安全驾驶培训项目。最后，使用安全环保材料，确保司乘人员健康。为了避免汽车对司乘人员的健康造成影响，这些企业在产品的开发过程中非常注重遵守产品安全以及健康方面的法规，对原材料的安全性开展评估。宝马在公司内部采用了全球原料数据系统，对原材料从供应商到制造商的整个价值链的形成过程进行控制，确保公司对相关法律的遵守。

发达国家主要汽车企业非常注重产品与服务的质量，并将其作为企业品牌构成的核心要素。产品与服务是企业满足消费者需求的主要手段，也是企业与消费者互动的首要途径，产品与服务质量水平的高低是评价企业履行满足消费者需求这一最基本经济责任的主要标准。为了提高产品质量，这些企业从产品设计、原材料采购、生产制造等全价值链入手，对重点质量问题进行跟踪解决。通过开展内部质量调查并结合 J. D. Power 的新车质量调研（IQS）结果追踪产品的初始质量状态，对影响消费者质量感知水平的因素进行细致调查，以做到更有针对性的提升。同时，这些企业对问题车辆进行召回，保障了消费者安全。

（三）保护消费者的个人信息安全

消费者信息属于个人隐私范畴，是消费者人权的基本内容，受到法律保护。在对这一方面的实践上，戴姆勒建立了处理消费者信息的数据保护指导原则，并建立了全球统一的数据保护标准。戴姆勒的这一指导原则符合欧洲数据保护指令（European Data Protection Directive），同时也满足国际社会及其他国家个人信息保护方面的基本法规，可以运用到全球商业运行中去。戴姆勒数据保护首席执行官在由全球各地的数据保护协调员建立的全球网络的支持下，确保公司在消费者信息保护方面符合所有法规的要求。

宝马也建立了公司数据保护机构，并由集团内部不同公司的数据管理人员给予支持，以保护消费者个人信息安全。涉及消费者信息的数据只有在法律许可的情况下，才能被收集、处理或使用。如果客户或潜在消费者对企业的数据保护提出抱怨，企业会及时处理。同时，为了表示对客户的尊重，这些信息也会被立即删除。从戴姆勒与宝马在保护消费者信息安全方面的实践可以看出，发达国家主要汽车企业已将消费者个人信息保护上升到集团战略高度，并成立专门的组织机构予以推动，确保消费者个人信息安全。

四 做好企业社会公民

社会是企业开展商业运营的基础，是企业重要的外部环境因素，更是企业生存的土壤。发达国家汽车企业在履行社会责任时，已将自身作为社会的一个公民来看待，像公民一样来承担社会责任，履行相应的义务。为了更好地贡献于社会，发达国家汽车企业积极参与并为社会在环境保护、教育、文化、慈善事业等方面做出了贡献。

（一）积极参与环境保护活动

遏制物种丧失和预防生态系统退化，防止沙漠化与保护环境是保持地球生机勃勃的主要措施，也是企业做好社会公民的首要实践。在这方面，发达国家汽车企业开展了一系列工作。这些企业为环保基金会或非营利机构提供资金支持其开展荒漠化防治、物种保护等工作。截至 2012 财年，丰田已经资助国外 233 个环境保护项目。从 1998 年开始，戴姆勒也一直为全球自然基金会（Global Nature Fund）提供支持，资助一些恢复湖泊、荒漠与水源的项目。

在提供资金支持的同时，这些企业也积极致力于环境教育活动的开展。很多企业都利用生产线等资源开展现场培训活动，提高培训参与者的环保意识。此外，一些企业还成立了专门的培训机构开展环境培训。以日产为例，该公司建立了专门的环境培训学校，邀请高年级的小学生参与培训项目，以提高小学生的环境保护意识并使其了解最新的环境保护技术。

（二）推进教育事业的开展

发达国家汽车企业通过推进教育事业的开展回馈社会。教育是人类社会进步的基础，更是实现可持续发展的智力来源，受教育权是人权的基本组成部分。在做好企业社会公民方面，这些企业都不约而同地选择支持教育事业。支持儿童与少年接受教育，被认为是帮助下一代开启"美好人生之门"，为个人、家庭以及广义上的社会福祉做出的重要投资，也是发达国家汽车企业支持教育事业的重点。日本企业方面，日产从 1984 年就开始举办"日产儿童故事书与图画书大奖赛"，并将大量的获奖图书捐赠给图书馆以及幼儿园，同时日产中国从 2010 年开始在中国开展"关爱留守儿童"活动，为留守儿童教育提供支持。丰田在全球不同地区也开展了"丰田儿童与艺术家面对面"活动，通过邀请艺术家走进校园来帮助儿童提高艺术水平与艺术敏感性。德国的宝马从 2007 年开始分别在慕尼黑与柏林开设"小学校园"，帮助儿童了解科学、数学等方面的知识。

除了支持儿童与少年接受教育外，这些企业还支持开展科技教育活动，鼓励青年学生进行发明与创新，通过提供捐助资助高校开展研究工作。非洲以及世界其他欠发达地区无法接受教育的贫困与残障学生也是发达国家汽车企业的关注重点，戴姆勒、宝马与福特等汽车企业对此都展开了一系列资助活动。

（三）为文化事业提供支持

社会生活主要由经济、政治和文化等三个基本领域组成，文化是经济、政治的集中体现，是社会进步的重要驱动力。文化的推广与弘扬是社会希望企业承担的社会责任，一些发达国家汽车企业已经开始回应社会对企业的这一诉求。

在这一方面，宝马的做法更具代表性。宝马致力于促进文化交流已经有超过 40 年的历史。从 2012 年开始，宝马在全球范围内实施文化责任战略。这一战略是以集团管理委员会批准的公司与品牌战略为基础，将宝马促进文化交流的活动标准化。通过与艺术机构合作或自己举办，宝马在世界范围内开展了数百项现当代艺术活动，促进了文化的传播与交流。2011 年来，宝马与著名的古根汉姆基金会发起成立宝马古根汉姆实验室，由世界各地的城市规划、建筑、艺术、设计、科学、技术、教育以及可持续发展领域的年轻人组成的团队共同参与项目，开展有关现代城市居住方面的对话，邀请大众参观该实验室并设计自己的城市生活，同时开展城市巡展活动，极大地促进了文化交流。

戴姆勒也非常重视文化的推广。1977 年，戴姆勒成立了戴姆勒艺术品收藏馆，将展品在其经营所在地进行展览。同时，戴姆勒还资助了一些博物馆以促进城市文化发展。丰田也通过举办交响乐会等促进文化交流。截至 2012 财年其累计举办了 75 场交响乐会，共 13 万人参加，为社区居民提供了接触世界一流音乐的机会。

（四）积极参与慈善事业

虽然人类社会的经济水平已经发展到一定高度，但仍有一些国家的人民生活在贫困中，面临各种各样的困难。慈善事业是对政府社会保障体系的补充，在一定程度上实现了社会的再分配，具有公平性特征。积极参与慈善事业是发达国家汽车企业履行企业公民义务，承担企业社会责任的一种践行方式。其通过成立基金会为社会事业提供支持从而为社会的可持续发展做出贡献。这些汽车企业都以企业名义成立了基金会，为消除贫困、环境保护与治理、保护妇女儿童、促进教育与体育事业发展、提高社会福祉水平等项目提供了资金支持。近年来，环境保护等可持续发展技术的研发也成为这些基金会的重要支持项目，日产全球基金（Nissan Global Foundation）、戴姆勒与奔驰基金（Daimler and Benz Foundation）、丰田基金（The Toyota Foundation）、宝马集团埃伯哈德·冯·金海姆基金（BMW AG's Eberhard von Kuenheim Foundation）都对环境保护与可持续发展项目提供了资金支持。

这些企业通常还成立志愿者组织，通过开展志愿活动为社会做出贡献。通过将有共同爱好与兴趣、期望为社会提供某种服务的员工及其家属组织起来为社会提供服务，一方面帮助社会解决了其所面临的问题，另一方面也培养了企业员工的社会责任意识，提升了企业社会形象。丰田于 1993 年成立了丰田志愿者中心，目的是支持现有和原有员工及其家属开展志愿者服务，目前共有 12 组志愿者组织服务于不同的项目。福特成立之初，志愿主义就是其不可或缺的一部分，福特志愿者组织（The Ford Volunteer Corps）在世界范围内为社区提供志愿服务。2012 年，有 28 个国家超过 25000 名在职与退休志愿者为所在的社区提供了超过 115000 小时的志愿服务。

自然灾害是人类社会不得不面对的灾难，给人类社会带来了巨大伤痛。在企业经营地或其他国家发生重大自然灾害以及人道主义危机时，这些企业也都积极施以援手，给予资金或物资援助，为其他志愿者组织开展救灾活动提供支持。为了向受自然灾害影响的地区和居民提供恢复和重建方面的支持，丰田在 2003 年 4 月成立了丰田集团灾害志愿者网络，同政府的其他志愿者组织一道帮助灾区重建和募集赈灾款项。除了自身努力之外，这些企业也注重同一些慈善组织开展救援合作。2012 年，日产通过与国际仁人家园建立全球合作伙伴关系扩展人道主义援助范围，派出志愿者并为自然灾害的救助提供了援助。

作为企业社会公民，发达国家汽车企业还积极开展其他慈善活动。福特开展了福特移动食物储藏室项目，通过捐赠车辆来帮助东南密歇根的社会服务组织进行食物收集与分发。丰田从 1992 年开始实施"丰田之树"（Forest of Toyota）计划，通过调查工厂所在社区的植被状况，开展一系列植树活动以维护生物多样性。

第三节　开展环境经营活动

开展环境经营活动是发达国家汽车企业履行企业环境责任的重要活动。汽车生产过程中会消耗大量的资源与能源，使用过程中还会通过消耗能源并排放 CO_2 等温室气体对环境造成持续影响。环境经营或环境管理（Environmental Management）是指企业在运营过程中，将环境因素作为企业管理和运营的重要考虑因素，进行的全面的、整体的、战略性的管理，目的是将企业的环境负荷降至最低。

一 建立环境经营推进机制

（一）成立环境经营推进机构

汽车产业与汽车产品的特殊性，决定了汽车企业必须重视环境保护工作。汽车企业开展的环境经营活动，是贯穿企业整个价值链的系统工程，涵盖产品的研发、采购、生产、回收利用，涉及领导、组织、协调等众多管理工作，需要企业全价值链的参与及配合。为此，发达国家主要汽车企业都设置了环境经营的组织和实施机构，专门负责企业的环境经营推进工作。

在具体实践中，不同企业由于历史、经营方式等因素的影响，环境经营组织机构的设置和运行略有不同，但大多数企业环境经营机构都由负责制定企业总体环境策略的环境委员会和负责具体业务领域环境问题的子委员会或相应机构组成，以促进企业环境保护计划的落实与实施。日本汽车企业的环境管理组织机构非常具有代表性。日产全球环境经营组织机构主要分为三个层次：第一层次为由首席执行官负责的全球环境管理委员会（G-EMC），其决定公司的总体环境策略并负责向公司执行委员会提交提案；第二层次，在公司规划部门下面设置全球环境规划办公室，由其决定向全球环境管理委员会提交的提案并向不同部门派发具体行动任务，负责具体项目的管理和执行；第三层次，通过召开环境建议会议，征求主要环保专家和组织提出的建议（见图4-3）。这一组织机构将产品、技术研发、生产、物流、市场营销与销售等部门有机地联系在一起，使环境目标的设定和实施在公司内部可以得到最大化的促进，保证了日产绿色计划2016（Nissan Green Program 2016）的顺利实施。丰田的环境管理组织机构也主要分为三个层次：第一层次为丰田环境委员会，由董事会主席领导，负责管理丰田的主要环境行动；第二层次为丰田环境委员会的子委员会，包括环境产品设计与评估委员会、生产环境委员会与资源循环利用委员会，负责具体领域的环境经营问题；第三层次为各运营地区的环境委员会。这确保了丰田环境行动计划的有效实施。

其他汽车企业也设置了类似的组织机构。宝马将环境管理作为可持续发

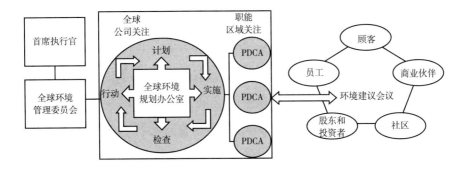

图 4 - 3　日产全球环境经营组织机构

资料来源：Nissan. Sustainability report 2013 ［R/OL］. 2013 ［2014 - 11 - 22］. http：// www. nissan - global. com/EN/CSR/SR/2013/。

展管理的组成部分，其全球环境保护指导委员会由集团环境保护委员会领导，负责环境经营活动。该委员会通过派出机构将运营责任直接落实到工厂管理中。戴姆勒的环境保护活动由负责集团研发和奔驰汽车管理的管理委员会委员负责，由以下个人和组织机构负责对环境问题的集中管理、联络与沟通：一是首席环保官，在集团管理委员会的委任下负责协调集团范围内的环境管理活动；二是集团环境保护机构，负责协调集团范围内环境管理的运作需求；三是集团环境委员会，检查环境保护问题并确认其与集团的相关性，协调跨部门与跨业务单位的环境保护任务与项目；四是区域委员会，确保将区域的实际情况纳入与生产相关的环境保护中，并与首席环保官和集团环境保护机构进行协调合作。

（二）引入并通过相关环境管理体系认证

根据"ISO14001：2004"中 3.8 条款中的定义，环境管理体系（Enviromental Management System，EMS）是组织管理体系的一部分，用来制定和实施其环境方针，并管理环境因素。① 环境管理体系包括为制定、实施、实现、评审和保持环境方针所需的组织机构、策划活动、职责、惯例、程序、过程和资源。

———————

① 中华人民共和国国家质量监督检验检疫总局，中国国家标准化管理委员会. GB/T 24001 - 2004/ISO 14001：2004 环境管理体系 要求及使用指南 ［M］. 北京：中国标准出版社，2005：8.

环境管理方面的认证体系主要有国际标准化组织（ISO）的ISO14001标准和欧盟的生态管理和审核计划（Eco-Management and Audit Scheme，EMAS）。20世纪五六十年代发达国家爆发的一系列环境污染与公害事件使人们在环境治理的过程中逐步认识到，要有效地进行环境保护，人类社会必须加强对自身经济行为的管理。世界各国纷纷制定各类法规和标准，强制企业在经营过程中降低对环境的影响。在这种背景下，国际标准化组织在联合国实现可持续发展的号召下，于1993年6月成立了ISO/TC207环境管理技术委员会，正式开展环境管理标准的制定工作。ISO14001包括环境管理体系、环境管理体系审核（EA）、环境标志（EL）、生命周期评价（LCA）、环境绩效评价（EPE）、术语和定义（T&D）等国际环境管理领域的研究与实践的焦点问题，向各国政府及各类组织提供统一的环境管理体系，以及产品的国际标准和严格、规范的审核认证办法。

生态管理和审核计划与ISO14001相类似，是由欧盟发起的一项用于对企业和其他组织进行评估，报告和提高其环境表现的自愿型管理工具。生态管理和审核计划向迫切希望提高其环境表现的各类组织开放。1993年6月，欧盟委员会通过了有关实施生态管理与审核计划的法令，1995年4月开始正式实施。2010年进行最新版修订后，生态管理和审核计划可以在欧洲以外进行推广应用。生态管理和审核计划引用了ISO14001标准的全部内容，但增加了完全遵守法律法规、环境报告、初始环境评审等要求，被公认为世界上最严格、最权威的环境管理工具。

基于环境管理体系的工具性、实用性与全面性，发达国家汽车企业纷纷引入ISO14001环境管理体系以及生态管理和审核计划。这些企业将环境管理体系作为企业相关环境组织机构进行环境管理的重要体系性工具，依据环境管理体系的要求开展企业的环境经营活动，并积极参与环境管理体系认证活动。这些企业在环境管理体系认证方面取得了重要成果。宝马将环境管理体系应用在全球所有生产工厂以及核心的规划部门，除了Manaus工厂和Cassinetta工厂（使用本国标准）外，都通过了ISO14001环境管理体系认证，德国和奥地利的工厂还通过了额外的审核，符合欧盟生态管理和审核计划标准。戴姆勒在世界范围内的工厂都通过了ISO14001环境管理体系认证，所有德国工厂都通过了欧盟生态管理和审核计划认证，其主要工厂开始引入能源管理体系，并且通过了 ISO50001 能源管理体系认证。大众在 1995 年就通过了欧盟生态管理和审核计划认证，成为第一个参与该认证的汽车厂商，其在世界范围内的工厂都已经通过 ISO14001 环境管理体系认证。

日本汽车企业方面，丰田在日本国内的 41 家工厂与海外的 32 家工厂，以及在 17 个国家的 1250 家经销商都通过了 ISO14001 环境管理体系认证；日产在日本的所有商业设施都通过了 ISO14001 环境管理体系认证，在海外的主要工厂也通过了该认证；本田在日本的生产工厂在 1998 年前就已全部通过 ISO14001 环境管理体系认证，位于青山的总部大楼于 2006 年通过 ISO14001 环境管理体系认证，位于山口的新总部大楼也于 2006 年通过该认证。

美国汽车企业方面，通用拥有或运营的美国工厂以及部分海外工厂通过了 ISO14001 环境管理体系认证；2010 年，福特全面导入环境质量体系（EQS），所有的工厂以及产品开发职能部门也都通过了 ISO14001 环境管理体系认证。

二　开发并提供环境友好型产品

（一）开展生命周期评价

提供环境友好型产品，必须首先了解产品在整个生命周期中对环境造成的影响。为了从源头降低产品的环境影响，发达国家汽车企业从产品设计与开发阶段就综合考虑环境因素，开展生命周期评价。生命周期评价是指评价一个产品的整个生命周期，即评价从原材料的获取、能源和原料的生产、产品的制造和使用到产品生命末期的处置和循环利用的整个过程对环境影响的技术和方法。对于汽车企业而言，这种环境影响既包括车辆生产过程中所消耗的资源、能源与污染物的排放，也包括车辆使用过程中的能源消耗与 CO_2 等的排放。生命周期评价已经纳入 ISO14000 环境管理系列标准，标准号为 ISO14040，是开展环境管理和产品设计的重要工具。

发达国家汽车企业在产品设计过程中已经大范围开展生命周期评价。宝马通过对产品整个生命周期中的环境、经济与社会影响进行评估，使其能够确保产品从造型阶段开始就符合可持续发展标准。丰田在产品开发过程中采用环保评价体系（Eco-VAS）进行生命周期评价，系统评估车辆从生产到废弃的整个生命周期对环境造成的影响。2011 年，丰田使用 Eco-VAS 对 8 款全新或大改款车型进行了生命周期评价，该体系的应用使得 GS450h 在整个生命周期内较同级别车型减少了 37% 的 CO_2 排放。戴姆勒、大众、福特、日产等企业也非常注重生命周期评价。

在开展生命周期评价的基础上，一些汽车企业更是通过引入 ISO/TR14062：2002 环境管理标准，将环境因素引入产品的设计和开发体系认证，纳入产品的设计和开发过程。戴姆勒在环境设计方面处于领先水平。2005 年，奔驰 S 级轿车成为世界上第一款满足 ISO/TR14062 标准的车型，并获得了德国莱茵 TÜV 集团颁发的环境设计认证。2005 年已经有 10 款奔驰系列产品获得该认证。通过将环境因素全面引入产品开发和设计过程，回应顾客和其他利益相关者对产品环境影响因素的关注，这些企业将产品的环境影响因素进行量化，降低了整个产品生命周期的环境负荷。

（二）提高传统发动机效能

为了降低汽车在使用过程中对环境造成的持续影响，欧盟、美国、日本都制定了严苛的法规，对汽车的燃油经济性与 CO_2 等温室气体的排放进行强制管理。欧盟委员会正式提出的 2020 年乘用车 CO_2 的减排目标，将新车平均 CO_2 排放量从 2011 年的 135.7 克/千米减少到 95 克/千米。[1] 2010 年 4 月，美国最新公布的汽车燃油经济性（CAFE）标准，2016 年将轻型车的平均燃油经济性由 2011 年的 27.3 英里/加仑提升为 35.5 英里/加仑，燃油经济性

---

[1] Europa. Further CO_2 emission reductions from cars and vans: A win-win for the climate, consumers, innovation and jobs [EB/OL]. 2011 - 7 - 11 [2014 - 5 - 20]. http://europa.eu/rapid/pressReleasesAction.do? reference = IP/12/771&format = HTML&aged = 0&language = EN&guiLanguage = en.

增幅约为 30%。① 根据《乘用车及货车 2015 年度油耗标准》，2015 年日本乘用车平均油耗比 2004 年改善 23.5%。②

为了满足上述法规要求，履行企业的环境责任并提供低排放高效能的汽车产品，发达国家汽车企业主要遵循短期提升传统能源汽车效率、中期发展混合动力汽车、远期开发零排放汽车这样的技术路线。在提升传统能源汽车效率方面，其主要围绕提高动力总成效率、优化空气动力、智能能源管理、轻量化设计、智能驾驶、刹车动能回收、降低轮胎阻力等方面进行，关键是提高动力总成效率。在这方面，福特开发了 EcoBoost 系列发动机，通过采用涡轮增压和缸内直喷技术，提升燃油效率并减少 CO_2 排放。戴姆勒通过使用 Blue EFFICIENCY 技术来提升车辆的燃油经济性，该技术主要使用小排量涡轮增压发动机、轻量化设计、提升空气动力等一系列办法，可减少 30% 的 CO_2 排放。日产在提升传统能源汽车效率方面，主要是通过开发和采用无级变速箱来实现的。

（三）加大新能源技术研发

新能源汽车是指采用非常规车用燃料作为动力来源（或使用常规车用燃料但采用新型车载动力装置），综合车辆的动力控制和驱动方面的先进技术，形成技术原理先进，具有新技术、新结构的汽车。新能源汽车包括混合动力汽车、纯电动汽车、燃料电池汽车等。

从跨国专利（至少向世界知识产权组织或欧洲专利局其中之一提交的专利申请）的角度进行比较，可以发现日本汽车企业在纯电动汽车以及混合动力汽车方面表现出了绝对优势，在燃料电池汽车方面也具有相对优势。丰田 PRIUS 是世界上最早进行市场化的混合动力车型，截至 2014 年 9 月，丰田的混合动力汽车销量累计已超过 700 万辆。

---

① DOT, EPA. DOT, EPA set aggressive national standards for fuel economy and first ever greenhouse gas emission levels for passenger cars and light trucks [EB/OL]. 2010 - 4 - 1 [2014 - 5 - 20]. http：//yosemite. epa. gov/opa/admpress. nsf/bd4379a92ceceeac8525735900400c27/562b44f2588b871a852576f800 544e01！ OpenDocument.

② 经济产业省，国土交通省，社团法人日本汽车工业协会. 乘用车及货车的 2015 年度油耗标准开始实施！ [EB/OL]. 2007 - 7 [2014 - 5 - 20]. http：//www. jamabj. cn/eco/fuel2015/pdf/fuel2015. pdf.

德国汽车企业的新能源技术路线总体上与日本汽车企业相类似，但混合动力汽车的市场化程度低于日本。宝马从 2009 年开始陆续推出使用混合动力技术的 Active Hybrid 3 系、5 系、7 系作为进一步提升燃油经济性的措施。在零排放汽车方面，宝马已于 2013 年实现纯电动汽车 i3 的市场化销售。戴姆勒在 2009 年推出混合动力车型 S400 Hybrid，此车型成为欧洲第一款实现量产的混合动力车型。插入式混合动力车型方面，戴姆勒推出了配备模块化混合动力装置的 S500 Plug-in Hybrid。戴姆勒同样非常注重零排放车型的开发，BlueZERO E-Cell 和 BlueZERO F-Cell 是其开发的纯电动汽车和燃料电池汽车。

美国汽车企业方面，通用新能源汽车技术研发的历程较短，2000 年之前几乎没有新能源汽车专利申请。通用非常重视混合动力技术的研发，并且选择插入式混合动力车型作为其市场化的切入点，于 2010 年底在美国市场推出 Volt 车型，取得了较好的市场成绩。通用的纯电动汽车 Spark EV 于 2012 年底在洛杉矶展出，2013 年底在俄勒冈州和加利福尼亚州开始市场化销售。福特也非常重视对新能源汽车的开发，目前在售的混合动力车型包括 C-Max Hybrid 和 C-Max Energi，福克斯的纯电动车型也开始了市场化销售。

通过对发达国家主要汽车企业新能源汽车专利申请趋势的分析，可以发现这些汽车企业在继续加大混合动力汽车技术研发的同时，也开始加速研发纯电动汽车这类零排放汽车，作为对美国加利福尼亚州推进零排放汽车计划及可能形成的引领效应所做的技术和市场储备。发达国家汽车企业在新能源汽车技术方面所开展的研究为进一步减少汽车能源消耗，降低污染物排放并最终实现零排放目标奠定了技术基础。

三　降低生产运营中的环境影响

（一）降低能源消耗与温室气体排放

汽车在生产过程中会消耗大量能源，而 CO_2 等温室气体也主要产生在对化石能源的消耗过程中。降低能源消耗，可以降低企业的生产成本，同时也可以减少 CO_2 等温室气体的排放。基于经济与环境效益考虑，近年来发达国家汽车企业非常重视生产过程中的能源消耗控制问题。

为了在生产过程中降低温室气体排放，发达国家主要汽车企业纷纷加强生产过程中的能源管理，主要汽车企业都制定了雄心勃勃的温室气体减排目标。如福特在 2010 年提出了到 2025 年将单车 CO_2 排放量降低 30% 的目标。这些目标的制定，体现了发达国家汽车企业对生产运营过程中环境问题的高度重视。

为了实现上述目标，降低化石能源的消耗、提高能源效率成为关键。为此，一些汽车企业开始从能源管理入手，提高能源管理效率。日产在美国田纳西州的士麦那组装厂已经通过 ISO50001 能源管理体系认证以及美国国家标准局（ANSI）的卓越能源效率（Superior Energy Performance，SEP）认证，并从 2010 年开始参加能源之星（Energy Star）项目。宝马也在 ISO14001 环境管理体系、生态管理和审核计划基础上建立了公司能源管理体系。目前，通用已经有 54 座工厂满足美国国家环境保护局（EPA）的能源之星要求。这些企业在能源管理方面的努力，带来了能源利用效率的大幅提升。

发达国家汽车企业在能源利用方面的另一举措是增加可再生能源的使用。可再生能源主要包括太阳能、水能、风能、生物质能、波浪能、潮汐能、海洋温差能等，具有可再生、低污染等特点。近年来，发达国家主要汽车企业开始在新建工厂中考虑将新能源作为重要能源供给方式，同时也对原有工厂进行了升级改造，提高可再生能源的利用比重。生物能方面，宝马从 2013 年开始将奥地利斯太尔工厂使用的 30% 的热能从临近的生物能发电厂输入，发电材料为当地的废旧木材。太阳能方面，通用是目前美国最大的利用太阳能进行生产的汽车制造商，其拥有的全球的太阳能装机容量已达 30 兆瓦。丰田的堤工厂也安装了 2000 千瓦的太阳能发电装置。风能方面，日产从 2013 年 1 月起在阿瓜斯卡连特斯工厂使用风能，使得该工厂 50% 的能源消耗都来自可再生能源。目前，虽然发达国家汽车企业使用的可再生能源总体比重仍然较低，但具有良好的发展前景。

（二）减少资源使用以及废弃物产生

减少资源使用以及废弃物产生是环境保护中的一项重要议题，也是发达国家汽车企业降低生产运营环节对环境影响的一个重要努力方向。汽车生产过程中，会使用大量的钢铁、稀有金属、塑料、玻璃等原材料，消耗大量的资源并产生大量废弃物。这些企业首先要遵守所在国或生产工厂所在国的相关法律法规，开展清洁生产活动。在减少资源使用方面，则主要致力于以下几项工作。首先，从产品开发入手，避免废弃物的产生。通过开展生命周期评价、进行技术创新以及采用环境友好型生产工艺布局，从产品的设计源头控制污染物的产生。其次，提高原材料的再生利用率。在生产过程中，减少稀有金属等原材料的使用，提高可再生资源以及再利用资源的利用率。最后，对资源进行回收。提高报废车辆的再生利用率，对生产过程中的可再生利用的废弃物进行再生利用。

通过采取上述措施，发达国家汽车企业减少了原材料的使用，在一定程度上也减少了废弃物的产生。为了进一步降低废弃物产生率，特别是避免垃圾的产生，这些企业还进一步采取了相关措施。通过逐步筛查，笔者发现在废弃物产生的关键环节，其重点采取措施进行了改善。同时，强化对废弃物的分类，如宝马采用的新的分拣机可以将从废旧车辆中分拣的铜、铝数量大幅提升，使再生利用率提高150%。

（三）开展水资源管理

水资源是人类赖以生存和发展的不可或缺的物质资源，由于世界人口增长以及经济发展，水资源问题是现代社会最为关注的问题。汽车产业虽然不是水资源密集型产业，但汽车生产过程中还是要消耗一定量的水资源。为了履行社会责任，这些汽车企业在生产过程中采取了一定措施，管理并减少水资源的使用。

发达国家汽车企业对水资源的管理采取的是因地制宜的方式。这主要是因为不同的生产工厂坐落的地理位置不同，所面临的水资源问题也不尽相同。对不同生产工厂所面临的水资源状况进行分类，可以使水资源管理更有针对性。宝马为了减少涂装车间的水资源消耗量，对生产流程进行了持续改进，在中国新建工厂的涂装线上采用"干湿分离"技术，大幅减少水的消耗。大众在墨西哥普埃布拉的工厂通过循环利用、雨水收集、提高员工节水意识以及安装节水洁具等措施大幅减少了单车用水量。在节约用水的同时，这些汽车企业也非常注重对污水的处理，以做到无害化排放。

（四）提高物流运作效率

企业的交通与物流运作同样会对环境产生影响。由于发达国家汽车企业所开展的都是跨国经营，大量的原材料、零部件以及整车会在各生产工厂以及生产工厂与经销点之间移动，同时员工也需要进行通勤，这些企业的物流会对环境造成重大影响。

为了减少物流对环境的影响，提高物流效率，这些汽车企业通过采取环境友好型的铁路与水路运输策略，减少陆路交通运输以降低 CO_2 排放量。同时，其与供应商等一道对物流频率、行驶路线以及包装方式进行科学规划，提高单车装载效率。宝马更是将员工的交通问题纳入企业物流管理中，并作为集团物流平衡表中的重要关注事项。通过提供公共班车服务，鼓励员工减少车辆驾驶，宝马的德国员工的人均碳足迹仅为 4.5 千克。

四　建立可持续发展型供应链

企业的采购活动是企业价值链的重要组成部分，是影响利益相关者对企业在自然环境方面对其诉求回应程度进行判断的主要评价对象。企业与供应商合作日益密切，采购对企业会产生战略性的影响，这一影响还将扩大。因此，企业对供应商的要求不再局限于降低成本、保证质量与提供服务，很多企业已经开展绿色采购工作，建立了可持续发展型供应链。

可持续发展型供应链是企业选取的供应商在满足企业对供应商在信任、合作、产品质量与经济性等传统要求的基础上，还要满足企业对其在环境与社会等方面的要求，与企业共同履行社会责任，为实现可持续发展共同努力。汽车生产过程中需要众多层级的供应商提供大量的零部件，这些供应商为众多汽车生产厂商提供服务，而这些供应商又有众多其他的供应商为其提供产品与服务。这些供应商的企业行为是否具有可持续性，会影响消费者、社区、非政府组织等利益相关者对企业社会责任表现的评价，并对企业形象与品牌价值产生影响。在这种形势下，发达国家汽车企业已经开展的建设可持续发展型供应链的实践，将对企业社会责任的履行扩展到了供应商端。

（一）建立明确的企业采购政策

企业的采购政策是企业对供应商设置的整体框架与要求，是企业可持续发展战略在供应链方面的体现。采购政策具有阶段性特点，是企业在一定时间段内在企业战略与愿景的基础上对企业采购原则与供应商的明确要求。

为建立可持续发展型供应链，发达国家汽车企业主要在以下两个方面对供应商提出了明确要求。一方面，要求供应商履行环境保护责任。针对环境保护责任，要求供应商建立并使用环境管理体系，满足 ISO14001 与 EMAS 等管理体系要求，满足相关环保法规要求以及原材料选取与循环再利用标准等。另一方面，要求供应商履行相应的社会责任。这一层次的要求是发达国家汽车企业从原有局限在环境保护的绿色采购向可持续发展型采购转变的标志，此要求会对供应商在合规性、商业伦理、人权等方面进行规范，要求供应商履行相应的社会责任。

（二）对采购政策的实施情况进行监控

发达国家汽车企业为了确保可持续发展型供应链的有效运作，通常会开展相关的培训、监控等工作，同供应商一道确保采购政策中的相关要求得到有效落实。

采购政策方面的培训主要是针对供应商与企业本身的采购人员展开的。在供应商的培训方面，主要目的是使供应商深入了解企业的采购政策，特别是对供应商在商业伦理、环境标准以及工作环境等可持续发展相关方面的要求，使供应商可以与企业朝着共同的目标努力。在员工的培训方面，主要是使采购人员了解企业的采购标准以及测量方法，以对供应商的合规性进行有效评价。

发达国家主要汽车企业还会对供应商的实施与执行情况进行监控。这些企业会首先要求供应商进行自我评测，就满足企业采购要求、环境管理体系实施、原材料再利用等情况进行评估，详细说明企业采购政策的执行情况。在此基础上，对供应商执行企业可持续采购要求的情况进行检查，并对不符合要求的供应商进行整改。

虽然发达国家汽车企业在建立可持续发展型供应链方面开展了一系列实践活动，从绿色采购向可持续发展型采购转变，但也面临很多障碍：一方面，由于汽车零部件的复杂性以及企业监控的有限性，目前这些汽车企业对供应商的可持续性管理一般仅限于直接供应商，其他层次供应商的可持续性管理模式尚未建立；另一方面，这些汽车企业的供应商遍布世界各地，对供应商满足企业对人权等要求的监管难度较大。

第五章

发达国家汽车企业社会责任表现评价

　　客观、准确地评价发达国家汽车企业的社会责任表现，明确其可取与可提升之处，对于探讨"经济人"如何在实现自身利润最大化的情况下促进社会福祉水平的提高颇为重要。同时，这也将为中国汽车企业提高企业社会责任表现水平提供模式参考。本章将基于全球报告倡议组织（GRI）报告框架、可持续发展指数以及问卷调查的三种企业社会责任表现评价方法进行对比，结合研究目的以及研究条件，使用 GRI 报告框架评价法对发达国家汽车企业社会责任表现进行评价。评价范围涵盖公司战略、治理、承诺与参与、经济绩效、环境绩效以及社会绩效，为了解发达国家汽车企业社会责任表现提供了新的视角。

第一节　企业社会责任表现评价方法对比

一　基于 GRI 报告框架的企业社会责任表现评价

　　基于 GRI 报告框架的企业社会责任表现评价方法是内容分析法在企业社会责任表现评价上的一种应用形式。学者们在进行研究的过程中，利用企业年报、企业社会责任报告、可持续发展报告等企业自身的信息披露，对其内容进行客观系统的分析，探索文件所隐藏的信息，并对企业表现进行评价。

　　在回顾学者们使用 GRI 报告框架进行研究之前，我们首先回顾一下在没有这一框架时学者们使用内容分析法对企业社会责任表现所开展的研究。Bowman 和 Haire 使用内容分析法对 82 家食品加工企业的年报进行了分析，他们利用这些企业年报中有关企业社会责任以及活动的内容对企业的社会卷入度进行了测量。[①] 1979 年，Abbott 和 Monsen 使用内容分析法对《财富》500 强企业年报中有关企业参与社会活动的信息进行了分析，构建了用来测量企业社会责任的"社会参与度披露"（Social Involvement Disclosure，SID）指数，从环境、机会均等、员工、社区参与、产品及其他等六个方面对企业社会责任表现进行了评价[②]，为在不具备直接企业社会责任表现信息的条件下进行企业社会责任测量提供了方法参考，很多学者在他们研究的基础上开展了后续研究。

一些学者在内容分析法基础上，利用企业可观测指标对企业社会责任表现进行评价。有毒物质排放清单（Toxic Release Inventory，TRI）是这类指标的代表。有毒物质排放清单用来对一系列可能对人类健康与环境构成威胁的有毒物质进行管理。美国一些产业的工厂必须对企业每一种污染物的年度排放、处置、能源循环利用和污染防治等情况进行报告。1986 年，美国国会通过了《应急计划和社区知情权法案》（Emergency Planning and Community Right-to-Know Act，EPCRA），明确有毒物质排放清单制度是法律强制性项目。该法案从 1986 年开始实施。一些学者，如 Logsdon、Griffin 和 Mahon 将有毒物质排放清单进行操作化，对企业社会责任表现进行了评价。[③] 有毒物质排放清单方法的缺点是涵盖的行业有限，且仅能对企业的环境表现方面进行评价。

随着社会对企业期待的不断提升，企业不再局限于通过年报、环境报

[①] Bowman E H, Haire M. A strategic posture toward Corporate Social Responsibility [J]. California Management Review, 1975, 18 (2): 49-58.

[②] Abbott W F, Monsen R J. On the measurement of Corporate Social Responsibility: Self-reported disclosures as a method of measuring corporate social involvement [J]. Academy of Management Journal, 1979, 22 (3): 501-515.

[③] Logsdon J M. The Toxics Release Inventory as a Data Source for Business and Society Studies [M] // Collins D. Proceedings of the International Association for Business and Society. 1996, 7: 1285-1296; Griffin J J. The Toxics Release Inventory (TRI) Database: Limitations and Implications [M] // Collins D. Proceedings of the International Association for Business and Society. 1996, 7: 637-648; Griffin J J, Mahon J F. The corporate social performance and corporate financial performance debate twenty-five years of incomparable research [J]. Business & Society, 1997, 36 (1): 5-31.

告、企业社会责任报告等对自身履行社会责任的活动进行披露，而是开始采用更具综合性的可持续发展报告。在这种情况下，一种描述企业为了满足"三重底线"而在经济、环境与社会等方面制定的政策、采取的行动以及取得成果的可持续发展报告作为一种新的企业报告形式出现。为了引导企业披露可持续发展报告，很多组织提出了报告的指导原则，其中以 GRI 的规范性框架最为著名。

为了提高全球范围内可持续发展报告的可比性和可信度，1997 年，美国非营利环境经济组织环境责任经济联盟（Coalition for Environmentally Responsible Economies，CERES）和联合国环境规划署共同发起成立了全球报告倡议组织。全球报告倡议组织的使命是制定、推广和传播被全球普遍认可与使用的《可持续发展报告指南》（以下简称《指南》），为全世界的公司与组织提供标准的可持续发展报告框架，帮助其提高报告的质量和实用性，目的是使这种对经济、环境和社会绩效有作用的报告成为惯例。

GRI 为全球企业与组织提供了标准的可持续发展报告框架。2000 年，GRI 发布了第 1 版《指南》。2002 年，GRI 在南非约翰内斯堡召开的世界可持续发展峰会上正式发布了第 2 版《指南》。2006 年，GRI 推出了第 3 版《指南》，目前被广泛使用的 G3.1 版本《指南》是由 GRI 于 2011 年 3 月发布的，是对第 3 版指南的升级与补充。2013 年 5 月，GRI 发布了最新的第 4 版《指南》，并于 2015 年底前全部取代原《指南》。

随着使用 GRI 报告框架进行企业社会责任信息披露的企业增加，以该框架标准化的指标体系为基础，系统评价企业在经济、环境与社会等方面的企业社会责任表现的研究开始增多。Daub 从报告的背景与范围，企业政策、管理体系与利益相关者关系，业绩表现，透明度与总体表现 4 个主要部分入手，设置了 49 个指标，并对每一指标采用 0~3 分进行评价。① Skouloudis 等通过对希腊企业披露的有关"三重底线"信息的报告依据 GRI 报告框架

---

① Daub C H. Assessing the quality of sustainability reporting：An alternative methodological approach [J]. Journal of Cleaner Production, 2007, 15 (1)：75 – 85.

的评分体系进行评价，发现希腊企业在非财务报告方面远落后于国际水平，并且缺乏实质性与完整性。①

二　基于可持续发展指数的企业社会责任表现评价

20世纪90年代，企业社会责任投资快速增长。为了指导机构以及个人投资者进行投资，企业社会责任指数（可持续发展指数）应运而生。多米尼400社会指数（又称"KLD指数"）是美国第一个以社会性与环境性议题为筛选准则的指数，该指数由Kinder、Lydenberg及Domini&Co. Inc.（三者合称为"KLD"）在1990年5月创立。多米尼400社会指数使用标准普尔500指数中一些传统社会性筛选准则筛选出250家公司，而剩余150家公司必须具备广泛的行业代表性以及强烈的企业社会责任感。该指数将从事烟草与酒精、赌博、武器等业务的公司排除在外，并对企业在环境、社会等方面进行量化筛选，很好地反映了企业社会责任绩效。

明晟（MSCI）在收购RiskMetrics公司后，在多米尼400社会指数的基础上推出了MSCI ESG指数。MSCI ESG指数被用来评估环境、社会与公司治理因素为企业带来的财务机会与风险，从而对企业社会责任为公司带来的无形资产进行评估。通过对全球超过5000家公司的34项ESG方面近千项数据点的分析，MSCI ESG指数聚焦于公司的核心业务以及为企业财务带来风险或提供机会的行业关键ESG事项，对企业的社会责任表现进行量化评级，为投资者开展企业社会责任投资提供支持。

道琼斯可持续发展指数是由道琼斯指数和SAM集团于1999年联合推出的，主要从经济、环境及社会三个方面，以投资者角度评价企业的可持续发展能力。该指数利用同行业优选法则，从全球59个行业最大的2500家公司中选取前10%的公司进行评价。道琼斯可持续发展指数包括通用指标和特定产业指标两类，通用指标适用于所有行业，包括企业实现可持续发展所面临的一般性挑战，特定产业指标则主要考虑特定产业面临的挑战与发展趋

---

① Skouloudis A，Evangelinos K，Kourmousis F. Assessing non-financial reports according to the Global Reporting Initiative guidelines：Evidence from Greece ［J］. Journal of Cleaner Production，2010，18（5）：426–438.

势，两类指标权重各占总权重的 50%。在数据收集方面，SAM 通过在线问卷的方式进行，同时被访公司必须提供书面证明材料。道琼斯可持续发展指数对企业在经济、环境与社会方面的表现进行了量化评价，并最终得出了企业的可持续发展指数。

其他重要的可持续发展指数还有斯托克全球环境、社会和治理领袖指数。该指数是一组完全透明且灵活的指数，包括以斯托克全球 1800 指数为样本空间的一个总体指数以及三个专项指数，三个专项指数分别是斯托克全球 ESG 环境领袖指数、斯托克全球 ESG 社会领袖指数以及斯托克全球 ESG 治理领袖指数。该指数中的可持续发展数据由 Sustainalytics 提供，而指数模型则由斯托克开发。在企业的选择上，对企业在环境、社会与公司治理方面进行标准化评分，50 分为最低标准。对剩下的企业使用 75 分标准化评分进行二次筛选。因此，位于环境、社会和治理三项评分排名的前 50%，以及至少其中一项的评分排名前 25% 的企业将被选入总体指数。被选入任何一个专项指数的企业，至少有一项标准化评分超过 75 分，最多有三项达到此标准。这一选择是基于 Sustainalytics 提供的 130 多项企业的关键绩效指标（KPIs）以及企业纳税透明度和是否支持联合国"全球契约"等进行的。斯托克全球环境、社会和治理领袖指数可以提供企业在环境、社会和公司治理方面的专项评价以及总体评分，各方面既可以独立使用，又可以合并使用。

从多米尼 400 社会指数创立以来，学者们使用可持续发展指数方法开展了一系列实证研究。Griffin 和 Mahon 将 KLD 指数作为企业社会责任表现的一种测量方法，认为该方法与财务声誉指数测量的方法相类似，都基于对公司形象和声誉的感知；研究表明企业社会责任表现与企业财务表现之间的关系取决于测量方式的不同。[①] Chang 和 Kuo 使用 SAM 公司提供的 2003～2005 年全球 624 家上市公司的可持续发展指数，选择其中有连续三年盈利数据的 311 家公司，对企业的可持续发展表现与企业的财务表现进行了实证研

---

① Griffin J J, Mahon J F. The corporate social performance and corporate financial performance debate twenty-five years of incomparable research [J]. Business & Society, 1997, 36 (1): 5 – 31.

究。研究表明具有良好可持续发展表现的公司在当期以及后期可能具有显著影响力。① Holbrook 使用 KLD STATS 作为原数据，从实力与关注度两个角度对企业社会责任表现进行了测量。该研究表明对企业社会责任拥有高关注度的公司盈利能力更高，而企业社会责任实力较强的企业则盈利能力较低。②

三 基于问卷调查的企业社会责任表现评价

由于有关企业社会责任表现评价数据的获取渠道有限，一些学者在研究过程中使用问卷调查获取此类数据。学者们采取这种方法，主要是因为一些中小企业在披露有关企业社会责任信息时，并没有按照 GRI 报告框架进行，由于企业规模、业绩表现等，也没有被列入可持续发展指数。此时，对这些企业的企业社会责任表现的评价就需要通过问卷调查开展。

通过问卷调查获取的企业社会责任表现评价数据，本质上是企业自身开展的自我评价活动。在使用问卷调查的过程中，学者们会根据相关的企业社会责任理论模型，如 Carroll 的"企业社会责任的金字塔模型"、Elkington 的"三重底线"模型，以可持续发展理论等为基础，对企业社会责任的主要业绩方面的问题进行梳理，形成调查问卷。以此为基础，将经过预测试的题项列入正式问卷，通过对熟悉企业运营情况的高管的调查结果，评价被调查企业的企业社会责任表现。通过这种方法得到的有关企业社会责任表现方面的评价结果，主要基于企业管理者自身对企业的主观评价。

近年来，国内外学者利用问卷调查的方法对企业社会责任表现开展了一系列研究。韩春伟从可持续发展视角出发，认为可持续发展的企业是一个"生态—经济—社会"系统，企业业绩的形成是多个利益主体共同作用的结果，而这种多元化利益主体以及多元化利益需求都共同指向经济、环境、社

---

① Chang D，Kuo L R. The effects of Sustainable Development on firms′ financial performance—An empirical approach [J]. Sustainable Development，2008，16（6）：365 – 380.

② Holbrook M E. Corporate Social Responsibility and Financial Performance：An Examination of Economic Benefits and Costs as Manifested in Accounting Earnings [M]. Lexington：University of Kentucky：2010.

会这三重业绩的全面与协调发展，并提出了基于可持续发展的业绩评价模型。[1] 麦影根据利益相关者分析框架，结合文献研究以及开放式访谈结果，形成了企业社会责任评价量表，并以熟悉企业整体情况的中高层管理者为主要调查对象，对被调查企业的企业社会责任表现进行了测量。[2] Chen 和 Wang 通过在线问卷调查的方式，对 206 家中国广东省企业的企业社会责任与企业财务表现情况进行了调查，共收回问卷 151 份，其中有效问卷 141 份，作为进行实证研究的数据基础。[3]

四　各种方法优缺点对比

通过对上述三种企业社会责任表现评价方法的回顾，可以发现其在使用的便利性、结果的客观性以及可操作性等方面有所不同。

从使用的便利性角度来看，可持续发展指数由指数公司提供，对企业的经济、社会以及公司治理等方面表现都进行了评价，并形成了公司可持续发展指数，其测量结果可以直接使用，是最便捷的企业社会责任表现评价方法。但由于商业原因，MSCI ESG 指数、道琼斯可持续发展指数等都并没有公开发布公司层面的数据，研究者通常需要购买或向指数公司寻求学术研究支持。基于 GRI 报告框架的企业社会责任评价数据的获取性次之。学者们可以以 GRI 报告框架为依据，使用公司自行披露的企业社会责任信息，对企业社会责任表现进行评价。三种方法中信息获取较为困难的是问卷调查法，这一方法需要调查人员与熟悉企业日常运营活动的高层管理者进行联系，大规模开展研究的难度较大。

从结果的客观性角度来看，三种方法都包含个人主观判断的成分，但程度有所不同。可持续发展指数是三种方法中结果最为客观的。指数公司在编制可持续发展指数时，对入选公司都有严格的筛选标准，同时也设计了较为客观的数据收集方法，被调查公司在填写问卷的同时一般都会被要求提供证

① 韩春伟. 基于企业可持续发展的业绩评价研究 ［D］. 济南：山东大学，2009.
② 麦影. 企业社会责任对竞争优势影响的实证研究 ［D］. 广州：暨南大学，2010.
③ Chen H，Wang X. Corporate Social Responsibility and corporate financial performance in China：An empirical research from Chinese firms ［J］. Corporate Governance，2011，11（4）：361 – 370.

明材料。基于 GRI 报告框架的企业社会责任评价方法结果的客观性也相对较强。GRI 报告框架对企业的信息披露有严格的要求，同时，公司在宣布可持续发展报告等级时，需要提供支持材料。一些公司也会将可持续发展报告等提交 GRI 或其他第三方公司进行认证，在认证的过程中，企业需要对相关指标的情况提供详细的说明。问卷调查法是三种方法中主观性最强的方法。问卷的结果取决于企业管理者对相关问题的回答，而这些管理者在填写问卷的过程中，由于没有相应的控制手段，其对问题的回答可能具有夸大本企业的企业社会责任表现的倾向性。

从可操作性角度来看，基于 GRI 报告框架的企业社会责任评价方法的可操作性最强。只要公司系统地对企业社会责任信息进行披露，研究者就可以以 GRI 报告框架为基础进行评价。如果企业对相应的管理方法以及业绩指标进行详细说明，那么评价结果的准确性也会相应提高。同时，这种方法也适合在可持续发展指数尚未覆盖以及无法进行问卷调查的情况下应用。如果开展小规模研究，且研究人员对被测试企业有深入了解，开展问卷调查就可以为研究者提供便利的企业社会责任表现信息。对于可持续发展指数，由于指数公司未对每一公司的具体指数情况进行详尽披露，研究者如果使用该数据一般需要购买或寻求这些公司提供学术研究方面的数据支持。

通过上述分析，结合研究目的，本研究将基于 GRI 报告框架对发达国家主要汽车企业的企业社会责任表现进行评价。本研究将对发达国家汽车企业在企业可持续发展报告中所披露的指标进行梳理。首先，通过对指标的梳理，总结发达国家主要汽车企业可持续发展报告中有关 GRI 报告框架中指标的披露情况，对汽车产业可持续发展报告的关键指标进行分析，为评价发达国家主要汽车企业的企业社会责任表现提供进一步的支撑。其次，以 GRI 报告框架为基础，以发达国家主要汽车企业的可持续发展报告等为信息来源，结合企业具体实践以及企业社会责任信息披露情况对各企业的企业社会责任表现进行客观评价。最后，基于 GRI 报告框架评价，就其社会成效与环境成效进行进一步分析，其内容主要集中在发达国家汽车企业在保护消费者权益、做好企业社会公民等社会方面以及开发并提供环境友好型产品、降低生产运营过程中的环境影响、建立可持续发展性供应链等环境保护方面所取得的具体成效。

第二节 发达国家汽车企业社会责任信息披露状况分析

一 企业社会责任信息披露

随着可持续发展理念向工商业界的扩散，越来越多的企业开始重视履行社会责任，并通过正式报告形式对企业社会责任信息进行披露。企业社会责任信息披露经历了从年报、环境报告、社会责任报告到目前被发达国家企业所普遍采用的可持续发展报告这样一个历程。世界可持续发展工商理事会认为可持续发展报告就是由公司向内外部利益相关者提供的公司在经济、环境与社会领域的立场与活动。① Daub 也给出了一个相似的定义，指出可持续发展报告必须含有报告期间企业就提升其经济、环境、社会效率与效果所开展实践活动的定量及定性信息，并将其纳入企业可持续管理体系。② GRI 认为可持续发展报告是由公司或组织发布的有关其日常活动对经济、环境与社会造成影响的报告。可持续发展报告同样也代表着组织的价值观与治理模式，展示了企业战略与其致力于可持续发展的全球经济之间的关系。③

从上述定义中可以发现相关国际组织与学者已经将企业社会责任信息披露外延至企业整个价值链。企业社会责任信息披露范围已经不再局限于传统的社区参与、人力资源与环境保护等方面，而是涵盖企业为满足经

① World Business Council for Sustainable Development. Sustainable Development reporting: Striking the balance [R/OL]. 2002 [2014 - 1 - 9]. http://www. wbcsd. org/Pages/EDocument/EDocumentDetails. aspx? ID = 15612&NoSearchContextKey = true.

② Daub C H. Assessing the quality of sustainability reporting: An alternative methodological approach [J]. Journal of Cleaner Production, 2007, 15 (1): 75 - 85.

③ GRI. About sustainability reporting [EB/OL]. 2013 [2014 - 1 - 13]. https://www. globalreporting. org/information/sustainability-reporting/Pages/default. aspx.

济、社会、环境"三重底线"所开展的全部活动，信息披露广度在不断扩展。企业社会责任信息披露在向利益相关者传递企业所取得绩效指标的同时，也开始披露企业社会责任战略的制定与实施、公司治理以及企业对利益相关者重点关切问题所采用的管理工具等，信息披露深度不断加大。KPMG（毕马威）《企业社会责任调研报告 2015》显示，在全球最大的250 家公司中，有 92% 的企业发布企业社会责任报告，而在 2005 年这一比例仅为 41%。[①] 在这种背景下，企业社会责任信息披露已经成为学者们研究的热点问题。

二　企业社会责任信息披露研究方法

（一）样本选择与数据来源

为了更好地反映发达国家汽车企业社会责任信息披露情况，本部分将研究对象集中在美国、日本与德国的主要汽车企业，这是基于如下考虑：首先，这三个国家较早实现了工业化，企业社会责任理论研究与实践活动历史悠久；其次，日本与德国机动车每千人保有量接近 600 辆，美国更是高达797 辆，汽车产业发展较为成熟；最后，这三个国家对企业社会责任有完善的制度安排，汽车企业压力较大。综合考虑全球销量表现，本部分选取通用、福特、丰田、日产、大众、宝马与戴姆勒作为研究对象。

本研究中使用的样本企业可持续发展报告均来自其全球运营网站，以期反映其全球企业社会责任表现水平。

（二）GRI 报告框架简介

本研究将采用全球报告倡议组织 G3.1 版本的《可持续发展报告指南》对样本企业社会责任信息披露情况进行分析。GRI 在编制《指南》的过程中，通过与企业界、投资者、劳工、社会、会计界、学术界和其他领域的利益相关者进行对话，达成了共识。同时，GRI 也寻求将报告框架与国际金融公司的《社会和环境可持续性政策及绩效标准》、国际标准化组织的

---

① KPMG. The KPMG Survey of Corporate Responsibility Reporting 2015 ［R/OL］. 2015 – 11 – 25 ［2015 – 12 – 9］. https：//home. kpmg/xx/en/home/insights/2015/11/kpmg – international – survey – of – corporate – responsibility – reporting – 2015. html.

ISO26000 社会责任标准、联合国贸易和发展会议以及《地球宪章》等进行协调与整合，大大提高了《指南》的适用性。

GRI 及其《指南》具有广泛的国际影响力。2002 年，GRI 正式成为一个独立的国际组织，以 UNEP 官方合作中心的身份成为联合国成员。在第 3 版《指南》发布后，GRI 开始对其战略与报告框架进行扩展，与联合国"全球契约"、经济合作与发展组织（OECD）建立正式合作关系，并通过成立区域办事处提高其在主要国家和地区的影响力。《指南》是目前使用范围最广的自愿报告指南，其影响力远远超过其他国际标准或企业社会责任报告指南。联合国可持续发展委员会和经济合作与发展组织可持续发展与环境和多国企业指南工作室都曾高度评价和公开支持GRI 及其《指南》。KPMG《企业社会责任调研报告 2015》指出，在被调查的全球 45 个国家 4500 家企业中，60% 的企业在发布社会责任报告时使用了《指南》。

GRI 报告框架为衡量与报告可持续发展相关影响和表现提供了系统的方法支持。报告框架由"报告指南""行业补充""技术协议"等几部分组成。《指南》是其他文件的基础，包括报告原则、报告指引与披露标准三部分。根据 G3.1 版本《指南》建议，一份完整的企业社会责任报告应该包括战略与分析，机构概况，报告参数设置，公司治理、承诺与利益相关者参与，管理方法与绩效指标等五部分。《指南》共包括 123 个指标，其中核心指标有 80 个（见表 5 - 1）。本研究将以这些指标为标准，评价发达国家主要汽车企业的企业社会责任信息披露情况。

表 5 - 1 全球报告倡议组织 G3.1 版《指南》指标构成情况

单位：个

报告内容	核心指标	附加指标	小计
1. 战略与分析	1	1	2
2. 机构概况	10	0	10
3. 报告参数设置	11	2	13
4. 公司治理、承诺与利益相关者参与	6	11	17
5. 管理方法与绩效指标			

续表

报告内容	核心指标	附加指标	小计
经济表现指标	7	2	9
环境表现指标	17	13	30
社会:劳工实践与体面工作	9	5	14
社会:人权	9	2	11
社会:社会	6	2	8
社会:产品责任	4	5	9
合计	80	43	123

资料来源：Global Reporting Initiative. Sustainability reporting guidelines version 3.1〔R/OL〕. 2011〔2015－4－20〕. https：//www. globalreporting. org/standards/resource-download-center/。

三　企业社会责任披露方式与报告应用等级

（一）企业社会责任信息披露方式

发达国家主要汽车企业对企业社会责任信息的披露，都采取了年度发布单独可持续发展报告这一模式。在采用正式报告披露企业社会责任信息方面，发达国家汽车企业主要经历了以下三个阶段。第一阶段，重点关注并回应社会对环境问题的关切。这一时期主要关注环境信息披露，如丰田在2002年前便采用《环境报告》描述其履行企业社会责任的相关活动。第二阶段，环境问题与社会问题并重。随着利益相关者对社会问题的关注，企业对这些关切的回应也体现在其社会报告中，其间有代表性的报告主要包括2000~2004年福特发布的《福特企业社会公民报告》与丰田在2003~2005年发布的《环境与社会报告》。第三阶段，寻找企业与社会的共同价值，关注可持续发展。对可持续发展问题的共识进一步促使发达国家汽车企业调整企业社会责任信息披露方式，采取可持续发展报告这一模式已成为共识。

公司网站是企业社会责任信息披露的主要媒介。样本企业在公司官网都设置了企业社会责任或可持续发展专栏，用以发布企业社会责任相关信息，并提供报告下载服务。宝马、戴姆勒等企业在网站更是提供附加报告，对利益相关者重点关注事项进行专项说明。同时，大多数企业还提供免费全球报告邮寄服务，以扩大披露信息的受众范围。

（二）GRI 报告框架使用状况

GRI 报告框架在促进发达国家汽车企业提高企业社会责任信息披露水平方面也起到了积极的促进作用。从本研究选取的发达国家主要汽车企业对可持续发展报告框架的选取上看，德国与美国主要汽车企业全部采用了 GRI 报告框架。宝马、戴姆勒与通用在 2012 年可持续发展报告中更是采用了 G3.1 版本的《指南》（见表 5 - 2），表明了这些企业对充分发布有关企业社会责任方面的信息，促进企业实现可持续发展的积极态度。

日本汽车企业在对全球运营过程中的可持续发展信息进行披露时，并未采用 GRI 报告框架。丰田方面，虽然丰田的可持续发展报告尚未采用 GRI 报告框架，但其在拉丁美洲、加勒比地区与阿根廷、澳大利亚、比利时、新西兰等地区和国家公司的可持续发展报告已经开始采用 GRI 报告框架，在泰国公司的可持续发展报告则开始参考该报告框架。日产的情况则相对例外。日产 2001 年、2003 年、2008～2010 年的可持续发展报告采用的都是 GRI 报告框架，2011～2012 年的报告则仅参考了 GRI 报告框架。丰田与日产的这种可持续发展信息的披露方式表明日本汽车企业在可持续发展信息披露方面相对保守，对于关键信息披露还相当谨慎。对于日产可持续发展报告报告框架的使用，部分原因还可以从雷诺日产联盟上进行解读，2011 年雷诺的可持续发展报告不再采用 GRI 报告框架。

表 5 - 2　发达国家主要汽车企业 GRI 报告框架使用情况（2012 年）

企业	GRI 报告框架	入选可持续发展指数情况
大众	GRI G3	ASPI, DJSI, FTSE4Good Index Series, STOXX Global ESG Leaders indexes, ECPI Ethical Index Global, ESI Excellence Global
宝马	GRI G3.1	DJSI, FTSE4Good Index Series, CDP, Sustanalytics, IÖW/future ranking, STOXX Global ESG Leaders indexes
戴姆勒	GRI G3.1	ASPI, STOXX Global ESG Leaders indexes

企业	GRI 报告框架	入选可持续发展指数情况
通用	GRI G3.1	STOXX Global ESG Leaders indexes
丰田	非 GRI	DJSI, FTSE4Good Index Series, MS-SRI, STOXX Global ESG Leaders indexes
福特	GRI G3	DJSI, FTSE4Good Index Series, STOXX Global ESG Leaders indexes
日产	参考 GRI	DJSI, FTSE4Good Index Series, STOXX Global ESG Leaders indexes

资料来源：根据相关公司可持续发展报告整理。

从发达国家主要汽车企业入选可持续发展指数情况方面，我们可以发现企业可持续发展信息披露的规范性、全面性也在一定程度上影响着可持续发展指数对其的选择。大众与宝马在 2012 年都入选了 6 项可持续发展指数，日本汽车企业的入选情况相对于德国汽车企业来说则处于较低水平。

（三）报告应用等级

一个组织为了表明其可持续发展报告应用了 GRI 报告框架，编制者需要通过"应用等级"系统来表明其应用 GRI 报告框架的等级。GRI 报告主要分为 A、B、C 三个等级，每个等级的报告标准反映了报告编制者对报告框架的应用情况。同时，如果报告经过了第三方的认证，各个等级还可以加上"＋"，由此增加了 A＋、B＋、C＋三个级别。

GRI 报告框架要求组织在可持续发展报告中必须发布应用等级。组织对于 GRI 应用等级的确认可以采取企业自己宣布以及寻求外部第三方认证的方式进行，GRI 会提供一份标准内容检查表，以帮助组织确认其信息披露程度，并对未披露信息的未披露原因进行说明，组织可以据此宣布自己的可持续发展报告等级。对于组织自我宣布的应用等级，GRI 会选取企业的部分信息披露为样本，对其进行审核。GRI 更加注重建议组织对其可持续发展报告进行外部认证，外部审核应该由本组织以外熟知可持续发展报告事项和认证方法的组织或个人做出，并以系统的、有文件记录的、基于证据的方式进行。

发达国家主要汽车企业非常注重可持续发展报告的应用等级发布。从 2011 年与 2012 年的可持续发展报告来看,大众、宝马与戴姆勒等三家德国汽车企业的报告通过了 GRI 的外部审核,应用等级评级全部为 A + ,这显示了德国汽车企业对可持续发展信息披露的重视程度,也凸显了德国汽车企业对企业社会责任战略实施的重视。美国汽车企业方面,通用与福特都采用了 GRI 报告框架,其中通用虽然没有就报告应用等级进行发布,但其报告中的环境表现数据已经通过 Conestoga - Rovers&Associates 的外部认证。福特自我宣称其报告应用等级为 A,但其报告未经过外部第三方认证。相对于德国与美国汽车企业,日本汽车企业则更加倾向于征求外部机构对其可持续发展报告的建议或评价。丰田 2011 年与 2012 年的可持续发展报告都由日本研究所(The Japan Research Institute)进行审阅并提供建议。日产的 2011 年可持续发展报告则由日本可持续发展论坛(Sustainability Forum Japan)进行评价。为了提升报告的可信度,日产的 2012 年可持续发展报告交由普华永道(PWC)进行第三方外部审核(见表 5 - 3)。

表 5 - 3 发达国家主要汽车企业报告应用等级(2011 ~ 2012 年)

企业	2011 年报告评级		2012 年报告评级	
	级别	验证方	级别	验证方
大众	A +	GRI	A +	GRI
宝马	A +	GRI	A +	GRI
戴姆勒	A +	GRI	A +	GRI
通用		Conestoga - Rovers&Associates (外部认证)		Conestoga - Rovers&Associates (外部认证)
丰田		The Japan Research Institute (外部建议)		The Japan Research Institute (外部建议)
福特	A		A	
日产		Sustainability Forum Japan (外部评价)		PWC

资料来源:根据相关公司可持续发展报告整理。

总体而言，德国汽车企业在 GRI 报告框架使用应用等级发布方面处于领先地位，这在一定程度上表明德国汽车企业的企业社会责任战略已经得到深入的贯彻落实。美国汽车企业在可持续发展信息的披露方面虽然也应用了 GRI 报告框架，但在应用报告评价的发布及外部验证方面与德国汽车企业还有一定差距。日本汽车企业在可持续发展信息披露框架方面尚未正式采用 GRI 报告框架，其报告更多的是征求外部的建议，而非进行正式的评价与验证，日本汽车企业在企业社会责任信息披露方面还需要采取更加积极的姿态并与国际接轨。

四　企业社会责任信息披露情况

本部分选取通用、福特、丰田、日产、大众、宝马、戴姆勒、现代、起亚、标致雪铁龙等 10 家样本企业进行研究。

（一）非绩效指标披露情况

2012 年，样本企业完全披露了战略与分析、机构概况等项目的全部指标。这些企业就企业社会责任战略的愿景与目标、企业社会责任方面所取得的成果及其采取的手段都进行了说明。这表明发达国家汽车企业已经开始实施企业社会责任战略，企业社会责任已经完全融入企业战略体系。同时，样本企业对机构概况信息都进行了说明，但日本的丰田与日产信息披露深度有限，报告参数设置部分主要要求企业对组织就报告概况、报告范围及边界、GRI 内容索引以及外部验证等信息进行披露。德国汽车企业的该部分信息披露较为充分，大众、戴姆勒与宝马的披露比例均为 100%。美国的通用与福特表现次之，两家企业因未对可持续发展报告进行外部验证而没有披露这一指标相关信息。丰田的《可持续发展报告》未对外部验证信息进行披露。此外，丰田与日产两家日本汽车企业因未使用 GRI 报告框架，对披露内容索引指标也未进行说明。

公司治理、承诺与利益相关者参与部分主要要求企业对公司治理情况、外界倡议的承诺以及利益相关者参与情况等进行披露。戴姆勒、通用与福特在 2013 年的可持续发展报告中披露了这一项目的所有指标。大众、宝马、日产与丰田在可持续发展报告中没有说明最高治理机构中独立和/或非执行成员的人数和性别。宝马、日产与丰田对最高治理机构的主席是否兼任行政职位在可持续发展报告中没有进行披露。此外，丰田与日产均未说明股东及利益相关者如何向企业最高治理机构提出建议。大众、宝马等公司在年报中对未披露信息进行了进一步说明。这一结果表明，德国与美国汽车企业的公司治理信息披露程度相对较高，日本汽车企业的披露程度较为有限。为了加强对企业社会责任战略实施的支撑与保障，这些企业特别是日本企业，都需要进一步提高公司治理水平，加强此部分信息披露。

（二）相关绩效指标披露情况

样本企业在核心经济表现指标方面的披露程度相对较高，其对机构产生及分配的直接经济价值，气候变化的财务影响及其风险、机遇，以及养老金固定收益计划所需资金都进行了披露。但对政府给予的重大财政补贴，仅有通用、福特与标致雪铁龙三家企业进行了披露，这表明对有关公平竞争等信息的披露，这些企业都相当谨慎。市场表现指标方面，样本企业对当地供应商的政策、措施及支出比例以及聘用当地员工的程序的披露程度较高，分别达到90%和80%。间接经济影响指标方面，90%的企业披露了为公共利益开展的投资和服务及其影响（见表5-4），显示了这些企业对公共利益的重视程度。非核心指标方面，这些企业对员工的工资水平与运营的最低工资水平对比情况涉及较少，这可能是该信息过于敏感所致。

表5-4　核心经济绩效指标披露情况

指标方面	核心指标	披露情况	
		披露公司数（家）	所占比重（%）
经济表现	EC_1 机构产生及分配的直接经济价值	10	100
	EC_2 气候变化的财务影响及其风险、机遇	10	100
	EC_3 养老金固定收益计划所需资金	10	100
	EC_4 政府给予的重大财政补贴	3	30
市场表现	EC_6 对当地供应商的政策、措施及支出比例	9	90
	EC_7 聘用当地员工的程序	8	80
间接经济影响	EC_8 为公共利益开展的投资和服务及其影响	9	90

资料来源：根据相关公司可持续发展报告整理。

在环境绩效方面，GRI 报告框架对企业环境信息披露的核心指标做出了详尽要求。其范围涵盖物料、能源以及遵守法规等方面。对于物料方面两个核心指标，样本企业的披露比例分别为 80% 和 90%，仅通用和现代未披露物料使用量，此外，现代未披露循环再造物料的百分比。这些企业对能源使用情况也进行了详尽披露，初级能源直接和间接消耗量均达到 90%。在按源头说明总耗水量上，更是全部进行了披露。生物多样性方面，对于重要生物多样性区域位置及面积，90% 的样本企业有所涉及，但披露程度差异较大，通用、起亚、标致雪铁龙进行了全面说明，但丰田、宝马等披露深度有限。同时，70% 的企业就对保护区的重大影响进行了说明。废气/污水/废弃物指标方面，样本企业对于直接和间接温室气体总排放量，其他相关间接温室气体排放量，NO、SO 及其他主要气体排放量，污水排放总量，废弃物总量指标的披露比例均在 80% 及以上（见表 5-5）。但对于被《巴塞尔公约》视为有毒的废弃物的运输与处置以及污水排放等非核心指标的披露则较为有限，披露比例分别为 50% 和 60%。产品和服务方面，样本企业售出产品及回收售出产品包装物料百分比披露比例仅为 40%。

表 5-5　核心环境绩效指标披露情况

指标方面	核心指标	披露情况	
		披露公司数（家）	所占比重（%）
物料	EN_1 所用物料的重量或体积	8	80
	EN_2 循环再造物料的百分比	9	90
能源	EN_3 初级能源的直接消耗量	9	90
	EN_4 初级能源的间接消耗量	9	90
水	EN_8 按源头说明总耗水量	10	100
生物多样性	EN_{11} 重要生物多样性区域位置及面积	9	90
	EN_{12} 对保护区的重大影响	7	70
废气/污水/废弃物	EN_{16} 直接和间接温室气体总排放量	10	100
	EN_{17} 其他相关间接温室气体排放量	9	90
	EN_{19} 臭氧消耗性物质的排放量	6	60
	EN_{20} NO、SO 及其他主要气体排放量	8	80
	EN_{21} 污水排放总量	8	80

指标方面	核心指标	披露情况	
		披露公司数(家)	所占比重(%)
废气/污水/废弃物	EN$_{22}$废弃物总量	8	80
	EN$_{23}$严重泄漏的总次数及总量	7	70
产品和服务	EN$_{26}$降低环境影响的计划及其成效	10	100
	EN$_{27}$售出产品及回收售出产品包装物料百分比	4	40
遵守法规	EN$_{28}$违反环境法律法规罚款金额及次数	8	80

资料来源：根据相关公司可持续发展报告整理。

在社会绩效方面，GRI 的《指南》按劳工实践及体面工作、人权、社会与产品责任等 4 类进行划分，共设有 45 项指标，其中核心指标 30 个（见表 5-6）。劳工实践及体面工作大类主要要求企业从雇用、劳资关系、职业健康与安全、培训与教育、男女同工同酬等方面进行披露，其中，产假/陪产假后回岗比例、男女基本薪金和报酬比率与重大运营变化的最短通知期披露比例分别为 20%、50% 和 60%，披露程度较低，而其他指标披露比例均不低于 70%。人权大类方面，主要要求企业就对其利益相关者公民、政治、经济、社会、文化等方面的人权的影响进行说明，相对于劳工实践及体面工作类别而言，人权指标关注报告机构如何维护和尊重基本人权。样本企业在可持续发展报告中对企业的人权态度以及维护措施等进行了详细描述，但对接受人权审查运营点比例和数量、解决人权申诉数量与歧视个案总数及纠正行动的披露程度有限，披露比例均不高于 50%。社会大类方面，其绩效指标重点关注企业对运营所在地社区的影响，以及如何管理与调和企业与其他社会组织的互动。发达国家汽车企业在腐败、公共政策以及遵守法规等指标方面披露比例较高，均不低于 70%。但在对当地社区有重大潜在影响运营点及其实施措施方面披露不足，这也是这些企业提升企业社会责任表现水平的一个努力方向。最后，在产品责任大类上，这些企业对客户健康与安全、产品与服务标识、市场推广等方面指标均进行了详细说明，披露比例均不低于 80%。但在违反法规所受重大罚款的总金额这一指标上，仅有通用、起亚与标致雪铁龙进行了说明。

表 5-6　核心社会绩效指标披露情况

类别	方面	核心指标	披露情况	
			披露公司数（家）	所占比重（%）
劳工实践及体面工作	雇用	LA$_1$ 雇用员工自然情况	10	100
		LA$_2$ 新进员工和员工流失总数及比例	7	70
		LA$_{15}$ 产假/陪产假后回岗比例	2	20
	劳资关系	LA$_4$ 受集体协商协议保障的员工百分比	8	80
		LA$_5$ 重大运营变化的最短通知期	6	60
	职业健康与安全	LA$_7$ 工伤、职业病、缺勤比及死亡人数	8	80
		LA$_8$ 应对严重疾病的教育与风控计划	9	90
	培训与教育	LA$_{10}$ 员工接受培训平均时数	9	90
	男女同工同酬	LA$_{14}$ 男女基本薪金和报酬比	5	50
人权	投资与采购措施	HR$_1$ 含有人权条款的重要投资协议总数及百分比	7	70
		HR$_2$ 已进行人权审查的重要供应商比例	9	90
		HR$_3$ 员工接受人权问题培训时长及百分比	10	100
	非歧视	HR$_4$ 歧视个案总数及纠正行动	5	50
	结社自由与集体协商	HR$_5$ 违反运营点或主要供应商数量	9	90
	童工	HR$_6$ 具有童工事件风险的运营点和供应商	9	90
	强制劳动	HR$_7$ 具有此类风险的运营点和主要供应商	9	90
	评估	HR$_{10}$ 接受人权审查运营点比例和数量	4	40
	纠正	HR$_{11}$ 解决人权申诉数量	4	40
社会	当地社区	SO$_1$ 实施社区参与、发展计划的运营点比例	10	100
		SO$_9$ 对当地社区有重大潜在影响运营点	2	20
		SO$_{10}$ 对当地社区有重大潜在影响运营点实施措施	6	60
	腐败	SO$_2$ 实施腐败风险分析业务单位总数及比例	9	90
		SO$_3$ 接受反腐败政策培训的雇员比例	10	100
		SO$_4$ 针对腐败个案所采取的行动	9	90
	公共政策	SO$_5$ 公共政策立场及游说	7	70
	遵守法规	SO$_8$ 违反法律被处罚金额及非经济处罚次数	10	100

续表

类别	方面	核心指标	披露情况	
			披露公司数（家）	所占比重（%）
产品责任	客户健康与安全	PR$_1$ 产品和服务对健康与安全的影响评估	9	90
	产品与服务标识	PR$_3$ 程序要求的产品及服务信息种类	8	80
	市场推广	PR$_6$ 遵守市场推广计划	8	80
	遵守法规	PR$_9$ 重大罚款的总金额	3	30

资料来源：根据相关公司可持续发展报告整理。

第三节　基于 GRI 报告框架的发达国家汽车企业社会责任表现评价

一　相关研究回顾

学者们通过使用 GRI 报告框架，利用企业通过可持续发展报告等进行的企业社会责任信息披露，在企业社会责任表现评价方面开展了一系列研究。

Gallego 选择了入选 IBEX - 35 指数，包括能源与水资源、财物与保险、交通运输、建筑等行业的 11 家企业作为研究样本，依据 GRI 报告框架，从经济、环境与社会三个方面各选取了 5 项、10 项与 22 项核心指标。以这些指标为基础，Gallego 对不同行业企业在这些核心指标上的企业信息披露情况进行了分析，研究表明西班牙企业已经开始重视企业的社会责任，这对西班牙的可持续发展产生了积极影响。[①] Daub 基于 GRI 报告框架，提出了一个涵盖背景与覆盖面，政策、管理体系与利益相关者关系，公司表现，透明

---

① Gallego I. The use of economic, social and environmental indicators as a measure of Sustainable Development in Spain [J]. Corporate Social Responsibility and Environmental Management, 2006, 13 (2): 78 - 97.

度与概览 4 个方面 33 项标准的评价清单，每一项标准下面又设有不同的指标。使用该方法，Daub 对瑞士企业的企业社会责任报告质量进行了评价。[①] Ganescu 在对公司的可持续发展能力进行评价时，通过选取经济方面的 3 项指标（总收入、销量、研发费用投入）、社会方面的 3 项指标（公司女员工比例、员工培训时长、工作相关事故率）与环境方面的 4 项指标（CO_2 排放量、单车水资源消耗量、单车能源消耗量、单车废物产生量）对企业的可持续发展能力进行建构。在具体指标评价方面，其采用 1 ~ 1000 分进行评价，对各指标权重则进行了平均化处理。[②] 国内学者方面，李正在研究企业社会责任与企业价值的相关性时，认定以下 6 大类活动属于企业社会责任范畴——环境问题类、员工问题类、社区问题类（考虑企业所在社区的利益）、一般社会问题类、消费者类、其他利益相关者类，并使用指数法衡量企业承担社会责任的多寡。如果上市公司在年度报告中描述性地披露了上述 6 类 15 项活动中的某一项，则得 1 分，如果有相应的金额披露，则再加 1 分，一个企业最高得分为 30 分，最低为 0 分。[③] 田虹为研究企业社会责任与企业绩效的相关性，采用内容分析法对企业社会责任表现进行了评价。在具体操作上，田虹借鉴了李正的测量方法，认为企业社会责任的涵盖范围包括股东、员工、消费者、环境、其他利益相关者等 5 类 16 项指标。在评分方面，如果企业的年报披露了上述活动中的某一项，则赋值 1 分，如果企业还有相应的金额披露，再加 1 分，最后加总得到企业的社会责任指数，这样，一个企业的得分为 0 ~ 32 分。[④]

通过对学者们的企业社会责任表现评价研究的回顾，可以发现上述学者的企业社会责任测量方法还有进一步完善的空间。Gallego、李正、田虹与

① Daub C H. Assessing the quality of sustainability reporting：An alternative methodological approach [J]. Journal of Cleaner Production，2007，15（1）：75 – 85.

② Ganescu M C. Corporate Social Responsibility，a strategy to create and consolidate sustainable businesses [J]. Theoretical and Applied Economics，2012，11（11）：91 – 106.

③ 李正. 企业社会责任与企业价值的相关性研究——来自沪市上市公司的经验证据 [J]. 中国工业经济，2006（2）：77 – 83.

④ 田虹. 企业社会责任与企业绩效的相关性——基于中国通信行业的经验数据 [J]. 经济管理，2009，31（1）：72 – 79.

Ganescu 在对企业社会责任表现进行评价时，都在对企业社会责任的概念框架进行定义的基础上进行了赋值评价。① Gallego 在进行操作化的过程中，虽然参考了 GRI 报告框架，但是仅考虑了经济、环境与社会三个方面。② Ganescu 考虑了汽车产业的特殊性③，但其对企业社会责任的建构也仅仅局限在"三重底线"的绩效数据方面。李正与田虹在对企业社会责任进行测量的过程中，更多的是参考国内外研究成果并结合我国的实践情况进行的指标设定。④ 上述学者对企业社会责任表现的测量，都没有考虑公司的战略与分析、组织框架、治理等概况，也没有考虑公司在企业社会责任的主要实践方面所采用的管理工具，只关注企业社会责任绩效指标，而没有考虑企业社会责任的战略性转变程度以及公司治理活动等对企业履行社会责任等所做出的管理支撑，评价具有一定的局限性。

二　本研究所采取的评价方法

评价发达国家汽车企业的企业社会责任表现，应该以这些企业的具体企业社会责任实践活动以及绩效指标为评价对象。在第四章的分析中，可以发现这些企业的企业社会责任实践可以从制定与实施企业社会责任战略、回应主要利益相关者诉求、开展环境经营活动几个方面进行划分。在回应主要利

---

① Gallego I. The use of economic, social and environmental indicators as a measure of Sustainable Development in Spain ［J］. Corporate Social Responsibility and Environmental Management, 2006, 13 （2）: 78 - 97; 李正. 企业社会责任与企业价值的相关性研究——来自沪市上市公司的经验证据 ［J］. 中国工业经济, 2006 （2）: 77 - 83; 田虹. 企业社会责任与企业绩效的相关性——基于中国通信行业的经验数据 ［J］. 经济管理, 2009, 31 （1）: 72 - 79; Ganescu M C. Corporate Social Responsibility, a strategy to create and consolidate sustainable businesses ［J］. Theoretical and Applied Economics, 2012, 11 （11）: 91 - 106.

② Gallego I. The use of economic, social and environmental indicators as a measure of Sustainable Development in Spain ［J］. Corporate Social Responsibility and Environmental Management, 2006, 13 （2）: 78 - 97.

③ Ganescu M C. Corporate Social Responsibility, a strategy to create and consolidate sustainable businesses ［J］. Theoretical and Applied Economics, 2012, 11 （11）: 91 - 106.

④ 李正. 企业社会责任与企业价值的相关性研究——来自沪市上市公司的经验证据 ［J］. 中国工业经济, 2006 （2）: 77 - 83; 田虹. 企业社会责任与企业绩效的相关性——基于中国通信行业的经验数据 ［J］. 经济管理, 2009, 31 （1）: 72 - 79.

益相关者诉求方面，发达国家主要汽车企业都进行了利益相关者管理，对投资者、雇员、消费者与社区的利益诉求进行了识别与回应。而在开展环境经营活动方面，这些企业则主要履行了企业的环境保护责任与产品责任。

GRI 在可持续发展报告框架文件的编制过程中，与商界、投资者、劳工组织、社区、会计界、学术界以及其他领域的利益相关者进行了充分的沟通并达成共识。GRI 报告框架经过了测试，并处于不断完善过程中。从这一角度而言，GRI 报告框架是经多方认可且被企业界广泛应用的可持续发展报告框架。通过对其指标体系的分析，可以发现这一框架要求企业进行的企业社会责任信息披露与发达国家汽车企业的企业社会责任实践活动相吻合。发达国家汽车企业的企业社会责任表现并不局限在经济、环境与社会等绩效方面，还体现在企业为履行企业社会责任，在制定企业战略、形成支持企业社会责任战略的组织体系以及管理体系等方面所开展的工作中，GRI 报告框架同样覆盖了这部分内容。

本研究在对发达国家主要汽车企业的企业社会责任表现进行评价时，将全面考虑发达国家企业社会责任实践的相关方面。同时，在具体的评价指标设计方面，将以 GRI《指南》G3.1 为基础。具体而言，在评价指标体系的构建方面，主要包括以下一级指标。一是治理绩效。这一部分指标主要反映企业社会责任战略制定与实施情况，以及与企业社会责任表现密切相关的公司治理水平、对外承诺以及利益相关者参与情况，具体评价指标则来自《指南》G3.1 中的 1.1 至 1.2 与 4.1 至 4.17，共 19 个指标。二是经济绩效。主要涵盖企业的经济表现、市场表现以及间接经济影响等方面的指标，具体评价指标则来自《指南》G3.1 中的 EC_1 至 EC_9，共 9 个指标。三是环境绩效。这一部分主要针对企业消耗的物料、能源、水资源、生物多样性、废气/污水/废弃物、产品与服务、遵守法规、交通运输等环境保护的方方面面进行评价，涉及《指南》G3.1 中的 EN_1 至 EN_{30}。四是社会绩效。这一部分主要从劳工实践及体面工作、人权、社会与产品责任等四个方面展开，指标来自《指南》G3.1 中的 LA_1 至 LA_{15}、HR_1 至 HR_{11}、SO_1 至 SO_{10} 以及 PR_1 至 PR_9，共 45 项指标（见表 5 - 7）。

在指标评价方面，本研究将采用 0 ~ 4 分量表进行。具体评价标准如下：

0 分，没有进行相关实践活动以及信息披露；

1 分，对于所开展的实践活动仅有提及，没有具体内容支撑；

2 分，仅进行部分实践活动，且披露信息有限；

3 分，按指标要求开展了相应的实践活动，但较小部分没有满足；

4 分，按指标要求开展了所有的实践活动，并对全部信息进行了披露。

在各评价方面的权重设定方面，本研究采取平均法。采取这种处理方法主要基于以下几点考虑：首先，实施企业社会责任战略，为企业履行社会责任奠定了基础，是企业社会责任实践活动的重要组成部分；其次，企业社会责任战略的实施以及企业对社会责任的履行，都需要企业通过恰当的治理模式开展；最后，由经济、环境与社会构成的"三重底线"既是企业履行社会责任的重点实践领域，也是结果的主要表现。从上述考虑出发，在计算发达国家汽车企业的不同一级指标表现与企业社会责任总体表现时将采取平均权重法。

表 5 - 7　企业社会责任表现评价指标体系构成

一级指标	二级指标	评价指标
治理绩效	公司战略与分析	1.1 至 1.2
	公司治理、承诺与相关利益者参与	4.1 至 4.17
经济绩效		EC_1 至 EC_9
环境绩效		EN_1 至 EN_{30}
社会绩效	劳工实践及体面工作	LA_1 至 LA_{15}
	人权	HR_1 至 HR_{11}
	社会	SO_1 至 SO_{10}
	产品责任	PR_1 至 PR_9

资料来源：Global Reporting Initiative. Sustainability reporting guidelines version 3.1 [R/OL]. 2011 [2015 - 4 - 20]. https：//www.globalreporting.org/standards/resource-download-center/。

根据上述评价方法及权重确定方式，本研究首先对样本企业的每一评价指标表现进行评分，范围为 0 ~ 4 分。接下来，根据每一指标的权重，对样本企业在治理绩效、经济绩效、环境绩效以及社会绩效等企业社会责任主要方面的表现进行评价。最后，企业整体社会责任表现评价公式如下：

$$CSR_i = (Gov + Eco + Env + Soc)/4$$

其中，CSR_i为i企业社会责任表现，Gov为企业治理绩效表现，Eco为企业经济绩效表现，Env为企业环境绩效表现，Soc为企业社会绩效表现。本研究对企业总体社会责任表现的权重处理方式与 STOXX ESG 等指数的处理方式一致。①

为系统、全面地考察发达国家汽车企业社会责任表现对企业业绩的影响，本研究选取 2013 年世界汽车销量排名前 10 位且发布可持续发展报告的丰田、大众、通用、日产、现代、福特、雷诺、菲亚特、本田、起亚作为分析样本。其中，雷诺和日产作为联盟，合并于日产。考虑到德国豪华车生产商戴姆勒与宝马在企业社会责任方面的突出表现以及其面临的排放法规管制相对更加严苛的情况，本研究也将其纳入研究范围。

下面，笔者将对使用此方法对样本企业 2013 年的企业社会责任表现所进行的评价结果进行说明。

三　发达国家汽车企业社会责任表现评价

（一）治理绩效表现评价

发达国家主要汽车企业在治理绩效方面的企业社会责任表现较好，平均分高达 3.4 分。样本企业依据 GRI 报告框架，披露了这一方面的绝大多数指标，并在可持续发展报告中对企业社会责任战略的制定以及机会风险进行了详细描述。这表明发达国家主要汽车企业已经将企业社会责任战略作为实现企业可持续发展的重要战略举措，使其成为企业整体战略的基石。在制定完企业战略特别是企业社会责任战略后，这些企业也非常关注企业的治理结构，开展利益相关者管理工作并对外界倡议做出承诺，将其作为从企业社会责任战略到具体企业社会责任实践转变的保障机制。

分企业来看，德国汽车企业在这一部分评分较高。大众、戴姆勒、宝马的这一部分企业社会责任得分分别为 3.78 分、3.74 分、3.62 分（见图 5 - 1），这再次表明德国汽车企业对企业社会责任的重视以及切实通过企业总

---

① STOXX. STOXX ESG index methodology guide［R/OL］. 2013［2015 - 4 - 20］. http：// www. stoxx. com/download/indices/rulebooks/stoxx_ strategy_ guide. pdf.

体战略推进企业可持续发展的能力。这些企业在企业总体发展战略的指引下都制定了可持续发展战略，企业的最高层管理者也都致力于推动这一战略的贯彻与落实，对可持续发展愿景、战略优先项等都进行了说明。这些企业也对汽车产业所面临的 CO_2 减排、未来移动方式的转变、气候变化、生物多样性丧失、资源短缺等问题进行了识别与分析。在公司治理方面，德国汽车企业也都成立了独立的机构进行推进。同时，这些企业在可持续发展报告中都详细介绍了企业利益相关者参与机制，并进行了重要性分析。

美国的福特、通用与韩国的起亚在这一方面的得分处于第二梯队，分别为 3.58 分、3.42 分、3.45 分（见图 5-1）。这些企业虽然对企业战略以及公司治理进行了信息披露，并且介绍了企业的具体做法，但详尽、系统程度与处于第一梯队的德国汽车企业存在一定差距。样本中的其他汽车企业，如日产、现代、丰田、菲亚特、标致雪铁龙等，在这一方面的评分相对较低（见图 5-1）。日本汽车企业在公司治理方面得分较低，丰田仅设有企业社会责任委员会，职责方面更侧重于风险管理，日产虽然也设置了企业社会责任控制委员会，但在具体机构设置方面没有德国汽车企业系统、全面。丰田与日产在可持续发展报告中没有披露董事会成员基本信息以及董事会多元化方面的信息，影响了对其公司治理方面的评价。同时，丰田在可持续发展报告中仅仅说明了企业社会责任政策与实践领域，对战略的阐述不够系统与细化。菲亚特与标致雪铁龙等的利益相关者参与等表现也存在欠缺。

（二）经济绩效表现评价

依据 GRI 报告框架，经济绩效方面主要是针对企业的经济表现、市场表现以及间接经济影响进行评价。其中经济表现不仅包括企业直接创造的经济价值，还包括气候变化带来的财务影响及其风险、机遇以及政府的财政补贴等；市场表现则包括当地供应商采购政策以及当地雇员雇用程序等；间接经济影响则包括为公共利益开展的投资和服务及其影响。这一部分的评价，不局限于企业直接经济绩效，而是从企业社会责任角度出发，对企业履行基本经济责任的行为进行评价。

通过对比评价，大众在样本企业中的经济绩效方面表现最佳，2013年得分高达 3.47 分（见图 5-2）。大众对这一部分的核心指标全部进行

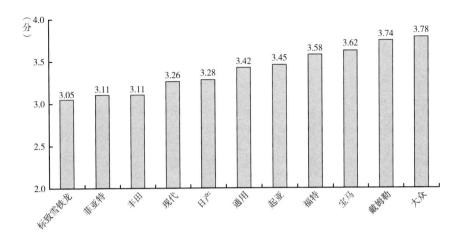

图 5－1　发达国家主要汽车企业治理绩效表现（2013 年）

了披露，对企业的具体经济表现进行了详细描述，重点说明了企业相关战略、具体管理实践，特别是重点介绍了气候变化对企业的经济影响。这充分表明大众在日常经营中对气候变化等外部环境因素进行了重点考量，经济绩效的良好表现是其企业全价值链社会责任化的又一体现。戴姆勒表现次之，经济绩效得分为 3.23 分（见图 5－2）。2013 年，戴姆勒息税前利润高达 108 亿欧元。但戴姆勒在可持续发展报告中并没有说明政府补贴情况，对不同员工基本薪酬方面的介绍也不够详尽，影响了总体得分。

福特、起亚、宝马的经济绩效得分也相对较高，分别为 3.19 分、3.15分、3.15 分（见图 5－2），高于平均分 3.07 分。福特对企业主要运营地起薪点与当地最低工资比例没有进行任何信息披露，对当地供应商的政策、措施及支出比例等披露程度有限。韩国汽车企业起亚，由于政府对财阀以及大型企业一直发挥重要影响力等历史原因，并没有对政府的财政补贴进行披露。宝马也未就政府财政补贴进行说明，此外，其对主要运营地起薪点与当地最低工资比例也仅做了有限说明。这些因素影响了上述企业的经济绩效表现得分。

标致雪铁龙、菲亚特与丰田等企业经济绩效表现相对较差，得分均低于 3 分（见图 5－2）。这主要是因为这些企业对于经济表现指标中的政府财政补贴，市场表现中的员工基本薪酬、当地供应商政策，以及间接经济影响等的披露程度有限。

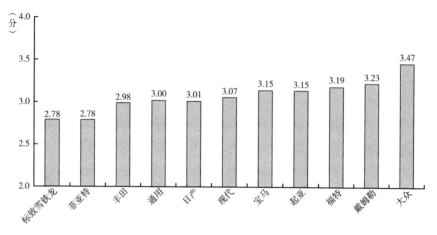

图5-2 发达国家主要汽车企业经济绩效表现（2013年）

（三）环境绩效表现评价

环境绩效方面，主要评价样本企业在物料、能源、水资源、生物多样性、废气/污水/废弃物、产品和服务、遵守法规、交通运输以及环境保护总体投入等方面的表现。与前两方面的企业社会责任表现一致，德国大众、戴姆勒与宝马等主要汽车企业在该方面表现优异。意大利汽车企业菲亚特与美国汽车企业福特也有较好的表现。这些企业都非常重视环境经营，制定了明确的环境战略，设置了相对严苛的环境保护目标，并且通过设置相应的组织机构进行落实。

分企业来看，大众的环境绩效得分最高，为3.37分（见图5-3）。为了履行企业环境责任，大众集团的环境管理委员会负责管理可持续发展生态环境的方方面面，并聚焦于产品研发与所有生产工厂的生产战略。大众2012年单车生产能源消耗仅为1075千瓦时，单车CO_2直接排放量（Scope1）为422千克，单车使用电能、热能产生的CO_2间接排放量（Scope2）为883千克。上述指标是大众设定明确环境保护目标并采取切实行动后取得成果的一个例证。宝马的环境绩效得分略低于大众，为3.36分（见图5-3）。在环境保护方面，宝马的目标是成为领先的、最具资源使用效率的优质个人移动产品提供商。为了达成这一目标，宝马实施了全面的、全集团范围的环境保护政策，将环境保护作为企业重大投资前期决策的必要考虑因素，追踪并监控相关环境指标。同时，宝马还于 2007 年和 2012 年两度设置清洁生产目标，指引集团的环境保护工作。2013 年，宝马单车能源消耗同比下降 2.1%，水资源消耗同比下降 1.8%，废弃物处置量同比下降 11.4%，VOC 排放量同比下降 10.7%，CO_2 排放量同比下降 5.6%，环境保护成效显著。

菲亚特与戴姆勒的环境绩效得分均为 3.33 分（见图 5-3）。菲亚特在履行企业环境责任方面，以应对气候变化为主要出发点，从产品设计、制造、销售、使用到废旧车辆处置等全价值链入手，以实现生态友好型的移动生活。戴姆勒在《戴姆勒环境与能源指南》的指导下，形成了综合性环境保护体系，通过组织机构设置、培训、认证与增加环境保护投入等措施，提高了能源利用效率，减少了空气污染物排放，实现了低碳生产。但戴姆勒在生物多样性与污染物泄漏管理等方面还需加强。现代、通用、起亚与福特等企业的环境绩效得分也在 3 分以上。

丰田、日产、标致雪铁龙的环境绩效表现得分相对较低，分别为 2.80 分、2.85 分、2.90 分（见图 5-3），低于平均分 3.12 分。这主要是因为丰田与日产并没有正式采用 GRI 报告框架对企业社会责任信息进行披露，企业对相关评价指标所需信息披露较少或没有进行披露。

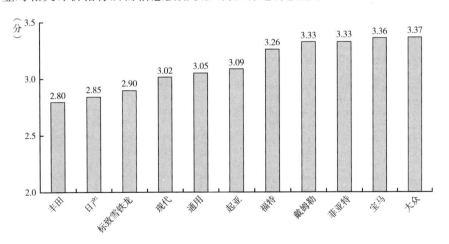

图 5-3　发达国家主要汽车企业环境绩效表现（2013 年）

（四）社会绩效表现评价

根据 GRI 报告框架，社会绩效方面的指标涵盖范围广泛，主要包括劳工实践及体面工作、人权、社会与产品责任等方面。其中，劳工实践及体面工作主要从雇用、劳资关系、职业健康与安全、培训与教育、男女同工同酬等方面对企业的社会责任表现进行评价，重点关注企业对员工权益的保障情况；人权方面包含投资与采购措施、非歧视、结社自由与集体协商、童工、强制劳动、安保措施、世居民众权利、评估与纠正等，涵盖了企业在日常运作过程中所涉及的人权问题；社会方面，主要对当地社区、腐败、公共政策、反竞争行为以及遵守法规等情况进行评价；产品责任方面则主要对企业在客户健康与安全、产品与服务标识、市场推广、客户隐私以及遵守法规等方面的表现进行评价。从上述指标的构成可以看出这一部分主要针对的是企业在除经济、环境外的社会责任方面的表现。

通过对发达国家汽车企业可持续发展报告中的信息进行文本分析，从企业具体实践与成果入手，本研究发现德国汽车企业在社会绩效方面的表现领先于其他样本企业。大众、戴姆勒、宝马的社会绩效评分分别为 3.46 分、3.43 分、3.42 分（见图 5-4），充分显示出这些企业对企业社会责任的重视程度。德国汽车企业非常重视对员工权益的维护，在为员工提供安全工作环境、保障员工职业健康与安全的同时，还为员工提供更具包容性的工作环境与机会，特别重视女性员工能力的提升。戴姆勒在这一方面表现更加突出。在人权保护方面，德国汽车企业实施"双层董事会"公司治理结构，使得员工能够更加深入地参与公司重大经营决策的制定。这些企业在日常经营中，也非常重视参与社区活动，并采取切实措施预防腐败发生。产品责任更是德国汽车企业履行社会责任的重点，但在应对损害客户健康与安全的事件、违反法规的市场推广行为、客户隐私保护不当以及违反提供产品与服务标识的法律法规方面所开展的实践活动仍显不足。

福特、起亚、现代、丰田、日产的社会绩效表现次之，得分分别为 3.19 分、3.13 分、3.10 分、3.10 分、3.08 分（见图 5-4）。这些企业在雇用、劳资关系等劳工实践及体面工作方面，以及安保措施、世居民众权利、评估与纠正等人权保障方面披露的信息较少，管理方法的体系化以及实践与德国汽车企业还存在一定的差距，影响了其社会绩效的评分。菲亚特、标致雪铁龙、通用的社会绩效表现在样本企业中处于较低水平，其评分分别为3.00 分、2.88 分、2.87 分（见图 5-4）。一方面，这些企业对相关绩效指标的披露程度有限，在一些方面并没有开展相关实践；另一方面，这些企业对企业社会责任的履行尚未扩展到以上领域，没有具体的目标以及管理体系作为支撑，所以与其他样本企业评分差距较大。

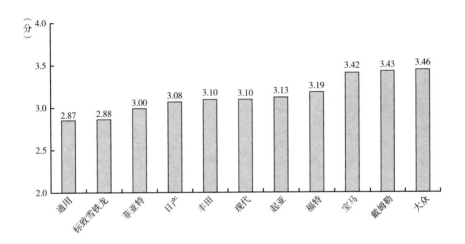

图 5-4　发达国家主要汽车企业社会绩效表现（2013 年）

（五）企业社会责任表现总体评价

通过综合考虑样本企业在治理绩效、经济绩效、环境绩效与社会绩效四方面的表现，可以发现德国汽车企业的总体企业社会责任表现最佳。三大德国汽车企业——大众、戴姆勒、宝马的得分分别为 3.52 分、3.43 分、3.39分（见图 5-5），而大众在企业社会责任的四个主要领域得分均为第一。与本研究结果一致，在最新发布的道琼斯可持续发展指数中，大众在全球汽车产业中得分最高。这一结论表明，相对于其他国家，德国汽车企业对企业社会责任更加重视，企业社会责任战略的制定与贯彻落实得更加彻底。同时，在应对气候变化这一最主要环境议题时，德国汽车企业更是从产品设计源头出发，通过进行产品生命周期评价、引入 ISO/TR14062 产品生态设计管理体系等，将产品生命周期中的环境负荷降至最低。在社会责任方面，这些企业非常重视对员工权益进行保护，开展包容性管理，通过基金会为社会事业提供支持等，全方位考虑了利益相关者的诉求。除了企业的自发使然，完善的法律体系特别是产业针对性法规对德国汽车企业履行社会责任也起到了约束和促进作用。

美国福特与韩国起亚的总体社会责任表现水平高于样本企业平均值，得分分别为 3.31 分与 3.21 分（见图 5 - 5）。美国汽车企业福特在运营中非常重视企业社会责任，将企业重要事项和其他关键表现领域划分为财务健康、气候变化与环境、水资源、车辆安全、供应链、健康与安全等具体方面，并设置了具体目标与行动方案，而这一划分也体现了福特对企业社会责任关键实践方向的理解。针对所有上述关键行动领域，福特都对具体目标进行分解，并形成了相应的管理方法，明确的目标与具体实施路径使得福特的企业社会责任表现水平在样本企业中仅低于德国汽车企业。作为韩国最早的汽车企业，起亚也非常重视履行企业社会责任。自 2008 年发布企业社会责任承诺，组建企业社会责任委员会后，其陆续开展了一系列企业社会责任活动，并开启了企业社会责任的全球化战略。起亚在企业社会责任领域获得了众多奖项，连续四年位居道琼斯可持续发展韩国指数汽车产业第一名，并获得韩国标准协会（Korea Standards Association）可持续发展会议汽车产业第一名。

与起亚同处一个集团的现代，企业社会责任表现总体得分略低于起亚，为 3.11 分（见图 5 - 5）。韩国汽车企业在企业经营中，已经开始积极履行企业社会责任，特别注重环境保护与环保车辆开发，取得了较好成绩。通用、日产、菲亚特、丰田得分均不低于 3 分，标致雪铁龙表现较差，仅为 2.90 分（见图 5 - 5）。日本汽车企业日产与丰田的企业社会责任表现水平相对较低，这一方面可能是因为这些企业对企业社会责任信息披露并未采用 GRI 报告框架，相关企业社会责任实践活动并未得到说明；另一方面，通过对比，我们也确实发现日本汽车企业在企业社会责任的战略制定与实施以及一些关键领域的管理方法上与德国汽车企业差距明显。

综上所述，本章使用 GRI 报告框架，采用内容分析法，通过对发达国家汽车企业可持续发展报告中披露的企业社会责任信息进行分析，对发达国

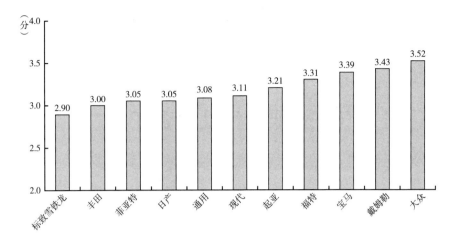

图 5 - 5　发达国家主要汽车企业社会责任总体表现 (2013 年)

家主要汽车企业的企业社会责任表现进行了评价。这一评价结果主要以企业
自身的企业社会责任信息披露为依据，这些企业规范的企业社会责任编制及
披露，特别是多数企业的可持续发展报告已经通过第三方的外部审核，为此
次评价提供了客观的信息支持。但由于一些企业没有采用 GRI 报告框架，
如果这些企业未对企业社会责任信息进行足够披露，评价结果可能会受到一
定影响。

第六章

发达国家汽车企业履行社会责任的
成效分析

本章将对发达国家汽车企业履行社会责任的成效进行分析与评价。从发达国家汽车企业的实践看，其对企业社会责任的履行促进了包括产业自身在内的经济的平稳增长，提高了经济发展的可持续性。在社会成效方面，这些企业在为社会事业提供支持的同时，也提高了就业质量，促进了女性发展，为促进社会公平做出了贡献。从环境成效看，其产品的环保性能大幅提升，应对气候变化成效显著。在此基础上，笔者对企业社会责任表现与企业业绩之间的关系进行了实证检验。实证结果表明，发达国家汽车企业通过履行社会责任，提升了企业社会责任总体表现水平，促进了资产收益率与托宾 Q 值等企业业绩指标的提升，而良好的企业业绩进一步促进了企业社会责任表现水平的提升。

第一节　对促进经济发展与社会进步成效的分析

一　促进了经济平稳增长

（一）实现了汽车产业的健康发展

通过实施企业社会责任战略，发达国家汽车企业实现了健康发展。以2008 年全球金融危机为界，主要发达国家汽车整体产量在危机爆发前的2000 年至 2007 年呈现小幅平稳增长态势。德国与日本在全球金融危机爆发前的 2007 年达到了汽车生产的高点，产量分别为 621.3 万辆与 1159.7 万辆，美国汽车产业虽然从 2002 年开始出现下滑，但 2007 年其汽车产量也高达 1078.0 万辆（见表 6-1）。2008 年由美国次贷危机导致的全球金融危机的爆发，以及随后出现的欧债危机，严重影响了全球实体经济的发展。同时，危机的蔓延也导致全球汽车市场需求下滑，使得对外依存度较高的德国、日本与美国的汽车产业遭受了严重冲击。

从 2008 年开始，德国、日本与美国的汽车市场都出现了大幅萎缩，美国受到的影响最大，其 2009 年的汽车产量仅为 2007 年的 53%。面对经济形势低迷带来的冲击，各国政府纷纷出台消费刺激政策以促进消费。更为重要的是，在这期间发达国家主要汽车企业正处于企业社会责任战略实施的导入期，其在维护员工与消费者权益、做好企业社会公民等方面的实践活动取得了一定成果，而以危机为转折点开展的旨在减少能源消耗、降低产品环境负荷的新能源汽车战略的实施更是为汽车产业的恢复提供了强劲动力。在危机得到缓解的共同作用下，德国汽车产业率先得到恢复，2011 年生产汽车 631.1 万辆，创造了 21 世纪以来的新高，但由于 2012 年国内市场与海外市场需求继续低迷，汽车产量有所下降。日本与美国汽车企业从 2010 年开始，生产也逐步得到恢复，2012 年，美国汽车产量达到 1032.9 万辆，已经大体恢复到 2007 年的水平。同年，日本汽车产量也接近 1000 万辆（见表 6-1）。

表 6-1　主要发达国家汽车整车生产情况（2000~2018 年）

单位：万辆

年份	德国			日本			美国		
	乘用车	商用车	小计	乘用车	商用车	小计	乘用车	商用车	小计
2000	513.2	39.5	552.7	835.9	178.1	1014.0	554.2	725.8	1280.0
2005	535.0	40.8	575.8	901.7	178.3	1080.0	432.1	766.0	1198.1
2006	539.9	42.1	582.0	975.7	172.8	1148.5	436.6	689.8	1126.4
2007	570.9	50.4	621.3	994.5	165.2	1159.7	392.4	685.6	1078.0
2008	553.2	51.4	604.6	992.8	164.8	1157.6	377.7	491.7	869.4
2009	496.5	24.5	521.0	686.2	107.2	793.4	219.6	353.6	573.2
2010	555.2	35.4	590.6	831.0	131.9	962.9	273.1	503.1	776.2

续表

年份	德国			日本			美国		
	乘用车	商用车	小计	乘用车	商用车	小计	乘用车	商用车	小计
2011	587.2	43.9	631.1	715.9	124.0	839.9	297.7	568.5	866.2
2012	538.8	26.1	564.9	855.4	138.8	994.2	410.6	622.3	1032.9
2013	544.0	27.8	571.8	818.9	144.1	963.0	436.9	669.8	1106.7
2014	560.4	30.4	590.8	827.8	149.7	977.5	425.3	740.7	1166.0
2015	570.8	32.5	603.3	783.1	144.8	927.9	416.4	793.6	1210.0
2016	574.5	31.6	606.1	787.4	133.1	920.5	393.4	826.4	1219.8
2017	564.6	—	564.6	834.8	134.5	969.3	303.3	815.7	1119.0
2018	512.0	—	512.0	835.9	137.0	972.9	279.6	851.9	1131.5

资料来源：OICA. Production Statistics［DB/OL］. 2020［2020 - 6 - 10］. http：//www. oica. net/category/production-statistics/2018-statistics/。

发达国家主要汽车企业的市场表现与汽车产业整体市场表现相类似，但从危机中恢复的速度要更快。为了实现企业的可持续发展，这些企业纷纷制定详尽的可持续发展战略，通过履行社会责任，形成了可以与社会进行价值共享的竞争优势。为了从全球金融危机的影响中尽快恢复并进一步获取优势市场地位，这些企业都加大了对节能减排技术的研发和应用，以更加环保的汽车产品来满足消费者的需求，促进消费者购买。得益于企业社会责任战略的实施所形成的"效率租金"，发达国家主要汽车企业从全球金融危机中迅速恢复。大众与日产从2008年开始，销量一直处于平稳增长过程中。其他发达国家主要汽车企业受危机影响较大，特别是福特与通用（见表6-2）。但从这些企业2012年的销量来看，基本上都已经恢复到或者超过了危机发生前水平。

表6-2　发达国家主要汽车企业整车销售情况（2008～2018年）

单位：万辆

年份	2008	2009	2010	2011	2012	2013	2014	2015	2016	2017	2018
宝马	144	129	146	167	185	192	213	225	237	246	249
戴姆勒	210	160	190	210	220	235	250	286	300	330	340
大众	627	631	728	836	935	973	992	993	1031	1060	1083
丰田	855	705	731	735	887	959	981	1015	1018	1029	1052

续表

年份	2008	2009	2010	2011	2012	2013	2014	2015	2016	2017	2018
日产	341	352	419	485	491	510	531	542	563	582	552
通用	835	748	839	902	929	971	982	984	1000	896	840
福特	541	482	552	570	569	584	632	664	665	629	573

资料来源：根据上述企业可持续发展报告、年报与官网信息整理。

（二）提高了经济增长的可持续性

目前，世界经济的可持续发展面临众多挑战。发展绿色经济、实现低碳增长是实现经济可持续发展的重要举措，而这需要工商业界积极履行企业社会责任。发达国家汽车企业对社会责任的践行有助于建立循环型社会，提高经济增长的可持续性。提供节能环保型产品是发达国家汽车企业减少汽车产品对资源、能源消耗的重要实践。这些企业通过开展生命周期评价，从产品开发之初就已经考虑整个生命周期的资源、能源消耗。其通过提高内燃机效能、优化传动系统与车身设计、降低空气阻力、车身轻量化以及开发新能源汽车，大幅降低了汽车产品的资源、能源消耗，客观上也为建立循环型社会提供了产品支持。

2012 年，日本新生产乘用车的燃油经济性已经达到 21.6 千米/升，有 81.1% 的新车满足了 2015 年的燃油经济性目标。[①] 随着燃油效率的提高，CO_2 的排放量也大幅降低，2011 年德国乘用车排放量较六年前下降 10%，降至 141.4 克/千米。[②] 同时，这些企业也非常注重运营过程中的资源与环境问题，通过提高能源供应效率、使用节能设备、应用轻量化原材料以及对生产流程进行优化调整等，提高了资源与能源利用效率，同时降低了环境负荷。通过提供节能减排产品，提高生产运营过程中的资源与能源利用效率，发达国家汽车产业减少了资源、能源消耗，实现了产业的绿色转型。这种转型，为汽车产业乃至经济的可持续发展都做出了贡献。

---

① JAMA. The motor industry of Japan 2013 [R/OL]. 2014 [2014-11-28]. http://www.jama-english.jp/publications/MIJ2013.pdf.

② VDA. Annual report 2012 [R/OL]. 2013 [2014-11-28]. http://www.vda.de/en/publikationen/jahresberichte/index.html.

（三）为国民经济发展提供了新的增长点

汽车产业是发达国家国民经济的重要支柱。汽车产业涉及原材料供应、车辆生产与销售、售后服务、运输等，产业链较长，与国民经济中的其他产业联系密切。以德国汽车产业为例，其作为德国的支柱产业，2012年全行业营业额高达 3570 亿欧元，较 2011 年增长 2%，其中国内营业额为 1280 亿欧元，国外营业额为 2290 亿欧元；整车制造方面营业额高达 2800 亿欧元，其中国内销售占 800 亿欧元；汽车零部件制造方面的营业额高达 684 亿欧元。得益于汽车市场的景气和良好发展前景，2012 年汽车产业就业量大幅增加，较 2011 年增长 2.6%，总就业人口达到 742200 人，净增加就业岗位 22700 个。① 汽车产业同样也是日本最重要的支柱产业。2012 年，日本汽车产业产值（包含国内与国外产值）高达 289.1 万亿日元，占制造业总产值的比重高达 16.4%。汽车相关产业的总就业人口为 548 万人，占日本总就业人口的 8.8%。②

鉴于汽车产业的重要性，发达国家在出台经济刺激方案时，通常会选择汽车产业作为主要切入点。全球金融危机爆发以来，主要发达国家政府纷纷着手出台经济刺激政策，把新能源、信息技术等作为未来产业发展重点，同时出台财税等方面的支持政策，加快培育新的经济增长点。发达国家汽车企业为履行自身的社会责任，积极研发新能源汽车并促进其市场化，使得这些国家以汽车产业为基础，促进产业升级并形成新的竞争优势。

德国于 2009 年 8 月发布了《国家电动汽车发展计划》（以下简称《计划》），目的是加速电动汽车的研发与市场化进程，短期目标是到 2020 年实现纯电动汽车和插入式混合动力汽车（含增程式）保有量达到 100 万辆，长期目标是到 2050 年基本实现市内交通零化石能源消耗。《计划》提出在经济刺激方案 II 的框架下，为电动汽车产业提供 5 亿欧元资金援助，主要用

---

① VDA. Annual report 2012 ［R /OL］. 2013 ［2014 – 11 – 28］. http：//www. vda. de/en/publikationen/jahresberichte/index. html.

② JAMA. The motor industry of Japan 2013 ［R /OL］. 2014 ［2014 – 11 – 28］. http：//www. jama – english. jp/publications/MIJ2013. pdf.

于资助电动汽车技术研发、技术与市场渗透、区域示范，同时从具体技术研发方向与支撑体系两个方面提出了电动汽车市场化的具体举措。2010 年 4 月，日本经济产业省在竞争环境变化、能源趋紧、全球气候变暖等因素对汽车产业发展产生重大影响的情况下，发布了《下一代汽车战略 2010》。日本政府力争于 2020 年实现新一代汽车占新车销售比重的 50%，明确了电池研发、资源战略、国际标准化以及基础设施建设等关键行动领域的路线图。同时，日本政府自 2009 年 4 月起，实施了为期三年的旨在普及和促进环保车辆的环保车辆减税措施：购置税方面，对购买下一代汽车的消费者进行免税，对低排放车辆进行减税；在针对机动车重量征收的吨位税上，也对下一代汽车或低排放汽车进行减免。

美国政府没有出台专门的新能源汽车产业规划，但也通过其他产业支持政策促进了汽车产业的发展。2009 年 2 月，奥巴马总统签署《美国复兴和再投资法案》（以下简称《复兴法案》），计划通过设计、制造和推广新的切实可行的"绿色能源"来恢复美国的工业，法案涉及美国经济的各个领域部门，发展纯电动汽车是《复兴法案》的重要组成部分。《复兴法案》计划在能源效率和可再生能源方面提供 168 亿美元的资金支持，其中用于纯电动汽车的相关资金超过 20 亿美元，先进电池制造得到的支持最大，占到了 67%。美国能源部也对电池的研发提供相关补贴与资助。消费刺激政策方面，美国联邦政府根据纯电动汽车电池容量的不同，给予消费者不同程度的税收抵免，地方政府也通过多种刺激方式拉动纯电动汽车需求。虽然 2013 年 1 月美国能源部取消了 2015 年纯电动汽车保有量达到 100 万辆的目标，但美国政府仍旧致力于新能源汽车的推广及其成本的降低。

发达国家主要汽车企业对社会责任的履行，特别是其为实现"零排放"的可持续移动而对新能源汽车进行的研发与推广，在为汽车产业的可持续发展做出贡献的同时，也为国家提供了新的经济增长点并构建了新的产业优势。从德国、日本与美国等主要国家汽车市场从危机中得以恢复的市场表现来看，其新能源汽车产业规划与消费促进政策的出台使得汽车产业特别是新能源汽车产业成为新的经济增长点。

二 促进了社会进步

（一）为相关社会事业提供支持

发达国家汽车企业通过做好企业社会公民，积极参与社会活动，促进了社区乃至社会的发展。社区是企业生存的基本环境，是企业最重要的利益相关者，也是企业社会责任战略中最主要的关注维度。社会在发展过程中遇到的问题，同样也是发达国家汽车企业进行企业社会责任实践的重点。

积极开展慈善活动，为相关社会事业提供资助。发达国家汽车企业的这种资助活动主要是通过企业基金会、企业捐助、员工捐助等形式开展的，捐助的项目都是通过与利益相关者进行沟通所确定的将对社区或社会发展产生重要影响的项目。企业基金会是为社会事业提供资助的主要渠道。2012 年，福特基金会为各项社会事业提供了 2160 万美元的捐助，宝马下属的宝马基金会与埃伯哈德·冯·金海姆基金共为非营利组织和社会项目提供了 476 万英镑的捐助。企业捐助方面，2012 年，大众为非营利组织和各项社会事业共捐助了 3300 万欧元（不含大众员工基金会捐赠），福特捐赠了 850 万美元，日产捐赠了 1300 万日元，丰田 2011年的捐赠额更是高达 144 亿日元。2010～2018 年德国主要汽车企业慈善捐助情况见表 6 - 3。

表 6 - 3　德国主要汽车企业慈善捐助情况（2010～2018 年）

单位：百万欧元

年份	2010	2011	2012	2013	2014	2015	2016	2017	2018
宝马	27	13	10	8	10	17	70	162	158
戴姆勒	51	59	58	60	56	60	60	60	66

资料来源：相关企业可持续发展报告。

发达国家汽车企业的这些社会慈善捐助促进了教育、文化交流以及社区服务等社会事业的发展。教育是提升人力资源水平、改善贫困的基础，是对社会发展的一项长期投资。发达国家汽车企业开展了一系列教育支持项目或对其提供了一系列资助。戴姆勒开展了天才教育项目（Genius

Education Initiative），为儿童和青少年提供关于未来技术与环境问题方面的教育。宝马从 1996 年开始在南非开展一项长期的"学校环境教育发展项目"（SEED），以提高青少年的环境意识和社会责任感。福特、日产等企业也都开展了一系列有针对性的教育项目。促进文化交流是发达国家汽车企业慈善支持的又一重要项目。宝马、戴姆勒等汽车企业对文化、艺术项目的支持已经有超过 40 年的历史。在促进社会事业发展的同时，发达国家汽车企业也积极地参与到社区服务中来。通过组织志愿者队伍参与社区服务与救灾，这些企业帮助社区解决了其所面临的困难，促进了社会的和谐发展。

（二）提高了就业质量

高质量的就业对于社会的稳定与健康发展至关重要，同时也为社会的可持续发展提供了人力资本储备。全球金融危机与欧债危机等对全球就业机会与质量都造成了一定的影响。在这种形势下，发达国家汽车企业通过积极努力，提供了高质量的就业岗位。2012 年德国汽车产业新增了 22700 个就业岗位，而日本的汽车产业相关就业岗位更是占日本总就业岗位的 8.8%。从主要汽车企业 2012 年雇员情况看，发达国家主要汽车企业的雇员数量均有所增加：戴姆勒雇员总数为 27.5 万人，较 2010 年增加了 1.5 万人；大众雇员总数为 54.9 万人，较 2010 年增加了 15 万人；日产雇员总数为 16.0 万人，较 2010 年增加了 5000 人；福特雇员总数为 17.1 万人，较 2010 年增加了 5500 人。[①]

在为员工提供更多工作机会的同时，这些企业也通过培训等手段促进了员工个人的发展。这些培训不仅包括基本的职业技能培训，还囊括了员工发展需要的领导才能与专业知识培训，员工参与培训的机会不断增加。大众 2012 年共有 11 万人次参加了在职培训，有 7 万人次参加了专业技术培训。日产 2012 年在日本共有 13834 人参加了培训，较 2010 年增长了 25%，员工培训满意度评分为 4.3 分。在为员工提供培训的同时，这些企业还提供了相应的员工能力提升方案以及职业规划支持，促

---

① 资料来源为上述企业可持续发展报告。

进了员工个人的发展。

这些企业为员工个人发展提供机会以及维护其他权益的同时，也使得员工对企业的满意度不断提升。2012 年，大众的员工满意度为 79%，较 2008 年提高了 7 个百分点。丰田的调查结果也显示了同样的提升趋势，由 2008 年的 66.9% 增长到 2012 年的 73.9%。福特的员工满意度在 2012 年也提升至 71%。就业质量的提高在使员工个人获益的同时，也为家庭与社会的发展建立了坚实的基础。

（三）促进了女性的发展

女性发展是推动社会进步与经济增长的重要力量。然而无论是在发达国家还是发展中国家，女性在教育、职业发展等方面还部分存在无法与男性享受同等机会的情况，为女性提供同等的机会，保护女性权益，促进女性发展便成为一些发达国家汽车企业在人力资源管理中的工作重点。

发达国家汽车企业正在努力为女性员工提供与男性员工同等的机会，并实施有针对性的方案，促进女性发展。近年来，发达国家主要汽车企业的女性员工比例都呈现上升趋势。2012 年，宝马女性员工比例由 2010 年的 15.2% 上升至 17.3%，戴姆勒由 2010 年的 13.5% 上升至 14.4%，大众则由 2008 年的 14% 上升至 15.2%，福特在美国的女性员工比例更是高达 22%。持续增加女性员工比例已经成为这些企业进行多样化管理的重要目标，宝马 2020 年的女性员工比例目标高达 20%。同时，这些企业还鼓励女性员工从事工程师等技术岗位。大众通过与大学合作，为女学生提供为期 6 个月的实习，并鼓励其学习化学工程、电力工程等课程。这些活动的开展更是拓宽了女性的就业渠道。

越来越多的女性开始从事管理岗位。为了更好地促进女性员工发展，这些企业也对其开放了更多的管理岗位，并为女性提供相应的职业规划以及管理培训。2012 年，宝马监事会的女性比例为 20%，管理委员会也首次有女性高管任职。同时，戴姆勒的女性管理者比例达到了 11.8%，日产全球的女性管理者比例达到了 10%。在为女性员工提供与男性员工同等的工作与发展机会的同时，越来越多的企业还为女性员工提供了灵活的工作安排，使其更好地平衡工作与家庭生活。

第二节　对提升环境保护效果成效的分析

一　产品环保性能大幅提升

（一）持续提高燃油经济性

发达国家汽车企业一直努力降低汽车在使用过程中的能源消耗，进而减少 CO_2 等温室气体排放量，从而将汽车的环境影响降至最低。为了达成这一目标，这些企业在产品设计过程中开展生命周期评价，挖掘传统能源发动机与传统系统效率，开发新能源汽车，进行车身轻量化设计，降低滚动阻力以及开发智能驾驶辅助系统等，使燃油经济性得到很大提升。

为了尽早达到油耗标准，在强制实施日期到达前，日本汽车企业一直致力于向市场推广已经满足油耗标准的车型。2011 年，在国内销售的日本国产品牌乘用车中，超过 96% 的车型已经满足按其车身重量确定的油耗目标。高达标率使得车辆的燃油经济性大幅提升，2011 年日本汽油乘用车的新车平均油耗为 19.9 千米/升，燃油经济性较 2005 年提升 28%。[①] 主要汽车企业方面，丰田 2012 年全新上市或换代的 7 款车型满足 2015 年油耗标准，满足这一标准的汽油乘用车的比例为 86%。2012 年丰田在日本、美国与欧洲等主要市场的燃油经济性较 1997 年提高了 43%，在日本本国更是提高了87%。[②] 日产也通过推出新型无级变速箱、扩大新能源汽车产品组合等举措提高了车辆燃油经济性。2012 年，日产乘用车在日本的新车平均油耗为18.2 千米/升，较 2005 年提高了 34%；在美国的新车平均油耗为 35.2 英里/加仑，较 2005 年提高了 19%。[③]

美国汽车企业方面，福特汽车为了提高燃油经济性，在 2007 年就制

---

① 庞德良，张清立. 日本汽车产业环境经营分析 [J]. 现代日本经济. 2013，192（6）：57 - 66.

② Toyota Motor Copration. Sustainability report 2013 [R/OL]. 2013 [2014 - 11 - 20]. http：//www.toyota - global.com/sustainability/Published：September 2013 report/sr/.

③ Nissan Motor Company. Sustainability report 2013 [R/OL]. 2013 [2014 - 11 - 20]. http：//www.nissan - global.com/EN/CSR/SR/2013/.

定了可持续发展技术与替代能源方案。通过使用 EcoBoost© 先进发动机与动力传动系统、降低车身重量等措施，福特提高了传统汽油与柴油发动机汽车的燃油经济性，同时也加大了替代能源（含新能源）车辆的开发力度。在这些措施的作用下，2012 年福特在美国的企业平均燃油经济性为 35.7 英里/加仑，较 2007 年提升了 6.6 英里/加仑。

（二）CO_2 排放量得到降低

随着燃油经济性的提升，发达国家主要汽车企业的新车 CO_2 排放量不断下降。人类在生产活动中排放的 CO_2 是导致全球气候变暖的重要原因，降低道路交通 CO_2 排放量是发达国家汽车企业防止气候变化的主要实践。

与日本和美国的排放法规对企业平均燃油经济性进行强制管理不同，欧盟更加重视气候变化问题，对新车 CO_2 的排放限值进行立法管理。2012 年，欧盟 CO_2 排放新法规对乘用车生效，规定到 2015 年汽车厂商生产的全部乘用车必须实现 130 克/千米的 CO_2 排放限制目标，汽车厂商对超出限值的 CO_2 排放部分要支付罚金，这一目标限值到 2020 年会加严至 95 克/千米（同期美国为 121 克/千米，日本为 105 克/千米，中国为 117 克/千米）[1]，为迄今为止全球最严格的减排目标。欧盟实施的这种 CO_2 的排放立法管理，使得欧洲的汽车生产厂商不断加大技术研发力度，以减少 CO_2 排放量。

2012 年，宝马在欧洲 27 国的新车平均 CO_2 排放量为 138 克/千米，较 2008 年下降 18 克/千米，已经接近欧盟 2015 年的排放限制目标。在宝马所生产的车型中，73 款车型的 CO_2 排放量最高值为 140 克/千米，34 款车型的 CO_2 排放量最高值为 120 克/千米，4 款车型的 CO_2 排放量最高值已经低于 100 克/千米。戴姆勒 2012 年新车平均 CO_2 排放量由 1995 年的 230 克/千米降至 140 克/千米，降幅高达 39%。2012 年，大众的新车平均 CO_2 排放量也已降至 134 克/千米，较 2008 年减少 25 克/千米，是德国汽车厂商中新车平均 CO_2 排放量最低的企业。[2]

---

① VDA. Annual Report 2013 [R/OL]. 2014 [2014 - 11 - 22] https://www.vda.de/en/Search - Results.html? q = annual + report.

② 资料来源为相关企业可持续发展报告。本节以下数据均来自相关企业可持续发展报告，不再另出注释。

日产在欧洲销售车型的 CO_2 排放量较 2000 年下降了 24%，其配备了发动机起停装置的 Mirca 车型 CO_2 排放量更是低至 95 克/千米。美国汽车企业方面，2012 年通用欧洲新车平均 CO_2 排放量为 134.6 克/千米，较 2001 年下降了近 33 克/千米。福特在欧洲的新车平均 CO_2 排放量控制最为成功，2010 年已经降至 128 克/千米，2012 年小幅上升至 129 克/千米，在样本企业中与 2015 年欧盟的 CO_2 排放目标最为接近。

随着在道路上行驶的节能减排车辆的增加，主要发达国家道路交通 CO_2 排放量也有所下降。德国道路交通 CO_2 排放量由 2000 年的 1.71 亿吨下降到 2011 年的 1.48 亿吨，降幅为 13.5%。日本道路交通 CO_2 排放量由 2001 年处于峰值的 2.35 亿吨下降到 2011 年的 2.02 亿吨，降幅为 14%。作为世界第一道路交通 CO_2 排放大国的美国，其 2011 年的道路交通 CO_2 排放量为 14.69 亿吨，减排成果不如德国和日本显著。由于道路交通 CO_2 排放量占世界化石能源燃烧产生 CO_2 总量的比重高达 22.3%，发达国家道路交通 CO_2 排放量的下降为国家的节能减排做出了重要贡献。

二　应对气候变化成效显著

（一）降低能源消耗

汽车企业生产过程中的 CO_2 排放大部分来源于对利用化石燃料转化而来的能源的使用。为了实现节能减排目标，发达国家汽车企业在生产过程中注重提高能源利用效率，并增加可再生能源的使用量，降低了能源的消耗。

德国汽车企业方面，大众在降低能源消耗方面开展了一系列工作。首先，通过改善生产流程提高能源利用效率。例如，从 2012 年开始，大众在美国查塔努加的工厂开始使用可控压缩空气发生装置，按照空气需求量进行压缩，将能源消耗降低 15%。其次，建立先进的生产线。大众在捷克的 Mladá Boleslav 工厂安装了高效的 PXL 伺服压力机线，通过使用高效的伺服发动机提高了能源利用效率。再次，增加可再生能源的使用量。大众已经开始通过自建可再生能源发电厂来减少对一次能源发电的使用量，其在德国英戈尔施塔特、布伦瑞克等工厂中已经安装太阳能发电装置，同时大众也在考虑增加生物能、水能与风能发电装置等。在这些措施的综合作用下，其2012年单车能源消耗量为2.21兆瓦时，其中消耗燃气0.42兆瓦时，消耗电能与热能1.79兆瓦时，能源消耗总量较2010年下降了0.32兆瓦时。考虑其2012年935万辆的年产量，可以看出大众在提高能源利用效率、降低能源消耗方面成绩斐然。

宝马2012年单车能源消耗量为2.44兆瓦时，较2006年的3.28兆瓦时下降了0.84兆瓦时，降幅高达26%，基本达成了2012年能源消耗下降30%的目标。近年来，宝马通过建设现代化的节能工厂，增加高效的动能和热能一体化设施的安装，以及使用清洁能源等提高能源利用效率。为进一步提高能效，宝马加大了对可再生能源的使用，其2012年的使用比例已经占能源消耗总量的36.1%。戴姆勒2012年能源消耗总量为10878兆瓦时，较2011年增长了6.1%，戴姆勒指出这主要是因为其在印度与匈牙利的新工厂投产以及取暖面积增加。同时，按销量计算，戴姆勒单车能源消耗为4.94兆瓦时，这主要是因为该集团垂直一体化程度较高，零部件的自产率也较高。

日本汽车企业方面，日产根据工厂的实际情况推广使用可再生能源，并通过引入高能效设备、提高制造技术等措施减少能源使用。日产2012年单车能源消耗量为2.21兆瓦时，较2010年的2.49兆瓦时下降了0.28兆瓦时，降幅高达11.2%。分区域来看，日产在日本生产的单车能源消耗量为4.31兆瓦时，这主要是因为日本生产工厂的数据包含了为海外市场生产的动力系统和零部件消耗的能源。日产在北美生产的单车能源消耗量为1.60兆瓦时，在欧洲为1.53兆瓦时，在其他地区仅为1.01兆瓦时。

美国汽车企业方面，福特除了以运用新技术、采用可再生能源等措施提高能源效率外，还非常重视能源管理工作。2007年，福特通过使用测量与监控系统，以工厂为单位收集福特在北美的电力与天然气的使用量。通过分析这种接近实时的能源使用数据，福特可以了解每一工厂的能源使用情况，并制定能源效率提升方案。同时，福特还在企业内部推广能源管理运行系统（EMOS），这一系统满足ISO14000环境管理系列标准与ISO50001能源管理体系要求。通过使用以上系统，福特 2012 年的单车能源消耗量为 2.45 兆瓦时——其中直接能源消耗量为 1.19 兆瓦时，间接能源消耗量为 1.26 兆瓦时——较 2010 年降低 0.82 兆瓦时。

通用由于在生产过程中节能减排的良好表现，被美国国家环境保护局授予 2013 年 "能源之星年度合作伙伴"（2013 ENERGY STAR$^{©}$ Partner of the Year）最高奖项——能源之星持续卓越奖。2012 年，通用获得美国国家环境保护局 "能源之星" 称号的工厂多达 54 家，平均降低能源消耗 26%。在一系列节能措施的作用下，2012 年，通用单车能源消耗量为 2.30 兆瓦时，仅略高于日产。

（二）减少生产过程中的 CO_2 排放量

伴随着能源使用量的减少，发达国家汽车企业生产过程中的 CO_2 排放量也有所降低。2012 年宝马生产过程中的单车 CO_2 排放量为 0.68 吨，较 2009 年下降 0.23 吨，降幅高达 25.3%。欧盟 2012 年对宝马的 CO_2 排放配额为 330576 吨，其中的 194077 吨被宝马用来参与欧盟的碳排放交易机制。2012 年戴姆勒生产过程中共排放 CO_2 316.5 万吨，其中直接排放 89.2 万吨，间接排放 227.3 万吨。从 CO_2 排放总量上看，与 2010 年的 316.4 万吨基本持平，但直接排放量增长了 7.9%，间接排放量则下降了 2.7%。考虑到这期间戴姆勒汽车销售 13.6% 的增幅，以及生产的垂直一体化程度较高，其 CO_2 减排成果非常显著。

2012 年，福特生产过程中的单车 CO_2 排放量为 0.9 吨，连续五年下降，其中直接排放量为 0.3 吨，间接排放量为 0.6 吨。单车 CO_2 排放量较 2010 年减少 0.11 吨，其中单车直接排放量减少 0.01 吨，单车间接排放量减少 0.10 吨。通过一系列努力，福特力争在 2020 年将单车 CO_2 排放量较 2010 年水平降低 30%。通用 2012 年单车 CO_2 排放量为 0.88 吨，较 2010 年减少 0.05 吨，其 2020 年更是要实现单车 CO_2 排放量 0.75 吨的目标。

日本汽车企业方面，2012 年日产 CO_2 排放量为 327 万吨，较 2011 年增长 5.5%，其中直接排放量为 83.6 万吨，较 2011 年下降 20.3%，间接排放量为 243.4 吨，较 2011 年增长 18.6%。虽然日产采取了相关措施，降低了单车能源消耗，但 CO_2 排放量有所增长，这主要是由日本电力系统 CO_2 排放系数调整所致。

除了采取措施减少生产过程中 CO_2 的排放外，发达国家汽车企业还采取措施减少员工通勤与物流过程中的 CO_2 排放。发达国家汽车企业在生产过程中进行节能减排所取得的成果，在为防止气候恶化做出贡献的同时，还为这些企业带来了两个方面的优势：一方面，能源消耗的降低可以降低企业成本；另一方面，能源消耗下降导致生产过程中 CO_2 排放量的下降，在欧盟碳排放配额降低以及其他国家可能启动类似交易机制时，拥有节能减排能力可以为这些企业带来新的优势。

（三）减少大气污染物排放

发达国家汽车企业也非常关注生产过程中大气污染物的防治。挥发性有机化合物（VOC）是指在常温下容易挥发的有机物质，常见的有甲醛、甲苯和二甲苯等，是产生光化学雾的元凶，主要产生在汽车生产的涂装过程中。发达国家汽车企业通过改进生产流程等措施在减少 VOC 的排放方面取得了一定的进展。

除了日本汽车企业自发采取行动减少 VOC 排放外，2006 年 4 月日本新修订的《清洁空气法案》对工厂 VOC 排放也进行了强制性管理。2011年，日本国内汽车企业生产过程中的单车 VOC 排放量为 37.6 克/米^3，较 2000 年下降了 52.8%。丰田通过减少溶剂的使用、使用去离子水（deionized water）等，2012 年生产过程中的单车 VOC 排放量已经降至 20克/米^3。

美国汽车企业方面，福特通过采用油漆排放收集器，使涂装过程中的 VOC 排放量较使用传统技术降低 70% 以上。通过配合使用其他技术，2012 年福特在北美工厂的单车 VOC 排放量为 18 克/米^3，较 2000 年下降35%。

除了控制 VOC 的排放，发达国家汽车企业还注重生产过程中产生的 SO_x（硫氧化物）、NO_x（氮氧化物）与 CO 等，通过使用低氮氧化物燃烧炉、改进燃料等，减少这些有害物质的排放。

三　资源使用量得到有效降低

(一)废弃物排放量不断降低

在汽车生产过程中,消耗大量资源的同时也会产生一定的废弃物。这些废弃物在造成资源浪费的同时也会对环境产生不利影响。发达国家汽车企业通过提高原材料使用效率、进行废弃物管理等减少了废弃物的产生。德国汽车企业方面,宝马在废弃物管理过程中,严格遵守欧盟的"五步模型法",通过预防、再利用、再循环、回收与废弃等流程对废弃物进行循环利用。2012 年,宝马单车废弃物产生量为 357 千克,同比增长 4.4%;单车废弃物排放量为 6.11 千克,同比下降 23.5%,与 2006 年相比降幅更是高达 65%。戴姆勒没有公布具体的废弃物处置数量,但其公开的数据显示,资源的回收率已经达到 93%。大众 2012 年单车废弃物产生量为188.72 千克,较 2010 年减少 13.0%;单车废弃物排放量为 10.62 千克,较 2010 年更是减少 22.6%。

日本汽车企业方面,2012 年,日产单车废弃物产生量为 39.66 千克,同比下降 12.7%;单车废弃物排放量为 7.77 千克,同比下降 17.3%。日产的资源回收率高达 99.3%,"零废弃物"工厂数量有所增加。丰田也非常重视废弃物的减排,特别是碎屑、电池以及废油等。2012 年,丰田废弃物总排放量为 3.38 万吨,较 2001 年的 7.84 万吨下降 56.9%;单车废弃物排放量为 12.1 千克,较 2001 年的 29.5 千克下降 59%。废弃物总排放量与单车排放量降幅都在 50% 以上。

美国汽车企业方面,减少与生产相关的废弃物和有害物质的排放,并最终消除对废弃物的填埋处置,是福特环境保护目标的重要组成部分。2013年,福特开始实施一项废弃物减排计划,计划到 2016 年将填埋处置的废弃物数量在 2011 年的基础上减少 40%。在一系列措施的作用下,2012 年福特单车废弃物排放量为 9.0 千克,较 2010 年下降 32.3%。通用在全球工厂范围内开展了废弃物减排活动,目前已经将废弃物的循环利用率提高到 90%,拥有无填埋处置工厂 105 家。

通过上述分析,可以发现这些企业开展的环境经营活动在减少资源使用以及废弃物产生方面成果显著。发达国家主要汽车企业的废弃物产生量与排放量都在不断降低，而德国汽车企业在这方面表现尤为突出，特别是宝马，其单车废弃物排放量在发达国家主要汽车企业中最低。

（二）水资源使用量不断减少

水资源不仅是重要的生产资料，也是人类赖以生存的生活资料。保护水资源，在生产运营过程中降低水资源使用量，是发达国家汽车企业履行社会责任的一项重要目标。发达国家主要汽车企业对水资源都给予了高度重视，并开展了一系列有效管理活动，取得了良好成效。

德国汽车企业方面，宝马计划在 2020 年将水资源使用量较 2006 年减少 45%，为了实现这一目标，宝马开展了集团范围内的水资源管理活动。经过分析，宝马发现员工的卫浴设施、冷却塔以及生产过程是最主要的水资源消耗环节，从而有针对性地采取了安装节水卫浴系统、封闭性冷却塔和强化涂装过程中的封闭式水管理等措施以减少水资源使用量。2012 年，宝马单车水资源消耗量为 2.10 立方米，较 2010 年下降 9.1%；单车废水产生为 0.48 立方米，较 2010 年下降 17.2%。戴姆勒在生产运营过程中非常重视水资源污染的防治，并尽量减少水资源的消耗。2012 年，该集团水资源消耗总量为 1.53 亿吨，与 2011 年基本持平，单车水资源消耗量略有降低。

日本汽车企业方面，日产对所有生产工厂进行水资源使用评估，并对工厂进行分级管理。2012 年，日产共消耗水资源 2.76 亿吨，较 2010 年下降 3.8%；单车消耗水资源 6.4 立方米，较 2010 年下降 16.2%。丰田 2012 年工厂水资源消耗量为 2920 万吨，较 2010 年增长 3.9%；单车消耗水资源 3.2 立方米，较 2010 年下降 13.5%。

美国汽车企业方面，福特将满足人类与生态系统需求的高质量水资源的可获取性视为重要的全球可持续发展问题。福特在充分分析价值链过程中的环境以及社会机会与风险的基础上，形成了全面的水资源战略，并制定了 2015 年水资源使用量较 2009 年下降 30% 的目标。通过增加节水技术研发投入、使用循环水等措施，福特单车水资源消耗量由 2009 年的 5.7 立方米降至 2012 年的 4.3 立方米，降幅高达 24.6%。通用计划到 2020 年将单车水负荷较 2010 年减少 15%，同时开展本土化的水资源管理，提高水资源利用效率。2012 年通用单车水资源消耗量为 4.62 立方米，较 2010 年下降 4.0%。

第三节　对提升企业业绩成效的分析

一　企业社会责任表现与企业业绩关系研究回顾

（一）企业社会责任表现与企业财务表现关系研究回顾

学者们对企业社会责任表现与企业财务表现之间的关系已经开展近 40 年的研究，但并没有达成一致的研究结论，正相关、负相关以及不相关等研究结果都出现在这些研究结论中。

在企业社会责任表现与企业财务表现正相关的研究结论中，第一种解释是良好的企业社会责任表现可以提高企业的财务表现水平。Freeman、Donaldson 和 Preston 通过研究发现，企业对不同利益相关者诉求的满足，可以使企业增强对外部环境的影响力，提高企业的合法性，提升企业声誉，吸引绿色消费，进而实现良好业绩。[①] Orlitzky 等通过对 52 项研究结果进行元分析，认为以企业社会责任为表现的公司善行的实施，甚至是更小程度上的环境责任的承担，虽然很可能会得到回报，但企业社会责任表现与企业财务表现的操作化会调解这种正相关关系；企业社会责任表现与以财务指标为基础进行测量的企业财务表现较与以市场表现为基础测量的企业财务表现相关性更强，以声誉指数表现的企业社会责任较以其他方式表现的企业社会责任与企业财务表现的相关性更强，在不同产业与不同研究背景下，企业社会责任表现与企业财务表现正相关。[②] Margolis 等对 167

① Freeman R E. Strategic Management：A Stakeholder Approach［M］. Boston：Pitman Publishing Inc，1984；Donaldson T，Preston L E. The Stakeholder Theory of the corporation：Concepts，evidence，and implications［J］. Academy of Management Review，1995，20（1）：65 – 91.

② Orlitzky M，Schmidt F L，Rynes S L. Corporate social and financial performance：A meta-analysis［J］. Organization Studies，2003，24（3）：403 – 441.

项研究得出的 192 个结果进行元分析，结果显示企业社会责任表现与企业财务表现整体正相关，仅有 2% 的研究结果显示两者显著负相关。为深入分析两者之间的相关性，其对不同种类的企业社会责任表现进行了分类分析，研究发现在分析企业慈善捐赠、环境表现等特殊领域，或者对企业社会责任表现进行主观评价时，企业社会责任表现与企业财务表现的相关性最强。① 第二种解释则认为良好的企业财务表现会促使企业提升企业社会责任表现水平。McGuire 等从闲置资源假设出发，认为良好的企业财务表现会增强企业投资社区、环境、员工的能力，从而提高企业社会责任表现水平。② Waddock 和 Graves 的研究也表明企业前期财务表现与企业社会责任表现正相关，支持闲置资源假设。③

在企业社会责任表现与企业财务表现负相关的研究结论中，其解释主要建立在弗里德曼观点的基础上，认为企业履行社会责任将对企业资本和其他资源产生虹吸效应，进而影响企业经济目标最大化的实现。Chang 和 Kuo 在研究企业可持续发展能力与企业财务表现之间的关系时，发现在低企业社会责任表现水平的企业中，企业社会责任表现与企业财务表现负相关。④ Brammer 等研究发现，企业社会责任表现良好的企业收益较差，企业社会责任表现较差的企业收益高于市场平均水平。⑤ 此外，McWilliams 和 Siegel、Aupperle 等的研究则表明，企业社会责任表现与企业财务表现不相关。

（二）企业社会责任表现与企业财务表现不同关系的原因分析

学者们在分析企业社会责任表现与企业财务表现间的差异化研究结果

① Margolis J D, Elfenbein H A, Walsh J P. Does it pay to be good? A meta - analysis and redirection of research on the relationship between corporate social and financial performance [J]. SSRN Electronic Journal, 2007, 1866371.

② McGuire J B, Sundgren A, Schneeweis T. Corporate Social Responsibility and firm financial performance [J]. Academy of Management Journal, 1988, 31 (4): 854 - 872.

③ Waddock S A, Graves S B. The corporate social performance-financial performance link [J]. Strategic Management Journal, 1997, 8 (4): 303 - 319.

④ Chang D, Kuo L R. The effects of Sustainable Development on firms' financial performance—An empirical approach [J]. Sustainable Development, 2008, 16 (6): 365 - 380.

⑤ Brammer S, Brooks C, Pavelin S. Corporate social performance and stock returns: UK evidence from disaggregate measures [J]. Financial Management, 2006, 35 (3): 97 - 116.

时，认为企业社会责任表现不同的测量方法以及研究对象的产业差异性可能是造成这种结果的主要原因。

一方面，学者们在企业社会责任表现的测量方法与内容上存在差异。早期关于企业社会责任表现的测量方法主要有以下四类：一是《财富》声誉评价法；二是 KLD 指数法；三是有毒物质排放清单法；四是公司慈善法。其中，《财富》声誉评价法、有毒物质排放清单法与公司慈善法都属于主观评价方法，测量维度单一，对企业社会责任整体表现的代表性有限，易造成利益相关者错配。比较而言，以 KLD 指数为代表的可持续发展指数是对企业社会责任表现评价的一种提升，是外部独立公司或组织从多维度、多利益相关者角度出发，以多种信息源为输入内容的对企业社会责任表现进行的评价，相对来说较为客观。

另一方面，学者们开展的多为跨产业的研究。Griffin 和 Mahon 发现，在其研究的关于企业社会责任与企业财务表现关系的文献中，78% 开展的都是多产业研究。① 这可能是因为单一产业样本较少，相关数据获取较为困难，缺乏统计意义。但这种大范围、多产业的研究，会掩盖不同产业的产业特性，不同产业对利益相关者不同诉求做出的不同反应不能得到充分体现。

通过上述文献分析，学者们以工具化视角的企业社会责任理论为基础，就企业社会责任表现与企业财务表现关系开展了众多研究，但是没有达成一致结论。在这些研究中，一些研究对企业社会责任表现的测量存在局限，没有从公司治理、企业社会责任战略以及企业对不同利益相关者诉求进行回应这样完整的企业社会责任战略实施过程角度来反映企业社会责任表现实绩。同时，针对不同行业间的差异性，鲜有学者开展更具针对性的研究。

二　研究设计

（一）研究假设的提出

企业并不单是新古典经济学企业理论的将投入变为产出的"黑箱"，也

---

① Griffin J J, Mahon J F. The corporate social performance and corporate financial performance debate twenty-five years of incomparable research [J]. Business & Society, 1997, 36 (1): 5-31.

是"一系列合约的联结",企业的本质是一个能力集合体,企业要跟随外部环境与内部条件变化,持续积累、培养、挖掘和运用核心能力,以获取竞争优势。从制度经济学与演化经济学的企业理论出发,可以发现企业在运营过程中,除了履行对资源进行配置、生产与提供服务等基本经济职能外,还要遵守相应法规,满足社会对其"做正确事情"的期待,承担其作为"社会公民"的责任。

一方面,企业通过履行社会责任,可以提高自身的财务表现水平。从理论视角来看,根据利益相关者理论,政府、雇员、消费者、供应商、投资者等为企业的发展做出了贡献,因此企业在创造利润的同时,也对这些利益相关者负有相应的责任。利益相关者诉求的满足,可以为企业提供良好的外部运营环境,并成为企业提高财务表现水平的工具。根据资源基础理论,企业社会责任可以作为企业竞争优势的来源,在内部可以帮助企业发掘新资源与能力,在外部可以帮助企业提高声誉与业绩等。因此,良好的企业社会责任表现可能会帮助企业提高财务表现水平。

另一方面,根据闲置资源理论,企业良好的财务表现,也可以为其履行企业社会责任提供资源。从发达国家汽车企业的具体实践来看,其主要企业已经开始制定并实施企业社会责任战略,维护员工与消费者利益,做好企业社会公民。更为重要的是,这些企业都建立了环境经营推进机制,通过开展生命周期评价,开发高能效、低排放的产品,降低产品对环境的影响。这种负责任的经营方式,在企业内部会提高员工满意度,在企业外部会改善企业与社区关系、提升企业形象,促进企业经营业绩的提升,而经营业绩的提升反过来会使企业增加节能减排技术研发投入,更加积极地履行社会责任。基于上述理论与实践分析,本研究提出以下假设:

H_a:企业社会责任表现对企业财务表现有正向影响

H_b:企业财务表现对企业社会责任表现有正向影响

（二）样本选择与数据来源

为系统、全面地考察发达国家汽车企业的企业社会责任表现对企业业绩的影响,本研究选取 2013 年世界汽车销量排名前 10 位且发布可持续发展报告的丰田、大众、通用、日产、现代、福特、雷诺、菲亚特、本田、起亚作为分析样本。其中，雷诺和日产作为联盟，合并于日产。考虑到德国豪华车生产商戴姆勒与宝马在企业社会责任方面的突出表现以及其面临的排放法规管制相对更加严苛的情况，本研究也将其纳入研究范围。上述企业涵盖了德国、美国、日本、意大利、法国等传统汽车工业强国，也包括了韩国等汽车工业新兴大国。样本企业2013年的汽车销量占到了全球汽车总销量的74.4%，可以很好地代表发达国家汽车产业整体状况。

本研究进行企业社会责任信息评价使用的可持续发展报告主要来源于这些企业的全球官方网站，如果官方网站不能提供历史报告，将以GRI报告数据库作为补充。企业社会责任表现数据来源于本书第五章的研究结论。考虑到企业财务信息披露的滞后性，本研究使用的企业社会责任表现数据时间范围为2009~2012年。

本研究所采用的财务数据来自BVD数据库中的OSIRIS全球上市公司分析库，BVD是全球知名的财经专业实证数据库提供商，提供的信息涉及全球范围内的跨国企业财务经营数据、银行与保险公司的分析报告、当前全球各行业内最新的并购交易分析数据、各国宏观经济指标数据等。OSIRIS全球上市公司分析库包含全球范围内上市公司的详尽财务数据（资产负债表、损益表、现金流量表），为本研究使用的财物数据提供了有力支持。本研究使用的其他非财务数据主要根据样本企业发布的可持续发展报告和年报等信息进行收集和整理。

（三）变量选择与测量

1. 企业社会责任测量

本研究在对样本企业可持续发展报告进行评价时，遵循由指标到子项再到项目的方式进行：首先，按照0~4分的评分方式对所有指标进行评价；其次，将公司战略与分析，公司治理、承诺与利益相关者参与等有关企业可持续发展战略制定与实施的项目合并为公司治理项目，对其以及可持续发展报告中的经济指标项目、环境指标项目以及社会指标项目中的指标进行评分并计算平均值，形成企业治理水平指数、经济责任表现指数、环境责任表现指数以及社会责任表现指数；最后，对上述 4 个指数进行加权，形成企业社会责任表现指数（见表 6-4）。

本研究将参考 Makni 等、Michelon 等学者使用 KLD 指数对企业社会责任进行操作化的方式①，分别考虑公司治理水平、经济责任表现、环境责任表现以及社会责任表现对企业业绩的影响，并考察整体企业社会责任表现对企业业绩的影响。

2. 企业业绩指标测量

通过对相关文献的回顾、梳理，可以发现学者们在对公司财务表现进行操作化时，主要通过反映企业盈利情况的短期会计指标以及反映企业市场价值的长期指标来进行。短期会计指标反映的是企业的历史表现，长期指标则是对企业未来表现的一种预期。为了更好地反映企业社会责任表现与企业财务表现的关系，我们在研究中将分别使用这两种指标。短期会计指标方面，我们将使用资产收益率（ROA）来反映企业内部的运营效率。对于企业长期指标，学者们通常使用托宾 Q 值（Tobin Q）与市值等进行测量，考虑到市值可能受公司规模影响，在本研究中我们将使用托宾 Q 值反映企业市场价值。本研究将参考陈煦江的研究②，将托宾 Q 值近似为年末市场价值与年末总资产之比（见表 6-4）。

3. 控 制 变 量

根据学者们的研究建议以及研究结论，本研究将企业规模、R&D 投入与长期负债率作为控制变量（见表 6-4）。

将企业规模作为控制变量，是因为随着企业规模的增大，企业面临的利益相关者的诉求也在增多，为了增强合法性、提高企业声誉，避免成为政府管制对象，大企业会更加注重企业社会责任的履行。因为规模经济的存在，

---

① Makni R, Bellavance F F. Causality between corporate social performance and financial performance: Evidence from Canadian firms [J]. Journal of Business Ethics, 2009, 89 (3): 409-422; Michelon G, Boesso G, Kumar K. Examining the link between strategic Corporate Social Responsibility and company performance: An analysis of the best corporate citizens [J]. Corporate Social Responsibility and Environmental Management, 2013, 20 (2): 81-94.

② 陈煦江. 企业社会责任影响财务绩效的中介调节效应——基于中国 100 强企业社会责任发展指数的经验证据 [J]. 山西财经大学学报, 2014, 36 (3): 101-109.

大企业履行社会责任的成本较小企业要小。对于汽车产业而言，大企业可以更加系统地制定与实施企业社会责任战略，因为这需要一定的资金与管理投入，并依靠经验的积累。在企业规模变量的操作上，本研究取公司员工总数的自然对数作为控制变量。

R&D 投入与企业的创新能力密切相关。由于创新的难以模仿性，企业在产品、技术等关键领域的创新能力会成为其竞争优势的来源。以 R&D 投入为表征的产品差异化程度与企业社会责任的表现正相关。[①] 对于汽车产业而言，传统动力总成技术的优化以及新能源技术的应用，会显著提升车辆的燃油经济性，提高企业社会责任表现水平，在促进消费者购买的同时也提升了企业财务表现水平。为此，本研究将以 R&D 投入占销售额的比重对此种效果进行控制。

企业面临的风险将影响管理者对企业运营行为所采取的态度和行动，进而影响企业的财务表现。为此，本研究将参考 Waddock 和 Graves、Makni 等的操作方式[②]，将长期负债率作为企业风险的表征进行控制。

具体模型如下：

$$Performance(ROA, TobinQ) = \alpha_0 + \alpha_1 Gov + \alpha_2 Eoc + \alpha_3 Env + \alpha_4 Soc + Controls + \varepsilon \quad (1)$$

$$CSR(CSR, Gov, Eoc, Env, Soc) = \alpha_0 + Performance(ROA) + Controls + \varepsilon \quad (2)$$

变量说明见表 6 - 4。

①　McWilliams A, Siegel D. Corporate Social Responsibility: A theory of the firm perspective [J]. Academy of Management Review, 2001, 26 (1): 117 - 127.

②　Waddock S A, Graves S B. The corporate social performance - financial performance link [J]. Strategic Management Journal, 1997, 8 (4): 303 - 319; Makni R, Bellavance F F. Causality between corporate social performance and financial performance: Evidence from Canadian firms [J]. Journal of Business Ethics, 2009, 89 (3): 409 - 422.

表 6 - 4　变量说明

变量类型	变量名称	变量符号	变量定义
被解释变量	资产收益率	*ROA*	净利润/资产总额
	托宾 Q 值	*Tobin Q*	市值/资产总额
解释变量	公司治理水平	*Gov*	依据 GRI 报告框架进行评价 (*Gov* + *Eco* + *Env* + *Soc*)/4
	经济责任表现	*Eco*	
	环境责任表现	*Env*	
	社会责任表现	*Soc*	
	企业社会责任表现	*CSR*	
控制变量	企业规模	*LogE*	公司员工总数的自然对数
	R&D 投入	*R&D*	R&D 投入/销售额
	长期负债率	*LTDR*	非流动负债/资产总额

三　实证分析与假设检验

（一）描述性统计分析

表 6 - 5 为本研究所涉及的发达国家汽车企业 2009 ~ 2012 年企业社会责任表现、企业业绩与企业自然状况等变量的描述性统计。研究选取了 11 家连续发布企业可持续发展报告或企业社会责任报告的发达国家汽车企业，研究的时间范围为 4 年，总样本量为 44。

解释变量方面，从表 6 - 5 可以看出，样本公司治理水平的最小值为 3.05，最大值为 3.80，这是德国大众汽车在 2012 年取得的，均值为 3.37。这表明发达国家汽车企业从总体上看不仅制定了完善的企业可持续发展战略，同时也通过形成完善的治理结构，促进了企业可持续发展战略的落实，发达国家汽车企业社会责任的战略性转变在此得到体现。样本经济责任表现最小值为 2.78，最大值为 3.47，均值为 3.04。这显示这些企业都在努力履行自身最基本的社会责任——创造经济价值，但一些企业对于政府的补贴以及重大且间接的经济影响并没有做详尽说明。

样本环境责任表现最小值为 2.78，最大值为 3.48，均值为 3.09。这在某种程度上表明发达国家汽车企业实施的一系列环境举措取得了良好成效。

样本社会责任表现的最小值为 2.79，最大值为 3.47，均值为 3.10，2013 年更是有 9 家企业该方面表现不低于 3.00。发达国家汽车企业在上述四个方面的良好表现，使得其企业社会责任表现水平逐步提升。样本企业社会责任表现最小值为 2.87，最大值为 3.55，均值为 3.15。从上述分析不难看出，发达国家汽车企业实施可持续发展战略，为企业社会责任表现的提升提供了坚实的基础与路径支持。

控制变量方面，样本 R&D 投入比重最大值为 5.79%，是大众 2012 年取得的，而这一变量的最小值仅为 0.81%，韩国现代 2010 年、2011 年以及起亚 2010 年都出现过这一 R&D 投入比重，这在某种程度上反映出韩国汽车企业研发费用投入比重较低。企业规模方面，公司员工总数自然对数的最小值为 10.69，最大值为 24.12，均值为 12.32。长期负债率方面，样本最小值为 0.14，最大值为 0.78，均值为 0.37，这反映出样本企业所面临的以长期债务指标为反映的企业风险程度差距较大。

被解释变量方面，样本资产收益率的均值为 4.05%，最小值为 0，最大值为 11.93%，这是起亚在 2012 年取得的。总体而言，韩国汽车企业盈利能力相对较高。托宾 Q 值方面，样本的均值为 0.31，最小值为 0.03，最大值为 0.89。可见企业市值与企业资产总额之比的差异性较大。

表 6 – 5　变量的描述性统计

	均值	方差	最小值	最大值
Gov	3.37	0.06	3.05	3.80
Eco	3.04	0.02	2.78	3.47
Env	3.09	0.04	2.78	3.48
Soc	3.10	0.03	2.79	3.47
CSR	3.15	0.03	2.87	3.55
R&D(%)	3.05	2.07	0.81	5.79
LogE	12.32	3.69	10.69	24.12
LTDR	0.37	0.01	0.14	0.78
ROA(%)	4.05	9.38	0.00	11.93
Tobin Q	0.31	0.04	0.03	0.89

（二）研究变量的相关性检验

为判断变量之间的内在关系以及其是否存在多重共线性，本研究首先对研究变量进行 Pearson 相关性分析（见表 6 - 6）。从不同项目企业社会责任表现与被解释变量资产收益率关系来看，公司治理水平、经济责任表现与企业社会责任表现均对其有显著性正向影响，相关系数分别为 0.454（$P < 0.05$）、0.442（$P < 0.05$）与 0.352（$P < 0.1$）。环境责任表现与社会责任表现对资产收益率有正向影响，相关系数为 0.08 与 0.252，但没有通过显著性检验。从与托宾 Q 值的相关性关系上看，公司治理水平与经济责任表现对其有正向影响，而社会责任表现与企业社会责任表现对其有负向影响，但上述相关系数都没有通过显著性检验。

从自变量之间的相关性来看，公司治理水平、经济责任表现、环境责任表现、社会责任表现与企业社会责任表现之间的相关系数分别为 0.927、0.849、0.846、0.900，且均通过显著性检验（$P < 0.01$），表明解释变量间相关性较高。鉴于解释变量间较高的相关系数，本研究在多元回归方程检验中将进一步对多重共线性问题进行检验。虽然企业社会责任表现与公司治理水平、经济责任表现、环境责任表现、社会责任表现间的相关系数较高，但由于本研究是将其分别作为解释变量，所以不存在多重共线性问题。

从控制变量与被解释变量相关性来看，R&D 投入、企业规模、长期负债率与资产收益率均负相关，相关系数分别为 - 0.278、- 0.312（$P < 0.1$）、- 0.323（$P < 0.1$）。这表明企业 R&D 投入占销售收入比重越高、企业规模越大、长期负债率越高，企业的资产收益率越低。从控制变量与托宾 Q 值相关性来看，长期负债率对其有显著负向影响，相关系数为 - 0.518（$P < 0.01$）。R&D 投入、企业规模与托宾 Q 值也负相关，但都没有通过显著性检验。

上述相关性检验，主要考察了解释变量、控制变量与被解释变量之间的关系，并对解释变量间的相关性进行了检验，简要考虑了研究变量间的相关性。这一结论为进一步通过回归方程检验变量间的具体因果关系以及强度大

表 6 - 6 变量相关性分析

	Gov	Eco	Env	Soc	CSR	R&D	LogE	LTDR	ROA	Tobin Q
Gov	1									
Eco	0.754**	1								
Env	0.703**	0.567**	1							
Soc	0.777**	0.729**	0.696**	1						
CSR	0.927***	0.849***	0.846***	0.900***	1					
R&D	0.258	0.142	0.056	0.14	0.180	1				
LogE	-0.170	-0.145	-0.134	-0.013	-0.133	0.241	1			
LTDR	0.112	0.049	0.373	0.120	0.190	0.267*	-0.013	1		
ROA	0.454**	0.442**	0.08	0.252	0.352*	-0.278	-0.312*	-0.323*	1	
Tobin Q	0.104	0.126	-0.301*	-0.028	-0.024	-0.132	-0.151	-0.518***	0.625***	1

注：***、**、* 分别表示 $P<0.01$、$P<0.05$、$P<0.1$。

小、控制多重共线性提供了基础支持。对于变量间的具体关系，本研究将通过回归模型进行进一步检验。

（三）假设检验结论

1. 企业社会责任表现对企业业绩影响的检验

为了分析发达国家汽车企业当期企业社会责任表现对当期企业业绩的影响，本研究首先检验企业社会责任表现对企业业绩的影响。表 6 - 7 为主要模型的汇总。本研究将企业规模、R&D 投入与长期负债率作为控制变量，检验了企业社会责任表现对资产收益率、托宾 Q 值等企业业绩的影响。

为了验证发达国家汽车企业社会责任表现对企业业绩的影响，本研究分别构建仅考虑控制变量的回归模型与纳入企业社会责任表现的全要素综合模型。其调整后的 R^2 分别为 0.326 和 0.296。同时，所建立的回归模型中各自变量方差膨胀因子（VIF）均小于 2，不存在严重共线性问题。

在综合模型 1 - 2 和 2 - 2 中，可以发现企业规模、长期负债率与企业资产收益率和托宾 Q 值负相关，其中长期负债率通过了显著性检验（β = - 0.351，$P < 0.1$；β = - 0.541，$P < 0.01$）；发达国家汽车企业的企业社会责任表现可以提升企业的资产收益率与托宾 Q 值，其对资产收益率正向影响显著（β = 0.429，$P < 0.05$），企业社会责任表现与企业业绩显著正相关（假设 H_a 得到部分支持）。这说明汽车企业通过履行自身企业社会责任，可以在满足不同利益相关者诉求的同时，提升自身的企业业绩。

表 6 - 7　企业社会责任表现对企业业绩影响的回归分析结果

		被解释变量			
		资产收益率		托宾 Q 值	
		模型 1 - 1	模型 1 - 2	模型 2 - 1	模型 2 - 2
控制变量	企业规模	- 0.285 *	- 0.209	- 0.170	- 0.161
	R&D 投入	- 0.132	- 0.212	0.05	0.042
	长期负债率	- 0.291 *	- 0.351 *	- 0.534 ***	- 0.541 ***
解释变量	企业社会责任表现		0.429 **		0.050

续表

	被解释变量			
	资产收益率		托宾 Q 值	
	模型 1 - 1	模型 1 - 2	模型 2 - 1	模型 2 - 2
R^2	0.219	0.388	0.296	0.298
调整后的 R^2	0.161	0.326	0.243	0.296
ΔR^2		0.165		0.053
F	3.750	6.191	5.598	4.139

注：表中显示的是标准化系数 β 值；＊＊＊、＊＊、＊分别表示 $P < 0.01$、$P < 0.05$、$P < 0.1$。

　　为了进一步探讨企业不同社会责任领域表现如何影响企业业绩，本研究进一步检验了发达国家汽车企业的公司治理、经济责任、环境责任与社会责任表现对企业业绩的影响，具体结果见表 6 - 8。与表 6 - 7 检验方法一致，模型 1 - 1 与模型 2 - 1 仅是加入控制变量的回归模型，模型 1 - 2 以及模型 2 - 2 是同时考虑控制变量与解释变量的综合模型。所有回归模型都通过了显著性检验，具有统计意义，可以进行进一步探讨。所有回归模型中各自变量方差膨胀因子均小于 2，不存在严重共线性问题。同时，从模型 1、2 调整后的 R^2 可以看出，引入解释变量后的综合模型对被解释变量的解释程度均强于仅引入控制变量的回归模型。

　　研究结果显示，公司治理水平与经济责任表现对企业业绩有正向影响，其中公司治理水平具有显著性（β = 0.845，$P < 0.01$；β = 0.513，$P < 0.1$），这表明较高的公司治理水平可以显著提高企业业绩，这与前文中对发达国家汽车企业社会责任的战略性转变的论述相一致。笔者在研究中还发现，环境责任表现与社会责任表现对企业业绩有负向影响，其中环境责任表现具有显著性（β = -0.472，$P < 0.05$；β = -0.572，$P < 0.05$），这在一定程度上也说明发达国家汽车企业为了提高自身环境保护水平，积极参与社会事业需要大量的资金与成本投入，这一结论也体现了企业社会责任在某种意义上对企业而言确实为一种成本支出。

表6-8 不同领域企业社会责任表现对企业业绩影响的回归分析结果

		被解释变量			
		资产收益率		托宾 Q 值	
		模型 1-1	模型 1-2	模型 2-1	模型 2-2
控制变量	企业规模	-0.285 *	-0.094	-0.170	-0.094
	R&D 投入	-0.132	-0.426 **	0.05	-0.132
	长期负债率	-0.291 *	-0.118	-0.534 ***	-0.326 **
解释变量	公司治理水平		0.845 ***		0.513 *
	经济责任表现		0.272		0.136
	环境责任表现		-0.472 **		-0.572 **
	社会责任表现		-0.202		-0.070
R^2		0.219	0.601	0.296	0.445
调整后的 R^2		0.161	0.524	0.243	0.337
ΔR^2			0.363		0.094
F		3.750	7.756	5.559	4.123

注：表中显示的是标准化系数 β 值；*** 、** 、* 分别表示 $P < 0.01$、$P < 0.05$、$P < 0.1$。

2. 企业业绩对企业社会责任表现影响的检验

在检验完发达国家汽车企业社会责任表现对企业业绩的影响的基础上，接下来本研究将分析企业业绩是否会对企业社会责任表现产生影响。在考虑企业规模、R&D 投入与长期负债率等控制变量的基础上，分别考虑资产收益率、托宾 Q 值对企业社会责任表现以及不同领域社会责任表现的影响。与检验企业社会责任表现对企业业绩影响时构建模型的方式一致，本研究首先考察控制变量对被解释变量的影响，在此基础上加入解释变量，进行全变量检验（见表6-9）。

在仅考虑控制变量的情况下，分别构建企业规模、R&D 投入、长期负债率与企业社会责任表现、公司治理水平、经济责任表现、环境责任表现以及社会责任表现的回归模型，发现所构建模型均未通过显著性检验。但在这一系列模型中，我们可以看出 R&D 投入在对除环境责任表现外的其他因变量有正向影响，而长期负债率对除经济责任表现外的其他因变量有正向影响。这在某种程度上表明汽车企业的研发投入比例越大，企业技术创新能力越强，从而有更强的能力来履行企业社会责任。而长期负债率的提升，则为

表6-9　企业业绩对企业社会责任影响的回归分析结果

		被解释变量									
		企业社会责任表现		公司治理水平		经济责任表现		环境责任表现		社会责任表现	
		模型1-1	模型1-2	模型2-1	模型2-2	模型3-1	模型3-2	模型4-1	模型4-2	模型5-1	模型5-2
控制变量	企业规模	-0.016	-0.221	-0.031	-0.072	-0.016	-0.033	-0.013	-0.068	-0.004	0.068
	R&D投入	0.023	0.252	0.052	0.390**	0.021	0.262	-0.002	0.013	0.016	0.178
	长期负债率	0.223	0.285*	0.058	0.203	-0.006	0.157	0.703	0.434**	0.144	0.198
解释变量	资产收益率		0.504**		0.353***		0.555***		0.202		0.386**
	R^2	0.282	0.124	0.411	0.054	0.295	0.156	0.188	0.029	0.145	
	调整后的R^2	0.208	0.059	0.350	-0.017	0.223	0.093	0.105	-0.044	0.057	
	ΔR^2	0.193		0.291		0.240		0.012		0.101	
	F	3.823	1.891	6.793	0.766	4.081	2.465	2.258	0.392	1.654	

注：表中显示的是标准化系数β值；***、**、*分别表示$P<0.01$、$P<0.05$、$P<0.1$。

企业实施企业社会责任战略、进行相应投入提供了资源支持。

为了检验企业业绩对企业社会责任表现的影响，在保持控制变量的基础上，本研究分别将资产收益率与托宾 Q 值两个企业业绩指标纳入回归模型中进行验证，但托宾 Q 值作为自变量所构建的模型均未通过显著性检验。而资产收益率可以显著地促进企业提升其企业社会责任表现与公司治理水平、经济责任表现、社会责任表现等子项目表现，其 β 系数与显著性水平分别如下：$\beta = 0.504$，$P < 0.05$；$\beta = 0.353$，$P < 0.01$；$\beta = 0.555$，$P < 0.01$；$\beta = 0.386$，$P < 0.05$（假设 H_b 得到部分支持）。这一结果表明，企业良好的资产收益情况，可以为企业履行企业社会责任提供资金支持，从而帮助其提升企业社会责任各方面的表现水平。

综上，通过回归模型检验，我们可以发现以资产收益率为表征的企业业绩指标可以显著提升发达国家汽车企业社会责任表现水平，而以托宾 Q 值为表征的企业业绩指标对这些企业的企业社会责任表现没有显著影响。

（四）研究结论与讨论

通过实证分析，可以发现发达国家汽车企业通过履行企业社会责任，提升企业社会责任表现，促进了资产收益率等企业业绩指标的提升。但在考虑不同企业社会责任表现维度时，我们发现环境责任表现对托宾 Q 值有显著的负向影响，社会责任表现对托宾 Q 值有不显著的负向影响。此外，实证研究还表明，发达国家汽车企业良好的资产收益率也会促使企业社会责任表现提升。从中可以发现，发达国家汽车企业通过履行企业社会责任，在促进经济发展与社会进步、提高环境保护成效的同时，企业业绩也得到了提升。

1. 通过履行企业社会责任促进企业业绩的提升

发达国家汽车企业通过履行企业社会责任，极大地提升了企业业绩，这佐证了本研究提出的假设。如果进一步从不同维度的企业社会责任表现对企业业绩影响来看，可以发现企业治理水平与经济责任表现对企业资产收益率的提升起到了显著的促进作用。我们可以从发达国家汽车企业对企业社会责任战略的实施来解读这一研究结论。

发达国家主要汽车企业为了更好地履行企业社会责任，实现企业与产业的可持续发展，都制定了系统的企业社会责任战略，而这些战略通常以企业各自总体发展战略为基础，明确了企业在社会责任领域的愿景与目标。这些企业在制定企业社会责任战略的过程中，充分地了解了不同利益相关者的诉求，并对此进行了回应。在企业社会责任的日常实践过程中，更是注重保护投资者、员工与消费者权益，对社区关切的问题进行积极回应，开展环境经营活动。通过积极履行企业社会责任，发达国家主要汽车企业将企业社会责任内化为企业基础资源，增强了对外部利益相关者的影响力，从而提升了企业的声誉，同时通过提高产品的环保性能，提高了企业产品销量，进而提升了资产收益率。这一研究结论与 Freeman、Donaldson 和 Preston 以及 Ameer 和 Othman 等人的研究结论[1]相一致。

从发达国家汽车企业不同方面企业社会责任表现对企业业绩的影响来看，公司治理水平及经济责任表现与企业业绩正相关。虽然可能由于难以进行操作，在关于企业社会责任的研究中很少有所涉及[2]，但依据 GRI 完善的报告框架，本研究得以对其进行量化分析。企业社会责任所表现的是企业如何在社会、政治、法律以及伦理的标准下运营。在此背景下，企业所制定的企业社会责任战略并不是孤立的，而是对与其运营密切相关的利益相关者诉求的回应。在所有权与经营权相分离的现代企业制度下，不同利益相关者诉求的满足在企业内部主要依靠公司治理进行保证。虽然发达国家对公司治理结构做出的法规性要求不尽相同，但这些企业都建立了决策、执行、监督"三权分立"的治理结构。同时，其明确公司的使命与价值取向，制定完善的内部治理流程，并对关乎不同利益相关者利益的决策过程进行程序化，确保利益相关者的利益不被侵害。完善治理结构的建立，是确保发达国家汽车

[1] Freeman R E. Strategic Management：A Stakeholder Approach [M]. Boston：Pitman Publishing Inc，1984；Donaldson T，Preston L E. The Stakeholder Theory of the corporation：Concepts，evidence，and implications [J]. Academy of Management Review，1995，20（1）：65 – 91；Ameer R，Othman R. Sustainability practices and corporate financial performance：A study based on the top global corporations [J]. Journal of Business Ethics，2012，108（1）：61 – 79.

[2] Wood D J. Measuring corporate social performance：A review [J]. International Journal of Management Reviews，2010，12（1）：50 – 84.

企业社会责任战略得以落实的基础,也是企业取得合法性的主要途径。从这一角度分析,我们不难发现公司治理水平对企业业绩有正向促进作用。另外,企业良好的价值创造能力、市场表现(工资水平、供应商采购政策与高管本地化程度)以及非直接经济的正向影响也为企业提高经营业绩提供了动力来源。

本研究也发现发达国家汽车企业环境责任表现与托宾 Q 值显著负相关,而社会责任表现对托宾 Q 值也有负向影响。Michelon 等使用 KLD 指数,对企业在环境、社区、公司治理、多样性、劳工关系、人权与产品质量等领域的企业社会责任表现对公司业绩影响所进行的研究,也发现环境责任表现与人权责任表现与企业业绩负相关。[①] 在第四章的分析中,可以发现发达国家主要汽车企业为了履行企业在环境保护方面的责任,从管理体系入手,建立相应的组织机构与管理体系,开发环境友好型产品并注重运营过程中的环境控制。同时,这些企业为了回应社会需求,也非常重视对员工、消费者利益的保护,努力提升产品的责任性。如果单纯从成本角度看,上述活动可能会对企业业绩产生不利影响。但企业对社会责任的履行是覆盖企业全价值链的活动,是对不同利益相关者诉求的回应,企业不能因为某些活动会对企业产生成本压力而选择逃避,因为这会对企业创造价值的能力产生不利影响。如果从制度约束方面考虑,环境责任与社会责任恰恰是发达国家相关法律对汽车企业的强制性要求。从发达国家汽车企业社会责任表现对企业业绩的影响来看,全面履行企业社会责任,在促进经济社会发展的同时也提升了企业的业绩,实现了企业与社会的价值共享。

2. 良好的企业业绩进一步促进了企业社会责任表现水平的提升

在对发达国家主要汽车企业社会责任与企业业绩之间的关系进行检验时,本研究也发现企业业绩中的资产收益率与企业社会责任显著正相关。这一以发达国家汽车企业为样本进行检验的结果与 Waddock 和 Graves 使用

---

① Michelon G, Boesso G, Kumar K. Examining the link between strategic Corporate Social Responsibility and company performance: An analysis of the best corporate citizens [J]. Corporate Social Responsibility and Environmental Management, 2013, 20 (2): 81 - 94.

KLD 指数对 469 家样本企业的资产收益率对企业社会责任表现影响的实证研究结果一致。[①] Chen 和 Wang 的研究结果也表明企业业绩对企业社会责任有显著正向影响。[②]

本研究的这一结果，从实证研究方面进一步支持了闲置资源理论。闲置资源理论认为，企业良好的财务表现将增强企业获得潜在闲置资源（财物及其他）的能力，而这些资源将被企业投入强化与社区及员工的关系、环境保护等企业社会责任方面。如果企业可以获取闲置资源，那么企业将可以通过对这些资源进行有效配置来提升企业社会责任表现水平。在此种情况下，企业财务表现可以看作企业社会责任表现的提示器。

我们可以从发达国家主要汽车企业在企业社会责任领域的实践方面对此进行解释。在履行企业社会责任过程中，发达国家汽车企业面临不同利益相关者的众多诉求。在员工权益维护方面，这些企业为员工提供了众多在职教育机会，同时也为员工的健康和安全提供了相应的教育与保障措施，这需要企业投入大量的资金。在保障消费者权益方面，为了向消费者提供高安全、高质量的产品与服务，这些企业都投入了大量的研发费用。2012 年，戴姆勒、大众、丰田的研发费用支出占销售额比重维持在 3% 以上，而日产、福特与通用的这一比例更是在 4% 以上。

在社会事业方面，这些企业也投入了大量的资源。宝马 2012 年用于社会事业方面的总支出高达 3198 万欧元。戴姆勒 2010 年至 2012 年在基金会、捐赠与支持项目等社会事业方面的支出则分别为 5100 万、5900万、5800 万欧元。此外，在环境保护方面，发达国家汽车企业也投入了大量的资金，进行技术研发与生产设施改造。2010 年至 2012 年，戴姆勒用于环境保护方面的研发支出分别高达 18.76 亿、21.59 亿、23.69亿欧元。

---

① Waddock S A, Graves S B. The corporate social performance-financial performance link［J］. Strategic Management Journal, 1997, 8（4）: 303 – 319.

② Chen H, Wang X. Corporate Social Responsibility and corporate financial performance in China: An empirical research from Chinese firms［J］. Corporate Governance, 2011, 11（4）: 361 – 370.

通过上述分析，可以发现良好的企业财务表现增强了发达国家汽车企业获取必要的履行企业社会责任所需资源的能力。为满足利益相关者诉求，其在环境保护、社会事业等领域都投入了大量的资金，而这些资金的投入提升了以应对气候变化、提高企业声誉为代表的企业竞争力，从而促进了企业社会责任表现水平的提升。

综上所述，本研究通过实证分析表明，发达国家汽车企业通过实施企业社会责任战略，积极回应利益相关者诉求，在取得良好的经济与社会成效的同时，也促进了企业业绩的提升。在企业社会责任与企业业绩之间的关系方面，两者之间双向正相关，即通过对利益相关者诉求的满足，良好的企业社会责任表现会提升企业声誉及其竞争力，并增强企业获取"效率租金"的能力，从而提高企业业绩。而良好的企业业绩，特别是资产收益率的提升，会为企业提供更多的"闲置资源"，使企业有更多的资源用于企业社会责任的投资。研究结果表明，发达国家的汽车产业的业态已经向可持续发展转移，企业与社会进行了良好的价值共享，作为微观经济运行主体的企业，其履行企业社会责任与追求利润并不矛盾，企业社会责任战略可以作为企业运营的商业模式而存在。

第七章

大众集团企业社会责任案例研究

大众集团将企业社会责任提高到企业战略层面，构建了完善的可持续发展治理结构，确保企业社会责任战略的贯彻与实施。在日常运营过程中，大众集团通过履行经济责任、社会责任与环境责任，取得了良好的成效。通过对这一具有代表性的微观企业案例进行分析，笔者认为企业通过以满足利益相关者诉求为核心的企业社会责任战略，可以实现自身盈利能力与社会福祉水平的提高。

第一节 大众集团概况

一 大众集团简介

大众汽车公司由世界著名的汽车设计大师费尔迪南特·波尔舍创立于1937年3月28日，是德国最大的汽车生产集团，2014年汽车产量居世界第二位，是世界最大的汽车制造商之一。1938年9月16日，公司名称由"Gesellschaft zur Vorbereitung des Deutschen Volkswagens mbH"变更为"Volkswagenwerk GmbH"，Volks 在德语中意思为"国民"，Wagen 在德语中意思为"汽车"，大众汽车全名的意思即"国民的汽车"，又常简称为"VW"。大众集团总部曾迁往柏林，当前仍设在沃尔夫斯堡（Wolfsburg）。

1938年初，大众汽车公司在沃尔夫斯堡开始建厂，用以生产由波尔舍设计的新款车型。二战期间，大众的生产能力被用于军备生产。二战结束后，大众汽车公司由英国军政府于1945年6月中旬接管，甲壳虫车型开始量产。1972年2月17日，第15007034辆甲壳虫出厂，打破了福特 T

型车保持的生产纪录。1973 年，新一代大众汽车的首款车型帕萨特（Passat）投入生产。此后，大众汽车公司又陆续推出高尔夫等车型，产品线得到完善。同时，大众集团从 1964 年从戴姆勒·奔驰公司购入奥迪品牌开始，陆续买入西亚特（SEAT）、斯柯达（ŠKODA）等品牌，成为综合汽车集团。

大众集团是在德国法律规范下设立的公开发行股票公司，目前拥有欧洲 7 个国家的 12 个品牌，包括大众、奥迪、西亚特、斯柯达、宾利、布加迪、兰博基尼、保时捷、杜卡迪、大众商用车、斯堪尼亚、曼。大众集团的每一个品牌都有其独特的品牌特性，并且以独立法人的身份在各自市场上独立经营。大众集团作为专利权申请人，在德国本土及国外享有属下品牌的直接与间接专利收益。

大众集团主要包括汽车部门与金融服务部门。汽车部门主要包括以下商务领域：乘用车、商用车、其他商用领域。在乘用车方面，大众集团的产品涵盖两轮驱动的摩托车、经济型的紧凑型车、豪华型的高端车。在商用车方面，大众集团产品则涵盖了皮卡、巴士与重型卡车等。在其他商用领域，大众集团制造的产品包括潜艇与军用大缸径柴油发动机、压缩机、化学反应堆。大众集团的产品组合还包括车辆与涡轮风扇所使用的专用齿轮、滑动轴承、列车连接器以及交通领域的测试装备。同时，大众集团通过大众金融为个人以及公司客户提供金融产品与服务，并将其整合服务延伸、聚焦至新移动概念。

截至 2013 年，保时捷汽车控股公司（Porsche Automobil Holding SE）持有大众集团 50.7% 的表决权资本（voting capital），下萨克森州持有比例为 20.0%，卡塔尔控股公司（Qatar Holding LLC）持有比例为 17.0%，其他股东持有比例为 12.3%。

二 大众集团主要运营情况

大众集团建立了一套覆盖以下四个区域的控制结构：欧洲其他市场、北美市场、南美市场和亚太市场。截至 2013 年，大众集团在全球共拥有 106 家工厂，其中仅 2013 年开始运营的生产工厂就达到 7 家。欧洲作为集团生产活动的核心，共拥有 68 家整车和零部件生产工厂。随着亚太地区重要性的提升，大众集团在亚太地区的生产工厂已增加至 22 家。在北美，大众集团共运营 4 家生产工厂，在南美运营 9 家生产工厂，在非洲运营 3 家生产工厂。其全球雇员超过 56 万人，每个工作日可生产超过 39352 辆汽车，能够同时为全球消费者提供各类汽车相关服务。

大众集团在世界各地销售汽车产品。2013 年，大众集团在西欧乘用车市场占有率已经提升至 24.8%，占有率较 2012 年提高 0.4 个百分点；中东欧市场占有率为 15.7%，较 2012 年提高 0.5 个百分点；北美市场占有率为 4.8%，较 2011 年下降 0.1 个百分点；南美洲市场占有率为 17.0%，较 2012 年下降 2.5 个百分点；亚太地区占有率为 12.9%，较 2012 年提高 0.7 个百分点；集团世界市场占有率为 12.8%，与 2012 年保持一致。目前，亚太市场已经成为大众集团最大的地区市场。为进行整车生产，大众集团从世界范围内共采购 1350 亿欧元的产品与服务，集团最大的采购市场是欧洲，采购额高达 879 亿欧元，位居最后的亚太市场的采购额为 319 亿欧元。

为应对行业及社会挑战，更好地构建集团未来，大众集团非常重视研发工作。集团研发中心位于沃尔夫斯堡，负责为集团下面所有品牌提供研发服务。跟踪世界发展趋势与技术发展方向是大众集团技术研发的战略核心，为此，大众集团在海外还设立了三个研发基地，分别为美国加利福尼亚州帕罗奥图（Palo Alto）电子研究实验室（Electronics Research Lab，ERL）、东京技术代表处（Technical Representative Tokyo，VTT）、大众汽车中国研究实验室（Volkswagen Research Lab China，VRC）。大众集团 2013 年研发投入 117.43 亿欧元，占销售额的 5.96%，研发投入处于世界汽车产业领先水平。大众集团的研发重心除了新车型外，主要集中在集团产品的功能、质量、安全和环境兼容性改进，包括汽车电气化和提高发动机效率等方面。

2013 年，大众集团共实现整车销售 972.8 万辆、整车生产 972.8 万辆，实现销售收入 1970 亿欧元、营业利润 116.7 亿欧元，实现税前利润 124.3 亿欧元、税后利润 91.5 亿欧元。公司共有雇员 56.3 万人，其中女性员工比重为 15.5%，缺勤率为 3.3%。2013 年，大众集团欧盟地区销售的新车平均单车 CO_2 排放量为 128 克/千米，单车能源消耗为 2205 千瓦时。[①]

第二节　大众集团企业社会责任战略

一　企业社会责任战略的制定

（一）大众集团2018战略

2008 年，大众集团发布了"2018 战略"（Strategy 2018），该战略的战略重心是确保大众集团成为全球汽车厂商中的经济、环保领导者。大众集团 2018 战略的战略目标为：2018 年大众集团不仅将成为全球盈利最多的汽车生产商，也将成为最有吸引力和可持续发展能力最强的汽车生产商。具体目标如下。

第一，大众集团将部署智能化的创新与技术战略，力争成为客户满意度和产品质量的世界领先者。大众集团将客户满意视为确保企业长期成功的必备要素。

第二，将集团整车年销量提升至 1000 万辆，在主要增长市场提高至平均水平以上。

第三，将息税前销售利润率至少提高到 8%，以确保集团财务稳定和在市场低迷情况下可以正常运转。

第四，在 2018 年成为汽车产业最佳雇主。为了制造最好的汽车，大众集团需要产业内最佳团队，需要高素质、与公司需求契合度高、有积极性的员工。

第五，到 2018 年，将所有大众品牌生产工厂的资源消耗在 2010 年的基础上减少 25%。

作为集团总体战略，该战略明确了集团发展愿景与近 10 年的发展目标，确保了内部资源向着发展目标方向进行协调、整合。更为重要的是，在该战

---

① VW AG. Sustainability Report 2013 [M]. Wolfsburg：Volkswagen Aktiengesellschaft，2014.

略中，大众集团确立了经济、环境与人力资源发展目标，为可持续发展提供了集团战略层面的支撑。这一战略主要有以下几个特点。首先，重点关注集团最重要利益相关者——消费者的诉求，并通过技术创新予以满足。大众集团将提高现有消费者满意度，获取新的、满意的消费者作为扩展集团客户的手段。为了确保这一目标的实现，大众集团对产品进行持续的适应性改进，开发环境友好型产品，以满足本地消费者与特殊目标群体的需求。这充分体现了作为微观经济主体的企业对企业基本经济责任的认知。其次，确立可持续发展的企业模式，更加注重企业社会责任。大众集团认为企业获取商业成功，将不可避免地与环境相互作用。资源消耗目标的设立，体现了大众集团对环境的重视。而其他财务目标的设立，使其可以通过综合目标体系确保可持续发展商业模式的实现。最后，明确员工的重要性，指出员工是企业成功的基石。大众集团成为最佳雇主的这一目标，体现了对员工的重视与尊重，将员工视为实现企业商业目标的基础因素。

（二）大众集团企业社会责任战略

对于大众集团而言，"2018战略"不仅是企业增长战略，而且是建立在对企业社会责任的系统理解基础之上的企业总体战略，目的是实现经济、社会与环境的均衡发展，充分体现了可持续发展性与社会责任性。可持续发展性与社会责任性则是实现可持续发展的基础与工具。大众集团将履行社会责任，以可持续发展方式进行企业运营视为提高公司价值并长期保持这种状态的方法。对于大众集团而言，企业社会责任意味着将社会和环境因素作为企业经营不可分割的部分。同集团核心经济流程相连接，企业社会责任将帮助集团预防风险，尽早识别增长机会与提高声誉。

大众集团识别了气候变化、大气质量、资源保护与人口结构变化。这些因素都涉及社会变革，依据不同的市场又会产生较大的差异性，城镇化加速、对企业运营透明度要求的不断提高以及公众对资源效率问题关注度的提升便是例证。大众集团详尽地分析了这种趋势，在考虑企业社会责任的基础上制定了可持续发展战略，目的是在全球运营中体现可持续发展性与社会责任性。

为履行企业社会责任，实现可持续发展，在"2018战略"基础上，大众集团制定了可持续发展战略。大众集团可持续发展战略的实施重点包括经济（增长、收益、创新）、人（雇员、能力、责任）与环境（环境保护、CO_2减排、资源节约）三个方面。为了实现可持续发展，大众集团还制定了清晰的路线图（见图7-1）。

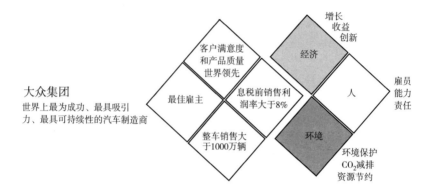

图7-1 大众集团企业社会责任战略

资料来源：VW AG. Sustainability Report 2013［M］. Wolfsburg：Volkswagen Aktiengesellschaft, 2014：11。

二 企业社会责任战略的管理

（一）建立完善的公司治理结构

为了确保企业战略能够得到贯彻落实，大众集团采取了透明与负责任的管理机制。按照德国相关法律规定要求，在公司治理结构方面，大众集团采取"双层董事会"制。大众集团管理委员会共有9名成员。每一成员负责集团内的一项或多项职能，一些成员同时也对集团不同区域负责。集团管理委员会在工作上受到不同品牌、地区董事会或管理团队以及集团内部其他企业或附属企业的支持。为了提高公司治理水平，大众集团非常重视管理委员会成员薪酬标准的制定。在管理委员会薪酬结构方面，主要由固定部分与可变部分组成。可变薪酬主要由以过去两年集团业绩给予的奖金以及考虑过去四年财务状况的长期激励部分组成。可变薪酬的两个组成部分都以集团多年业绩为基础，既考虑到集团良好的业绩，也将可能的负面业绩纳入考虑。这种薪酬制度，可以在很大程度上规范管理委员会成员的管理工作，避免其经营中的短视行为及对利益相关者的利益造成损失。

作为管理委员会的监督、建议以及任命机构，大众集团监事会依据德国的"共同决定制"，由同等人数的股东代表与员工代表共同组成。大众集团监事会由 20 人组成，其中 3 人为女性。大众集团监事会具有明确的成员选举原则，主要包括：至少 3 个席位要由具有国际化背景的个人担任；在股东方面，至少要有 4 名监事与集团不存在潜在利益冲突，尤其是来自涉及消费者、供应商、债权人以及其他第三方的商业行为的利益冲突；更进一步，监事会中至少要有 4 个席位由与《德国公司法》中 5.4.2 条款不相关的个人占有；监事会中至少有 3 名女性，其中至少有 2 人为公司股东；选举时超过75 岁的人员不能被任命为监事。

大众集团按照德国法律要求，形成了完善、透明的公司治理结构，为集团履行社会责任，实施可持续发展战略提供了体系基石，是集团可持续发展治理结构的形成基础。作为德国企业，大众集团公司治理结构的一个显著特点就是职工参与公司治理，而这一目标的实现是通过职工加入监事会达成的。德国企业监事会地位高，权限大，掌握着管理委员会的任免权，并对公司的财务与经营进行监督。由股东代表与员工代表共同组成监事会，实现了劳资双方对公司的共同治理。更为重要的是，这一结构更是对员工这一企业最重要利益相关者的认可，表明企业不仅要对股东负责，也要了解并满足员工诉求。

（二）设置清晰的企业社会责任与可持续发展治理结构

为了将企业社会责任落实到企业的具体经营中，大众集团建立了清晰的企业社会责任与可持续发展治理结构（见图 7－2）。随着集团的发展以及企业社会责任实践的深入，这一治理结构也在不断演进与完善。集团管理委员会处于这一治理结构中的最高层次，在大众集团也被称为可持续发展委员会（Sustainability Board）。可持续发展委员会定期听取集团企业社会责任与可持续发展指导小组就企业社会责任与可持续发展问题所做的汇报。目前，可持续发展委员会至少每年听取两次汇报并进行决策。

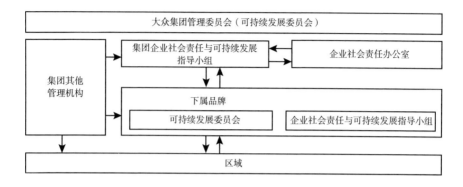

图 7 - 2 大众集团企业社会责任与可持续发展治理结构

资料来源：VW AG. Sustainability Report 2013 ［M］. Wolfsburg：Volkswagen Aktiengesellschaft，2014：11。

集团企业社会责任与可持续发展指导小组位于大众集团可持续发展治理结构中的第二层次，向集团可持续发展委员会汇报工作并提出相关建议。该指导小组由集团核心商业部门的经理、集团劳资联合委员会以及各品牌和各地区的代表组成。集团核心商业部门主要包括采购、财务、研发/环境、投资者关系、沟通、营销和销售、组织与IT、人力资源、法务、审计等部门，涵盖了集团经营的所有环节。集团企业社会责任与可持续发展指导小组一年召开四次会议，以确定集团可持续发展目标，签署可持续发展报告等。集团企业社会责任与可持续发展指导小组在工作上由企业社会责任办公室提供支持，企业社会责任办公室从2006年开始通过使用标准的机构流程与报告体系来协调集团内部以及所有品牌内部所有可持续发展相关活动。这确保了企业社会责任活动的战略导向，并且统一了内部管理流程。企业社会责任办公室的职权范围还包括开展由可持续发展专家和投资者参加的集团层面的利益相关者对话。同时还有一些专业的项目团队为集团提供支持，这些专业团队主要负责一些如提供可持续发展报告或者维护供应商可持续发展关系等跨职能工作。

集团下属品牌的可持续发展委员会、企业社会责任与可持续发展指导小组与专业部门位于大众集团可持续发展治理结构中的第三层次。下属品牌的可持续发展委员会向集团企业社会责任与可持续发展指导小组汇报工作。大众集团旗下有大众、奥迪、曼、斯柯达等 12 个品牌，除了极少数例外，集团内部不同的品牌企业也都建立了可持续发展委员会，具体负责本品牌企业社会责任与可持续发展相关问题。同时，在下属品牌企业内部，也都建立了企业社会责任与可持续发展指导小组，负责协调品牌内部的企业社会责任与可持续发展问题。

（三）召开全球企业社会责任会议

全球企业社会责任会议是大众集团企业社会责任管理体系的重要组成部分，是对企业治理结构和集团可持续治理结构在履行企业社会责任方面的进一步补充和支持。2009 年以来，集团下属品牌和各地区运营机构每年在沃尔夫斯堡召开全球企业社会责任会议，会议的主要目的是促进集团内部对话，为集团内部设置统一的执行机构并促进相互间的学习。2013 年全球企业社会责任会议主要讨论议题包括可持续发展报告、信息管理、利益相关者管理和企业社会公民。这些议题是大众集团履行社会责任方面的重要事项，全球企业社会责任会议因此也成为集团内部企业社会责任协调机构的重要组成部分。

1. 可持续发展报告

可持续发展报告不仅是大众集团的报告，同样也需要集团内部不同企业对报告内容、沟通方式以及未来共同发展计划进行协商。对可持续发展报告的讨论，可以提高集团下属品牌未来发展的可见性，而这种报告的准备与协商过程也确保了主要利益相关者的诉求都得到关注和解决。

2. 信息管理

对企业社会责任与可持续发展方面的信息进行披露，特别是对经济、环境、社会等方面的绩效指标进行说明，离不开企业内部良好的数据支撑。为此，大众集团内部建立了计算机化数据收集系统。这一系统如何满足集团、集团下属品牌以及不同区域的需求，需要收集哪些指标，收集到什么样的程度，以及收集哪些定性信息是系统设计的重要关注点。通过建立以 IT 系统为基础的信息管理体系，以及对指标系统的进一步整合，大众集团已经初步建立全面、实时的企业社会责任与可持续发展报告体系。

3. 利益相关者管理

利益相关者理论是企业社会责任重要相关理论，为企业履行社会责任提供了工具与方法。为了更好地利用这一管理工具，大众集团非常注重对主要利益相关者的识别，在集团与下属品牌间建立了高效的、与企业运营吻合的利益相关者管理方法。这一利益相关者系统化的识别与划分标准同样也可以应用于集团下属品牌与各运营区域的管理活动中。

4. 企业社会公民

大众集团将成为企业社会公民作为可以为社区和社会带来附加价值的自愿性行为。大众集团企业社会公民涉及一系列项目，其中很多项目源于集团、下属品牌以及区域的历史做法，如建立大众社区信托基金和奥迪环保基金等。目前大众集团正在寻求一种可以系统化评估这些项目影响与效果的方法。

除了上述可持续发展治理机构外，为了使工作更有针对性，能够更加快捷地对利益相关者诉求做出回应，大众集团还陆续成立了其他协调机构，以协调集团内部的环境保护、员工权益保护和社会参与等问题。

（四）开展利益相关者管理

大众集团认为企业的成功取决于对利益相关者需求和期望的了解程度。由于大众集团下属企业众多，向市场提供不同的产品与服务，差异化程度较大，利益相关者的诉求可能会有很大的区别，集团需要通过建立广泛的关系来对利益相关者的诉求做出回应。这些主要的利益相关者包括投资分析师与投资者、雇员、专家人才、客户、社区、供应商、商业合作伙伴、立法机关、政府部门、学术界以及非政府组织等。管理利益相关者，了解并回应其诉求是大众集团履行社会责任的核心管理方法。

为了更好地开展利益相关者管理，大众集团在与市场、环境与社会协会合作的基础上，建立了利益相关者小组。该小组的工作紧随集团在企业社会责任特别是在环境保护与可持续发展方面所开展的工作。市场、环境与社会协会通过与不同利益相关者代表开展详细的访谈，了解利益相关者的诉求与期待。这些访谈活动可以帮助集团发现内部企业社会责任与可持续发展协调工作中存在的不足。

大众集团进行利益相关者管理的主要目的是与利益相关者建立共识。开展利益相关者对话是达成这种共识的主要机制。在大众集团，利益相关者对话包含从诉求管理到风险识别的广泛范围。大众集团建立了系统的利益相关者对话机制，通过与利益相关者开展开放性和建设性的对话，进行相互了解与学习。对话使得不同背景与立场的利益相关者产生共识，特别是在合作解决方案的框架构设上取得一致意见，而这种解决方案将使各方获益。

大众集团下属品牌非常重视在企业内部建立与利益相关者特别是雇员、专家人才、商业伙伴与客户的直接联系。在集团层面，大众集团将对这些流程进行合并，采取整合方式对集团范围内的话题进行讨论。这主要包括同立法机关、学术界以及非政府组织开展对话。同时，大众集团也通过开展游说来维护员工和企业的利益。大众集团认为这一活动是必要且合法的，与公开对话并不矛盾。游说的目的主要是保证集团的行动自由权。大众集团通过其掌握的专业技能帮助立法者制定并通过相关法律。大众集团已经加入欧盟委员会透明登记册（European Commission Transparencey Register），以确保游说行为尽可能地公开。通过登记，大众集团对其利益诉求涉及的企业目标与所分配的资金来源进行说明。与宝马等其他德国企业类似，目前大众集团已经在拥有生产工厂的主要欧盟国家设立代表处。为了确保游说行为的独立性，大众集团并没有为任何政治活动以及政党所属机构提供捐助。

在集团层面，大众集团也非常注重参加就可持续发展问题进行密集对话的组织。在国际组织方面，大众集团主要参加了世界可持续发展工商理事会、欧洲范围内领先的企业社会责任组织欧洲企业社会责任协会（CSR Europe），并且成为联合国全球契约（United Nations Global Compact）的成员企业和积极支持者。同时，大众集团也是德国企业可持续发展论坛以及良好生物多样性公司（Biodiversity in Good Company）全球行动计划的活跃成员。大众集团通过参加这些非政府组织，可以及时获知这些组织以及其他利益相关者对其的诉求与期望，同时将企业自身的相关实践与努力方向与这些组织进行沟通，提高了企业社会责任实践的透明性。

除了开展集团层面的利益相关者对话外，大众集团下属品牌奥迪、曼、大众和保时捷也都开展了内部在线利益相关者调查。此外，2013 年，大众集团内部所有企业都参加了"Stimmunsbarometer"活动，对员工建议进行调查。这是大众集团首次开展的全集团规模的有关员工需求和利益的调查，并计划每两年开展一次。同时，大众集团还有统一的与消费者沟通的标准程序。

通过开展利益相关者管理，进行广泛的利益相关者对话，与非政府组织等开展合作，大众集团可以及时了解、跟踪利益相关者诉求变化，特别是了解公众在环境与社会方面的期待，为企业社会责任战略的实施与落实奠定基础。更为重要的是，通过开展这些活动，大众集团也可以使外部利益相关者对大众集团企业社会责任表现做出评价，有助于提升企业声誉。

第三节　大众集团企业社会责任的践行

一　履行经济责任

经济责任是企业履行其他社会责任的基础。大众集团将保证经济稳定作为集团重要目标之一。在经济责任方面，大众集团重点强调增长的重要性。为了确保可持续、稳定的增长，大众集团重点从以下几个方面开展工作：对生产流程进行优化并对产品进行重新定义，加大对研发、工厂与设备、员工等的投资力度。同时，大众集团也非常重视与供应商的合作以及本土化运作。

（一）为消费者提供满足其需求的产品

企业作为微观经济主体，一个重要的经济职能就是向市场提供满足并超越消费者需求的产品。关注消费者，为消费者提供高质量的产品与服务以获取较高的消费者满意度，是大众集团确保长期市场业绩领先的关键。在产品开发与技术创新过程中，大众集团充分考虑了利益相关者对环境保护与气候变化的关注，依据集团环境保护体系确立了应对气候变化、节约资源与提高安全性这三个目标。通过向消费者提供一系列高效、可承受与高实用性的动力与燃油技术，减少气候变化带来的危害。同时，在产品开发过程中，大众集团进行了大规模的技术创新与投资，以提高环境友好型产品开发能力。

技术与产品领先是大众集团履行社会责任的基础实践。2013 年，大众集团产品研发与技术创新投入高达 102 亿欧元。为了向消费者提供满足其需求的环保型产品，大众集团不仅研发高效、环保型柴油、汽油以及天然气发动机，还加大了对混合动力以及纯电动汽车的研发力度。大众集团还非常重视轻量化设计，提高汽车的空气动力性。此外，道路交通安全领域是大众集团技术研发的重点领域，提高道路交通安全水平是大众集团履行社会责任时的重要关注点。为了满足消费者对安全的需求，大众集团在产品研发过程中非常注重相关技术的研发与应用。目前，大众品牌的车辆都已经安装防抱死制动系统（ABS）、车身电子稳定系统（ESP），自动车距保持系统、车道保持辅助系统已经在中高端车型安装并逐步向紧凑型车型扩散。这些技术的使用，大大提高了消费者的驾驶安全性。

高效的模块化平台是大众集团将产品研发转化为现实产品，以实现企业经济目标的重要保证。从 2007 年起，大众集团开始研发横置发动机模块化平台（MQB），通过模块化提高不同车型之间的零部件通用性。该平台衍生车型的轴距、前后悬挂、后排座椅与后轴之间距离、前后轮距等尺寸均可以进行调整，只有前轴同发动机后隔板之间为固定距离，这可以提高平台演化的灵活性，提升零部件通用性，从而降低零部件采购成本。同时，该平台允许按照消费者需求对个别零件进行更换，使得大众集团可以更加灵活地应对市场变化，避免产能过剩以及资源错配。2012 年，大众、奥迪、西亚特与斯柯达已经开始导入采用 MQB 平台生产的车型。新高尔夫、奥迪 A3、斯柯达明锐以及西亚特 LEON 是采用这一平台生产的首批车型，未来大众集团在该平台基础上还将推出 40 款车型。据估计，采用该平台，可以帮助集团削减 20% 的生产成本，最多减少 30% 的制造时间，并且降低 20% 的一次性开支。

（二）建立可持续供应链

大众集团将企业社会责任与可持续发展融入整个供应链中，在保证稳定、高效供应链的同时，也提升了供应链企业的企业社会责任表现水平。2006 年，大众集团提出了"可持续供应链"概念，并且开始逐步推进。

大众集团建立可持续供应链主要依靠以下四个方面：第一，直接供应商（Tier1）在投标竞价前，必须满足大众集团对可持续发展方面的相关要求；第二，提前预警系统将识别并使供应链风险最小化；第三，通过可持续发展问卷等方式，将可持续发展整合到采购流程中；第四，供应商监控与发展。

大众集团对供应商提出了明确的可持续发展要求。大众集团要求供应商在日常运营过程中，满足大众集团的社会与环境标准。大众集团对供应商社会责任方面的要求以对国际准则的遵守为基础，这些准则主要包括人权、"全球契约"、国际商会工商业可持续发展宪章以及经合组织长期可持续发展方针。此外，大众集团以国际劳工组织公约准则作为供应链可持续发展要求的基础，这些准则主要包括遵守废除强制劳动与童工劳动制度、利用仲裁保护劳工权益、避免就业和职业歧视、结社自由、劳动机会和待遇平等。同时，大众集团也要求其供应商满足并通过ISO14001环境管理体系或欧盟生态管理和审核计划认证。截至2013年，已经有84%的核心供应商通过上述标准体系认证或者按照上述标准体系运行。

为了避免供应商问题导致公司声誉受损的风险，大众集团对新合作伙伴开展完整性检验。这一检验的目的在于在开展正式商业合作前，尽可能多地掌握潜在合作伙伴的信息，以降低可能对大众集团及其运营造成损害的风险。为了更好地进行这种检验，大众集团在对潜在合作伙伴进行接触前，会在独立第三方机构的帮助下开展国家风险分析。例如，2013年，通过这种分析，大众集团发现其在巴西、印度、墨西哥以及俄罗斯等国的供应商不符合大众集团可持续发展要求的风险在增加。为此，2013年大众集团在印度和墨西哥开展了供应商审查，2014年对其他高风险国家供应商进行审查。有争议原材料的使用是大众集团供应商风险控制的又一重要问题。同时，大众集团也非常关注有关人权报告中一些国家强制劳动、使用童工，以破坏环境的方式开采矿产的问题，刚果及其周边的一些非洲国家此类问题相对突出，大众集团也都采取措施加以避免。

大众集团通过集团商务平台与供应商进行互动，将可持续发展整合到采购流程中。潜在供应商要想成为大众集团合作伙伴，必须满足大众集团对供应商在可持续发展方面的要求。同时，这些供应商还需要完成可持续发展调查问卷。截至 2013 年底，11749 家直接供应商已经完成此调查问卷，占大众集团采购总量的 82%。此外，大众集团还为供应商提供了可持续发展电子学习系统，并且要求直接供应商进行对照检查。对供应商进行密切监控是大众集团确保直接供应商履行企业社会责任的重要措施。如果早期预警系统显示供应商可能没有遵守大众集团可持续发展要求，大众集团会要求供应商提交报告。如果对供应商的补救措施并不满意，大众集团会进行现场走访或者进行新供应商开发。

（三）开展本土化运营

本土化运营是企业社会责任的重要组成部分，企业通过开展本土化运营可以确保其在经营地的价值增加。对于汽车制造业而言，本土化运营意味着区域整合，更加关注产品生产，以抵消全球生产所导致的生态、经济与社会问题。通过本土化运营，供应商在运营地附近新建生产基地等，可以增加新的就业岗位，并为当地带来税收，保证了世界范围内的人都有机会参与企业价值的创造，并因此取得经济繁荣。大众集团实施的这种本土化战略，对企业与当地社区而言是一种共赢。

通过本土化运营，企业可以获取大量经济利益。一方面，通过本土化运营，大众集团可以更加了解当地消费者的需求，开展产品适应性设计，提高其当地市场份额。另一方面，本土化运营也帮助大众集团降低了物流费用，并且使采购成本与当地市场一致。同时，也降低了汇率波动风险。

本土化运营同样也促进了当地的发展。通过本土化的价值创造，大众集团为遍布世界各地的生产工厂所在区域提供了实现经济繁荣的机会。随着销量的提升，大众集团近年来在世界范围内新建了众多工厂，更为重要的是，随着现代化工厂的建设，大众集团也非常注重对产业工人的培训以及本土管理者管理能力的提升，为当地建立了现代化的汽车产业劳动力体系，促进了生产率的提高。例如大众集团在印度的普纳工厂，自建立以来，已经有 67 家供应商及服务企业入驻，共为当地提供了 13000 个就业岗位。

二　履行社会责任

企业社会方面的责任是企业社会责任的核心组成部分，是企业与社会实现价值共享的重要体现。在社会方面的责任上，大众集团强调人的核心地位，特别是对员工权益给予了重点保护。确保企业实现良好业绩，创造成功并使员工分享企业的利润是大众集团人力资源管理战略的核心。大众集团在履行企业社会方面的责任时，就以这一战略为基础，在保障员工基本劳动权益的基础上，提高员工职业能力，进行多样化管理的同时，对提升企业所在社区的福祉水平做出贡献。

（一）提高员工职业能力

大众集团的企业战略是平衡客户、股东、员工以及其他利益相关者关系的多维度战略，员工则是确保这一战略得以实现的关键因素。只有从学徒到高级管理者等企业所有员工的能力都能满足企业目前需求，并且可以应对未来挑战，才能够保证企业的创新能力，确保企业产品领先。同时，员工职业能力的提高，为其未来个人发展奠定了基础。为此，大众集团建立了完善的培训体系，帮助员工提高职业能力。

在职教育与培训是大众集团提高员工职业能力的主要支撑点。在在职教育与培训方面，大众集团得益于德国"双元制"高等职业教育。所谓"双元制"高等职业教育，是指学生接受企业实践技能培训和学校理论培养相结合的高等职业教育形式，较好地实现了理论与实践结合，实现了企业与学校间的充分协调。截至2013年底，大众集团共有17703人接受了在职教育与培训，其中在德国接受的人数更是高达12611。

在毕业生能力提升方面，大众集团主要通过"学生人才银行"（Student Talent Bank）与"学术人才库"（Acdemic Talent Pool）两个项目来开展。大众集团从1998年开始启动"学生人才银行"，将能力突出的学生放在相关工作岗位进行实习。已经有多达2300名在实习过程中表现出突出技术水平或个人能力的学生被纳入"学生人才银行"。大众集团会对这些学生的前期实习提供支持。当这些学生毕业后，就会被纳入"学术人才库"中，大众集团可以对专业人才进行识别。

此外，大众集团还为全体员工提供了岗位任职资格项目。由大众集团开办的大众集团学院为集团员工提供了一系列职业能力发展项目，包括个人能力开发、跨职能研讨会和课程，以及专业资格培训。这些培训项目都采用"双元制"，使员工的理论学习与实践可以密切结合，确保其在整个职业生涯中都能持续提升专业技能。

（二）保护员工职业安全与健康

大众集团将保护员工健康作为企业社会责任的重点，同时这也是企业文化的一部分，关乎集团经济健康与活力。大众集团将传统的保护员工职业安全与健康和工作组织、人体工程学、领导风格等融合在一起，形成整合式健康管理。

在保护员工职业安全方面，大众集团于 2010 年开始推行集团职业安全管理体系（KMAS）。大众乘用车与大众商用车等部门更是对现有职业安全组织结构与流程进行了全面分析，并且将优秀案例在集团内部进行了分享。同时，大众集团在所有运营地都成立了健康与安全委员会，以保护当地员工。更为重要的是，与职工安全相关的各方一致同意对大众集团所有生产单位进行以品牌为单位的安全审核，该审核从 2012 年开始。在进行基础职业安全管理的基础上，大众集团也重视提高未来管理人员的职业健康意识。2012 年初，大众集团在德国开始对未来管理者进行强制性职业健康测试，并且将其作为未来集团领导者必经过程之一。

在保护员工健康方面，大众集团的一个重要特色就是对工作场所人体工程学进行深入研究。集团人体工程学部门、健康服务部门、劳资联合委员会与职业安全与健康部门同集团下属各品牌共同合作，共同开发人体工程学标准。大众集团的人体工程学提升项目涵盖整个产品开发与生产流程，以确保在车型规划与设计阶段考虑工作场所质量以及生产流程给员工带来的压力、负担。这一项目的目标是通过使用一系列科研成果与实践经验，将符合最新人体工程学的工厂与创新工作流程进行整合。2012 年，大众集团以第七代高尔夫的导入为契机进行了工作场所人体工程学的全面提升。人体工程学提升项目的开展有效降低了工作对员工健康与舒适度的影响。

大众集团采取整合式健康管理方式维护员工健康。大众集团在德国成功引入员工体检制度后，系统地在内外部开展了健康预防及其相关培训活动。大众集团海外工厂也陆续开展集团体检项目，其他企业也已经开始将现有的健康预防项目采取与集团体检项目一致的标准。大众集团的体检项目是向全体员工提供的免费的、全面的医疗检查，帮助员工提高健康水平并相应地提高其工作表现水平。

（三）重视员工其他利益诉求

大众集团不仅重视员工职业生涯中的发展问题，也非常关注员工其他利益诉求。这些利益诉求主要包括女性就业权利、工作与生活的平衡以及其他多样性要求。家庭友好型人力资源管理政策是大众集团致力于成为最佳雇主的基础因素。大众集团这一做法有悠久的历史。从1989年开始，大众集团就成为第一家正式提出提升女性就业水平的企业。2007年，大众集团为女性员工比例设定具体目标。2011年，大众集团为实现可持续发展为其在德国境内的企业设置了女性员工比例差异化自发目标。以多样性思想为原则，大众集团采取措施提升女性员工比例，平衡其工作与家庭生活，进行包容性管理。这种多样性管理活动的开展，体现了大众集团对人权特别是女性权益的尊重。

大众集团为女性毕业生设置了招聘比例，还设置了不同专业女性毕业生的详细招聘比例。例如，大众集团女性工程师占电气工程师的招聘比例为10%，总体女性毕业生招聘比例为30%。在提高女性毕业生招聘比例，保护女性就业权利的同时，大众集团还重视女性员工的职业生涯规划与发展。大众集团为德国女性管理者比重设置了30%的长期目标。为了实现这一目标，大众集团德国女性管理者比重已经由2012年的9.3%上升到2013年的9.8%。女性员工比例的持续增加，使得大众集团在未来可以进一步提高女性管理者比例。

大众集团还通过持续努力，为员工提供了更多的机会以兼顾工作和生活，这主要包括为员工提供大量灵活性工作安排、产假后返回工作岗位保留原来工作岗级、在公司内或公司附近提供儿童看护等措施。IT技术的发展，更是为员工寻求工作与家庭生活的平衡提供了新的解决方式。同时，大众集团还提供了非常灵活的再雇用政策。在过去的 20 多年间，员工可以向企业提出无理由的最长期限为 8 年的缺勤要求，大众集团保证按原来的合约与其续约。

为了保证集团内部不同种族、文化背景的员工能够协调开展工作，大众集团也非常重视开展多样化管理。作为大型跨国运营企业，大众集团在欧洲、北美洲、亚洲与非洲等地共拥有 106 家生产工厂，在 153 个国家开展整车销售，并雇用了 104 个国家的员工。为了体现对人权的尊重，大众集团在运营过程中体现了尊重、宽容与世界主义。为此，大众集团给每位员工同等机会与待遇，不论其种族、肤色、性别、意识形态、信仰、社会背景与政治信念。集团行为准则明确了这一要求，并且要求集团每一位员工、每一位管理者都按照准则行事，以确保不同个体可以合作开展工作，避免任何歧视。

（四）积极提升社区福祉水平

大众集团还非常注重对其他社会方面的责任的履行，以提升社区福祉水平。在这方面，大众集团采取措施，重点对集团运营所在地的以未来为导向的教育、社会项目提供支持。同时，大众集团对自然灾害也提供了一系列救助，并且管理员工开展志愿者活动。

大众集团利用自身在道路交通与安全方面的专业优势，为众多教育项目提供了支持。例如，大众集团在西班牙开展了"马贝拉 Polo"培训项目，利用其在西班牙纳瓦拉工厂的场地，通过游戏活动为儿童提供道路安全方面的培训。这一社区项目由大众纳瓦拉、纳瓦拉储蓄银行基金联合运营，并且由当地政府和一些当地企业提供支持。2013 年，该项目吸引了 7100 名儿童参加培训，培训总数更是超过了 10 万人次。除此之外，大众集团更是参与到运营地的教育事业中来，通过与当地政府、相关方合作开办学校，提供特色教育。

大众集团还开展了一系列志愿者活动。大众支持志愿服务（Volkswagen Supports Volunteering）是一个非常成功的信息交流中心，为社区对志愿服务的需求与愿意提供志愿服务的集团员工提供了信息对接场所。大众支持志愿服务不仅在集团运营地提供服务，还与 700 多家组织和机构合作，在运营地附近区域提供服务。此外，大众集团也支持其遍布世界各地的员工开展志愿者服务活动。

为了履行社会责任，大众集团通过企业捐助和员工捐助为相关社会事业提供了大量资金支持。大众集团致力于为研发创新、教育、慈善、体育、文化等事业以及教会、学术机构等提供支持。大众集团提供捐助的对象是非营利组织或者被授权可以接受捐助的组织。

三 履行环境责任

由于自身产业特性，大众集团非常注重对环境责任的履行。大众集团建立了完善的环境管理机制，以确保可持续发展的生态方面锚定于产品的开发与生产过程中。对于大众集团而言，环境责任的重点主要包括高效利用能源、水等资源与原材料，将污染物、废弃物与废水等的排放量降到最低，保护生物多样性并促进生物多样性发展。

（一）建立完善的环境管理体系

大众集团在环境保护方面设置了明确的目标体系。大众集团承诺将德国工厂的温室气体排放在 2010～2020 年减少 40%。为了实现这一雄心勃勃的目标，大众集团已将其总额高达 502 亿欧元投资项目中的 2/3 直接或者间接注入提高能源利用效率、提高车辆安全水平、新驾驶系统开发以及在世界各地的工厂中建设环境友好型生产流程等项目中来。

大众集团建立的系统的环境管理体系为实现上述目标提供了组织基础。同时，这一体系也确保了全集团对相关法律的遵守。2011 年 11 月，大众集团任命了集团环境、能源和新业务领域执行官，并直接向集团可持续发展委员会汇报。环境、能源和新业务领域执行官同时是集团环境与能源领导小组的负责人。这一新职位的设立将整合并且强化大众集团在全球范围内有关集团环境管理、能源战略以及新业务领域的行动力，从集团范围对环境保护管理工作进行整合，使得集团不同企业间可以就环境保护与能源战略等进行协调，并确保这些战略得到落实。

大众集团环境与能源领导小组作为集团环境管理体系的核心，在集团实现环境保护目标的过程中发挥着首要作用。环境与能源领导小组与集团

CO_2 领导小组一道，由环境保护与可持续发展方面的专家以及相关品牌与领域的决策者构成。环境与能源领导小组对大众集团企业社会责任与可持续发展指导小组负责，主要负责环境保护方面的工作，并向其进行报告与建议。该领导小组下设 7 个业务单元，主要包括公司、产品规划与开发、供应商、物流、生产、销售和营销、再循环，分别负责解决价值链中不同阶段的具体问题。集团环境与能源领导小组做出的决定，将直接被纳入大众集团管理流程中。

在建立系统的环境管理组织结构基础上，大众集团还引入并通过 ISO 14001 等环境管理体系认证，将环境因素融入企业的全价值链中。1995 年，大众集团的德国工厂自愿参与欧盟生态管理和审核计划，成为首家参与该计划的汽车厂商。大众集团位于全球各地的工厂也都通过了 ISO14001 环境管理体系认证。从 2009 年开始，大众集团下属品牌企业也开始推进 ISO50001 能源管理体系认证，其位于欧洲的工厂都已经通过该认证。同时，大众集团的产品研发部门也根据 ISO14001 环境管理体系的要求，在产品开发过程中充分考虑如何提高产品环境保护特性，并于 2009 年通过了 ISO/TR14062：2002 环境管理标准，将环境因素引入产品的设计和开发体系认证。

（二）开发环境友好型产品

汽车在使用过程中会消耗大量的能源，并排放出 CO_2 等温室气体，对环境造成持续影响。正是因为汽车产品这一特性，大众集团将产品开发作为降低产品环境负荷的关键节点，力求开发出能够最大化利用能源、资源的产品。大众集团在产品研发与技术创新中的一个重要目标就是产品的环境表现水平要较其前一代产品有所提高。例如，大众品牌的新一代产品燃油经济性要较老一代产品提升 10% ~ 15%。同时，大众集团也是第一个承诺实现欧盟新车 CO_2 减排目标的汽车企业，这一目标计划到 2020 年将乘用车企业 CO_2 排放量降至 95 克/千米。

为了达成这一目标，大众集团开始从产品研发这一价值链初始阶段入手，降低产品的环境负荷。大众集团在产品开发过程中通过开展生命周期工程（Life Cycle Engineering）设计，减少产品在整个生命周期中的环境足迹。这一设计从产品生命周期评价开始，对车辆整个生命周期的环境影响进行评估，涵盖从原材料使用、生产到最终的再循环等产品的整个生命周期。产品生命周期评价可以揭示出不同生命周期阶段产品对环境影响程度的量化情况。通过这一评价，企业可以发现产品对环境造成影响的重点阶段，并采取相应的措施予以应对。目前，集团下属的大众品牌已经按照 ISO14040 生命周期评价标准开展生命周期评价，并且通过了德国汉德（TÜV NORD）的外部认证。

大众集团通过对不同技术进行整合，提高了产品的节能环保性能。与竞争对手不同，大众集团相对更加注重节能环保技术的多样性。在迈向零排放的技术路线选择上，大众集团目前非常注重传统动力系统能效的提高，大范围使用涡轮增压汽油发动机（TSI）与涡轮增压柴油发动机（TDI）等发动机以及双离合变速箱（DSG），兼顾了消费者对经济性与环保性的需求。同时，大众集团在轻度混合动力、全混合动力以及插入式混合动力技术研发方面也增加了投入，并开发出一系列车型，作为向纯电动汽车过渡阶段的产品。在零排放车辆方面，大众集团积极研发纯电动汽车与燃料电池汽车，并陆续推出续航里程分别达到 80~200 千米和 400~600 千米的概念车。大众集团这种考虑技术成熟度与市场接受度的节能环保车辆技术组合，可以使其向市场提供消费者可以承受并满足不同消费群体需求的汽车产品。

为了提高节能环保汽车市场份额，通过消费需求进一步促进技术创新，大众集团旗下主要乘用车品牌都建立了"绿色"子品牌。这些品牌主要包括大众品牌的 BlueMotion、斯柯达品牌的 Greenline、奥迪品牌的 e Concept 以及西亚特品牌的 Ecomotive。以 2013 年春季上市的高尔夫 TDI BlueMotion 车型为例，该车型每 100 公里油耗仅为 3.2 升，CO_2 排放量低至 85 克/千米。建立这些"绿色"子品牌，可以使消费者快速识别出环保性能优异的产品，并做出购买决定，从而对其市场化起到促进作用。

（三）进行绿色制造

与制造业中的其他门类一致，汽车产业通过对原材料、能源等制造资源的加工制造，将其转化为满足人们需求的产品。而汽车企业在生产过程中，会使用大量的资源、能源，生产过程的制造资源转化效率以及环境负荷的大小，不仅会影响企业的竞争力，还会对可持续发展产生重要影响。大众集团长期以来都非常注重提高制造资源利用效率，这是因为对能源与原材料的节约使用会提高并持续改善企业的成本效益情况，这是企业履行环境责任的重中之重。为此，大众集团位于世界各地的工厂已经在"蓝·创未来—工厂"（Think Blue. Factory）项目下开展制造活动，这一项目包括一系列具体的措施，以确保生产工厂的管理者和普通员工朝着提高生产能效、显著减少排放与提高资源利用率的方向努力。

在"蓝·创未来—工厂"项目中，大众集团新建的生产工厂都是按照最严苛的环境标准建设的。在现存工厂中，按照现有生产设施的使用年限，大众集团通过更换、升级生产设施和生产流程再造等措施来达到环保目标。"蓝·创未来—工厂"工具箱包括可以降低能源、资源消耗率和提高使用效率的系统化工具。为进行环境友好型汽车制造而设计的140余项指导措施是这一工具箱的重要组成部分，不同工厂可以根据自身实际情况进行选择。大众集团将"蓝·创未来—工厂"项目设计成对话驱动型项目，某一工厂的良好实践会被进一步推广到其他所有工厂。同时，工厂的制造技术也会按照制造体系和流程的最新技术发展进行升级。在大众品牌全球43个工厂中，截至2013年已经有27家工厂参与这一项目。从2011年到2013年，项目计划的3400项措施已经有一半以上得到落实。大众集团"蓝·创未来—工厂"项目对其他制造业的绿色升级也具有重要借鉴意义，中国2012年发布的《绿色制造科技发展"十二五"专项规划》对此也有所提及。

大众集团在生产过程中，采取了很多措施来降低能源消耗。例如，大众品牌工厂已经开始采用以天然气为能源来源的加热与动能一体化设备（CHP），这一设备的使用可以将能源利用效率提高84%。同时，从2012年开始，大众集团在美国田纳西州查塔努加的工厂开始使用可变压缩空气机，按照需求进行空气压缩，可以减少15%的能源消耗。大众集团在一些条件合适的工厂还安装了太阳能发电装置等，增加了可再生能源的使用数量。

大众集团还非常重视水资源管理。2013年10月，大众集团成为世界上第一个参与联合国"全球契约""CEO水之使命"（CEO Water Mandate）的汽车企业。通过开展生命周期评价，大众集团发现96%的水资源消耗发生在生产过程中，其中大部分都发生在零部件制造等上游工艺企业，仅有10%的水资源消耗发生在大众工厂。鉴于水资源使用量在生产过程中可节约的有限程度，大众集团进行了生产工艺改进，采取措施对水资源进行循环利用，形成闭环管理。此外，大众集团针对生产过程中排放的污染物，通过安装相关处理设备等进行减排。对于生产过程中产生的废弃物，进行循环再利用，以提高资源使用效率。

（四）将企业环境责任进行进一步延展

大众集团对企业环境责任的履行并未局限在上述方面，还进一步拓展到可持续发展物流体系的建立、建设绿色 IT 系统以及保护生物多样性等。大众集团对企业环境责任所进行的这种扩展，在一定程度上显示出其对企业社会责任的切实重视，更显示出可持续发展的实现需要企业的积极努力。

对于企业物流系统的运转，大众集团采取了更为积极的做法，通过建立可持续发展物流体系减少产品与原材料运输对环境所造成的影响。大众集团通过识别，认为企业物流活动所造成的环境影响主要包括以下几个方面：能源消耗、废气排放、细微颗粒物污染、水资源消耗与浪费。为此，大众集团通过进行运输结构的最优设计，减少空载率，提高装载效率。同时，通过使用高效运载技术，减少物流系统对能源的消耗量。此外，大众集团还逐步从高环境负荷的公路交通运输转向水路、铁路等低环境负荷运输方式，进行绿色运输。

优化 IT 系统与公司通信系统，为公司提供了进一步提高资源与能源利用效率的可能性。考虑到集团众多的电脑工作站，绿色 IT 系统可以使大众集团降低耗材与能源使用量，同时也会大幅减少 CO_2 排放。大众集团在运营过程中，采取了众多举措以促进 IT 系统的绿色化。一个比较有代表性的例子是，2011 年，大众集团开始实施 iDOMP 项目，面向全球招标采购35000 台打印机。最后入选的打印机产品与供应商必须满足绿色 IT 信息系统要求，而绿色工厂信息系统要求涵盖了从原材料、包装类型到最后的电子废弃物处置的整个产品生命周期。这一项目将大众集团打印机效能提高了32%，每年大约节省 2.18 兆瓦时电量。

大众集团更是将对企业环境责任的履行扩展到了对生物多样性的保护。

生物多样性以及全球生态系统是生命存在以及经济活动的基础，也是人类面临的巨大挑战。除了采取措施减少或消除废弃物、废气、废水与噪声等传统环境保护方法保护生物多样性外，大众集团还采取了一些直接与间接的物种保护措施。在建设或扩建工厂时，大众集团非常重视使用棕色地带（brown field），以减少土地浪费。从 2010 年开始，大众集团开始对其工厂的潜在生态风险进行分析，识别出高生物多样性价值区，其对德国以及欧洲自然保护区附近的生产工厂都进行了识别。同时，大众集团也与德国自然保护联盟（NABU）开展对话，并在自然保护项目上展开合作。2011 年，德国自然保护联盟与大众集团旗下的福斯汽车租赁公司（Volkswagen Leasing）共同成立德国湿地保护基金（German Moorland Protection Fund），促进对湿地的保护。此外，鉴于森林对 CO_2 的吸附作用以及对生物多样性的保持，大众集团还积极参加植树造林活动。大众集团在南非、中国等地，也开展了一系列保护自然环境与生物多样性的项目活动。

第四节 成效评价及模式经验总结

一 大众集团履行企业社会责任成效评价

作为微观经济主体，大众集团通过履行企业社会责任，在经济、社会与环境方面取得了良好成效。经济成效方面，集团产销量连续增长，盈利能力得到提升。社会成效方面，在员工相关权益得到维护的同时，集团为各项社会事业也提供了相关支持。环境成效方面，产品环保性能逐步提升，生产过程中的环境负荷也在不断降低。这些成效的取得表明，在竞争的市场环境下，履行企业社会责任可以实现企业与社会的价值共享。

（一）经济成效

2013 年，大众集团实现整车销售 973 万辆，仅低于丰田集团的 998 万辆销售水平，位居世界第二。其中，德国本土销售 119 万辆，占总销量的 12.2%；国外销售 854 万辆，占总销量的 87.8%。随着集团"2018 战略"的实施，以及企业社会责任战略的实施，特别是对员工以及消费者等主要利益相关者诉求的重视与满足，大众集团销量水平一直呈逐年增长状态。2009 年到 2013 年，大众集团销量年均增幅高达 11.4%。从产量方面看，2009 年以来一直保持着较高增速。

在产销量保持持续稳定增长的同时，大众集团也保持了良好的市场表现状态。如前所述，2013 年，大众集团乘用车在西欧地区的市场占有率达到 24.8%，较 2012 年提高了 0.4 个百分点；在中东地区的市场占有率为 15.7%，较 2012 年提高了 0.5 个百分点；在亚太地区的市场占有率为 12.9%，较 2012 年提高了 0.7 个百分点；在南美洲地区的市场占有率为 17.0%，较 2012 年降低了 2.5 个百分点；在北美洲地区的市场占有率为 4.8%，较 2012 年降低了 0.1 个百分点。其中，除南美洲与北美洲市场外，大众集团的乘用车市场占有率均实现了增长。

财务指标方面，随着整车销量的连续增长，大众集团的销售收入与营业利润也呈稳步增长态势。2013 年，大众集团实现销售收入 1970 亿欧元，较 2009 年的 1052 亿欧元销售收入翻了近一番。2013 年，大众集团实现营业利润 117 亿欧元，而 2009 年大众集团营业利润仅为 19 亿欧元。税前利润与税后利润方面，大众集团 2012 年税前利润与税后利润分别为 255 亿欧元和 219 亿欧元，均为 2009 年时的 20 倍。2013 年，大众集团的税前与税后利润均为 91 亿欧元，虽然较 2012 年大幅下降，但大众集团仍然为全球盈利能力最强的汽车集团。2013 年税前与税后利润下降，主要是因为 2012 年的财务数据受到了大众集团兼并保时捷的收益测算的影响。

通过对上述企业经济指标的分析，本研究发现大众集团的销量、市场占有率以及财务等方面的指标都保持了稳定的增长态势。这表明，大众集团在履行企业经济责任时，为消费者提供满足其需求的产品、建立可持续供应链与开展本土化运营的实践，满足了以消费者为主的利益相关者的诉求。同时，大众集团通过履行企业社会责任，也提高了其声誉水平，为企业自身营造了良好的商业氛围，增强了企业竞争优势。

（二）社会成效

满足员工诉求，提升员工的职业能力并提高员工满意度，是大众集团履行企业社会方面责任的重点。2013 年，大众集团员工总量达到 57.3 万人，较 2012 年增长 4.2%，较 2009 年增长 55%。这些新增的工作岗位多来自发展中国家，特别是中国。同时，技术人才和专家的聘用量也在增加。随着集团产销量水平的平稳提升，大众集团为社区提供越来越多高质量的就业岗位，相关供应商的就业岗位也得到了相应的增加。这些就业岗位的提供，为集团生产工厂及经营地的个人提供了成长与发展机会，同时也促进了当地经济与社会的平稳、和谐发展。

保护女性、少数族裔权利，进行包容性发展是解决不平等问题的一个方法。大众集团在这一方面开展了众多实践活动，并取得了一定进展。从对女性权利的保护方面来看，2013 年，大众集团女性员工所占比例已经提升至 15.5%，较 2009 年提高了 1.3 个百分点。同时，大众集团女性员工涵盖了集团主要用人方面。以大众集团在德国的女性雇员为例，2013 年，其产业实习生、商业实习生、"双元制"培训生、管理者以及大学毕业生招聘的女性员工比例均有所提高。其中管理者与大学毕业生招聘的女性员工比例增幅较大，这也从侧面反映出大众集团对发展女性员工做出努力所取得的成果。此外，大众集团还以集团行为准则为基础，为不同国家的工作人员提供同等的机会，增强了集团的包容性。

通过实施"双元制"教育与培训，大众集团极大地提高了员工的职业能力。2013 年，大众集团共有 17703 人参加了在职培训与教育，仅大众品牌就为实习生与大学生提供了 30 个岗位和 19 门培训课程的理论和实践的教育与培训机会。岗位任职资格教育方面，2013 年，大众汽车学院共提供了 10060 个任职资格培训项目，共有 86000 多人参加培训。员工满意度的保持与提升是大众集团满足员工诉求的一个例证。2013 年，大众集团在全球范围内开展了员工满意度调查，共有来自 40 个国家的 121 个工厂的 40 万名员工参与调查，员工参与率为 89%，员工满意度指数与 2012 年一致，为 79。

为了提高企业所在地社区的社会福祉水平，大众集团为一系列以未来为导向的教育与社会事业提供支持。在提供基础设施与专业知识、进行道路交通安全教育的基础上，大众集团还直接参与一些地方的基础教育，如进行课程设计等。为了履行企业对社区的义务，大众集团还开展了大量的捐赠活动，为科研、教育、文化交流以及体育事业等提供支持，以促进社会的发展与进步。2013 年，大众集团企业捐赠额高达 1900 万欧元，其中大部分捐赠用于支持科研、教育以及文化事业等。同时，大众集团员工也提供了 350 万欧元的捐助，以资助公益事业。

大众集团在履行企业社会方面的责任时，以利益相关者为导向，以满足诉求为关键行动路径，重点体现对人的关爱。以员工和社区为基础的社会责任价值取向，为大众集团实现企业战略目标提供了人力资源基础。同时，企业通过关注并回应社区诉求，提高了社区发展水平，从而也为企业日常经营创造了良好的软环境。

（三）环境保护成效

为了应对气候变化，减少资源、能源消耗，大众集团从产品的设计环节入手，以降低整个产品生命周期的环境负荷。通过技术创新，重点提升传统动力总成能效，并进行混合动力汽车、纯电动汽车以及燃料电池汽车等新能源汽车技术的研发，大众集团为消费者提供了可以承担的且对环境影响较小的汽车产品。2013 年，大众集团在欧洲注册的新乘用车中，有 63.24% 的车型单位里程 CO_2 排放量等于或低于 130 克，有 47.78% 的车型单位里程 CO_2 排放量低于 120 克，单位里程 CO_2 排放量等于或低于 100 克的车型占到了 10.30%。在这些节能环保型产品的作用下，2013 年，大众集团欧洲新车平均 CO_2 排放量已经降低至 128 克/千米，单位里程 CO_2 排放水平较 2009 年减少了 23 克。这些成绩的取得为大众集团实现 2020 年新车 CO_2 单位里程排放量降到 95 克奠定了基础。

大众集团在生产过程中，通过推进"蓝·创未来—工厂"项目，大幅提高了能源和资源使用效率。2013 年，大众集团乘用车与轻型商用车单车生产过程能源消耗较 2010 年下降了 12.5%。从能源类型看，单车生产消耗电能 1075 千瓦时，较 2010 年下降了 4.9%；单车生产消耗热能 707 千瓦时，较 2010 年下降了 17.4%；单车生产消耗燃气 424 千瓦时，较 2012 年略有提高，但较 2010 年仍下降了 9.2%。

在应对气候变化方面，大众集团也取得了良好成效。虽然集团产量不断增长，新工厂不断投产，但生产过程中的 CO_2 直接排放量（Scope1）仍然得到了有效降低。2013 年，大众集团乘用车与轻型商用车 CO_2 直接排放量为 420 万吨，较 2010 年下降了 2.8%。但随着电能、热能使用的增加，CO_2 间接排放量（Scope2）有所增加。但从车型来看，单车 CO_2 排放量仍实现了较大降幅。2013 年，大众集团乘用车与轻型商用车单车 CO_2 直接排放量已经降至 422 千克，较 2010 年下降了 28.2%；单车 CO_2 直接排放与间接排放量（Scope1&2）降至 883 千克，较 2010 年下降了 19.4%。在其他 CO_2 间接排放量（Scope3）方面，根据世界可持续发展工商理事会和世界资源研究所（World Resources Institute）2011 年对其他间接排放物的划分标准，2013 年大众集团其他间接 CO_2 排放量为 3.21 亿吨，较 2012 年下降了 1.2%。大众集团在 15 个项目中的 12 项实现了减排目标，但随着产量的增加，采购产品与服务以及使用阶段的 CO_2 排放量有所增加。

通过"绿色生产"，大众集团生产过程中排放的氮氧化物、硫氧化物以及挥发性有机化合物等有害气体也得到了有效减少。2013 年大众集团乘用车与轻型商用车生产过程中的单车氮氧化物排放量由 2010 年的 373 克减少到 244 克，降幅为 34.6%；单车硫氧化物排放量由 51 克减少到 17 克，降幅高达 66.7%；挥发性有机化合物排放量则由 2010 年的 4.13 千克减少到 3.62 千克，降幅为 12.3%。

此外，大众集团生产过程中非有害性废弃物处置量也有所降低，由 2010 年的 14.13 千克下降到 2013 年的 9.85 千克。同时，用于再循环利用的非有害性废弃物与有害性废弃物的数量都有所增加。

二　大众集团履行企业社会责任模式经验总结

通过对以德国大众集团为代表的发达国家汽车企业社会责任具体案例进行研究，可以发现企业社会责任与企业的营利性目的并不矛盾，履行企业社会责任作为微观经济主体的运行模式，在增强企业可持续发展性的同时，也可以为实现"道德经济"贡献力量。大众集团在履行企业社会责任方面所取得的成效，主要可以归因于以下几个方面。

第一，制定系统的企业社会责任战略，将企业社会责任置于企业总体战略的中心位置。

作为微观经济主体，大众集团选择的商业模式是一种兼顾经济、社会、环境目标的可持续发展模式。为了履行企业社会责任，确保企业可持续发展的方向性，大众集团制定了系统的可持续发展战略。在企业总体发展战略基础上，大众集团以气候变化、大气质量、资源保护等全球面临的共同挑战作为可持续发展战略制定的基础，从而保证了可持续发展战略的社会责任性。从可持续发展战略的内容上看，大众集团可持续发展战略的实施重点涵盖了经济增长、环境保护与人力资源发展等方面，并制定了清晰的路线图，从而保证企业在运营过程中始终将企业社会责任置于企业发展的中心位置。

为确保企业社会责任战略能够得到全面落实，大众集团建立了系统的可持续发展治理结构，确保了企业社会责任战略的全面实施。这一结构的最高层级是可持续发展委员会，其由集团管理委员会直接担任，从企业最高管理层推进可持续发展战略的实施。可持续发展委员会下设集团企业社会责任与可持续发展指导小组作为集团可持续治理结构中的第二层级，小组成员涉及所有核心商业部门，这可以保证可持续发展战略在集团各部门间得到有效协调。同时，集团各下属品牌也设立了相应的可持续发展委员会与企业社会责任与可持续发展指导小组等专门部门，负责品牌内部企业社会责任问题的具体落实。明确的可持续发展战略与治理机构是大众集团履行企业社会责任并取得良好成效的保证。

第二，建立利益相关者管理机制，确保对利益相关者主要诉求做出回应。

企业履行社会责任，实现可持续发展，中心问题是对相关责任的履行，重点是识别利益相关者的诉求并做出回应。大众集团与市场、环境与社会协会合作，建立了利益相关者小组，跟踪利益相关者诉求与期待。大众集团从资本市场、社会、客户与合作伙伴等主要利益相关者分类入手，对他们的诉求进行了分层识别，并与其达成共识。在与利益相关者建立直接联系的同时，大众集团也同立法机关、学术界以及非政府组织开展对话，为这些机构提供了专业技能帮助。上述活动的开展，可以保证大众集团及时了解不同利益相关者的诉求，并有针对性地做出回应。

第三，加强技术创新，提高应对气候变化和环境保护的能力。

鉴于汽车产业与汽车产品的特性，发达国家纷纷制定排放法规与企业燃油限值等法律，并出台了相应的消费措施促使企业生产环境友好型产品。因此，为消费者提供低油耗、高能效的汽车产品是汽车企业履行社会责任的重要方面。大众集团非常重视技术与产品创新，研发人员比重近年来一直处于增长状态。道路安全领域以及产品轻量化设计是大众集团整车技术创新的重点。为了提升汽车产品的环保性能，大众集团建立了明确的技术路径。大众集团认为在当前以及可预见的未来，传统内燃机仍将占据主导地位，因此大众集团目前以提升传统动力总成能效为重点，短期推进混合动力技术研发与市场化应用，中长期将纯电动汽车、燃料电池汽车作为实现"零排放"的技术解决方案。这种注重对传统动力总成能效进行提升的技术路线，与丰田等日本汽车企业推广使用的混合动力技术有所不同，可以保证消费者以更加合理的价格购买到环境性能相对优异的产品，更加有利于推动产品的市场化进程。

概括而言，作为微观经济主体的大众集团，通过履行企业社会责任，在提升企业业绩的同时，也提高了社会福祉水平。从具有广泛代表意义的个案出发进行判断，我们可以认为履行企业社会责任与企业自身利益并不矛盾。相反，作为社会的重要组成部分，企业通过履行企业社会责任，在提高自身经济效益的同时，也可以为社会提供高质量的就业岗位，并为社会事业提供支持。这种负责任的运作模式，同样也可以减少资源、能源消耗，更加有效地应对气候变化。大众集团履行企业社会责任的模式，不仅是微观企业经营案例，也是宏观经济中的企业具体运营模式。其他企业在履行社会责任时，为了真正实现企业与社会的价值共享，也必须以企业社会责任战略为基础，以利益相关者诉求为着力点，以技术创新能力为依托，真正将企业与社会融为一体。

第八章

中国汽车企业履行社会责任的
机制及模式构建

发达国家汽车企业履行社会责任的经验表明，履行社会责任，对于提高企业竞争力、降低产业与产品的环境负荷、应对气候变化、促进社会发展等具有重要的促进意义。目前，中国虽然已经成为世界第一汽车产销大国，但产业的可持续发展受到环境与气候变化因素的约束，自主品牌汽车发展更是面临严峻的市场形势。另外，中国汽车企业尚未将企业社会责任融入企业经营战略中去，企业社会责任表现整体水平较低。为此，为实现中国汽车产业的可持续发展，笔者建议借鉴发达国家汽车产业发展经验，通过构建以制度约束和"绿色市场"培育为核心的外部机制，以及以企业社会责任战略及其治理结构的建立、研发创新为核心的内部机制来提升中国汽车产业的竞争力，实现产业发展与经济、社会、环境的协调统一，促进汽车产业的可持续发展。

第一节　中国汽车企业履行社会责任的现状分析

一　中国汽车产业发展现状

1953 年 7 月 15 日，第一汽车制造厂在长春破土动工，1956 年 7 月 13 日第一辆解放牌载重汽车下线，结束了中国不能制造汽车的历史。1958 年，北京第一汽车附件厂、上海交电汽车装修厂、南京汽车制造厂等也都成功试制、制造出轿车或载货汽车，这标志着中国汽车工业的正式诞生。20 世

60 年代到 70 年代，中国汽车工业发展相对缓慢。1969 年，第二汽车制造厂建设正式拉开序幕，并于 1975 年投产。改革开放后，中国汽车产业迎来了新的发展机遇，大众、丰田、通用等国外汽车企业纷纷到中国寻求合作，北京吉普、上海大众等整车合资企业建立，中外汽车企业开始进入合资合作的初步阶段。

20 世纪 90 年代初、中期，一汽 – 大众、上海通用等合资企业成立，中国汽车工业迎来了第二次合资浪潮。20 世纪 90 年代末到 21 世纪初，自主品牌汽车开始登上舞台，吉利、奇瑞、比亚迪、长城等企业实现了快速发展。2001 年中国加入世界贸易组织（WTO）后，中国汽车产业实现了"井喷"式发展。2009 年，中国更是超越美国成为世界第一汽车产销大国，中国汽车产业进入后合资时代，"走出去"的步伐在不断加快。

目前，中国汽车产业发展有以下几个特点。

第一，中国市场在世界汽车产业格局中的重要性不断凸显。20 世纪 90 年代以来，世界汽车产业格局发生了重要变化，亚太地区汽车产量开始快速增长。中国汽车市场在其中起到了重要拉动作用，年产销量由 2001 年的 234 万辆和 237 万辆增长到 2014 年的 2372 万辆（见图 8 – 1）和 2349 万辆，年平均增长率分别达到 19.5% 和 19.3%。截至 2014 年，中国汽车产销量已经连续 6 年稳居世界第一，在国际汽车市场中的地位显著提升，成为世界最重要的汽车市场。2008 年全球金融危机以及 2009 年欧债危机的爆发，对欧美等国汽车市场造成重大冲击，保持高速增长的中国汽车市场更是成为各大跨国公司争夺的市场。在这种情况下，这些企业纷纷在中国建立研发基地，对中国市场进行适应性开发，同时，相关配套企业也完善了其在中国的市场布局。

第二，自主品牌发展形势更加严峻。中国自主品牌企业主要分为三类：一是原有骨干汽车集团成立的自主品牌子公司，如上汽乘用车、一汽轿车、北汽股份等；二是从品牌建立之初就选择自主创新的汽车公司，如奇瑞、比亚迪、吉利等；三是合资企业在国内发布的自主品牌，如广汽本田的"理念"、东风日产的"启辰"等。前两类自主品牌由于缺乏合资企业支持，面

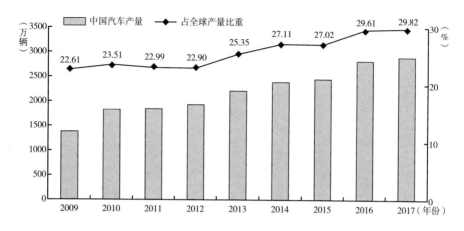

图 8 - 1　中国汽车产量及占全球产量比重（2009 ~ 2017 年）

资料来源：根据国际汽车制造商协会（OICA）产量数据整理。

临严峻的市场竞争压力。2014 年，中国自主品牌乘用车销量为 757.33 万辆，占乘用车销售总量的 38.44%，占有率同比下降 2.14 个百分点。截至 2014 年 6 月，自主品牌乘用车月度市场份额已连续 10 个月呈环比下降状态。自主品牌发展主要面临以下几个问题：首先，自主研发能力有限，技术储备不足，车型换代速度较慢，规模经济效应不足；其次，自主品牌主力市场多在三、四线及以下城市，由于经济发展，这些城市汽车消费升级；最后，合资企业产品导入速度加快，产品布局完善，车型价格下探，对自主品牌形成新的压力。

第三，汽车产业发展日益受到环境与气候变化因素的约束。中国作为世界第一汽车产销大国，汽车保有量快速增长，产生了一系列能源、环境保护与交通问题。2010 年中国道路交通（不包括香港）CO_2 排放量为 3.95 亿吨，占世界总排放量的 8.0%，仅次于美国成为世界第二 CO_2 排放大国。[1] 北京、广州、天津、杭州等城市分别采取了限行、限购等措施，但成效并不明显，从可持续发展角度出发，我国汽车企业需要大力

---

[1] International Energy Agency. CO_2 emissions from fuel combustion 2012 [DB/OL]. Paris：International Energy Agency. 2014 - 1 - 12 [2014 - 11 - 11]. http：//www.iea.org/statistics/topics/CO2emissions/.

发展新能源汽车。2012 年，我国出台了《节能与新能源汽车产业发展规划（2012—2020 年）》，并提出 2015 年销量目标，同时出台了一系列政策、措施予以支持，但新能源汽车推广仍未达到预期。究其原因，一是我国汽车工业水平总体仍相对落后，新能源汽车技术与其他汽车强国还有很大差距，技术路线选择需要进一步考虑原有技术积累；二是在出台产业促进政策时，缺乏有效市场培育机制，消费动力不足；三是新能源汽车市场地区分割严重，尚未构建统一的行业标准。未来，我国在制定新能源汽车产业政策时，要强化对关键技术的支持以及市场的培育。

二 中国汽车企业社会责任表现

汽车产业已经成为中国国民经济重要支柱产业，具有广泛的社会经济影响。鉴于汽车产业的这种重要性，中国汽车企业履行社会责任表现将对资源、能源、环境、社区、员工等利益相关者产生重要影响，进而影响中国经济社会建设的可持续发展。目前，我国汽车企业社会责任表现水平与产业重要性并不相符，整体表现水平偏低。

2013 年 11 月，由中国社会科学院工业经济研究所、中国社会科学院社会发展战略研究院和社会科学文献出版社共同发布的《中国企业社会责任研究报告（2013）》显示，中国汽车制造业企业社会责任发展指数平均得分为 21.2 分（满分 100 分），比 2012 年提高 6.6 分，在其研究的 14 个行业中排第 10 名，排名相对靠后，表明中国汽车制造业仍然处于起步阶段。[①] 而同期中国企业社会责任发展指数为 26.4 分，这表明我国汽车企业社会责任表现与其他行业相比还存在一定差距。在这次调研的 30 家样本汽车企业中，没有一家企业的企业社会责任发展指数达到或超过 80 分（见表8 - 1）。上述研究成果说明，为实现中国汽车产业可持续发展，中国汽车企业亟须强化企业社会责任意识，提高企业社会责任表现水平。

---

① 黄群慧，彭华岗，等．中国企业社会责任研究报告（2013）［M］．北京：社会科学文献出版社，2013．

表 8 - 1　中国汽车制造业企业社会责任发展指数

行业排名	企业名称	企业性质	发布企业社会责任报告	企业社会责任专栏	企业社会责任发展指数
1	北京汽车集团有限公司	国有企业	有	有	62.7
2	东风汽车集团有限公司	国有企业	有	有	61.6
3	上海汽车集团股份有限公司	国有企业	有	有	61.2
4	广州汽车集团股份有限公司	国有企业	有	无	47.0
5	浙江吉利控股集团有限公司	民营企业	有	有	47.0
6	丰田汽车(中国)投资有限公司	外资企业	有	有	34.3
7	中国第一汽车集团有限公司	国有企业	有	有	26.7
8	长城汽车股份有限公司	民营企业	有	无	26.3
9	比亚迪股份有限公司	民营企业	无	有	24.2
10	通用汽车(中国)投资有限公司	外资企业	无	有	22.3
11	沃尔沃(中国)投资有限公司	外资企业	无	有	22.2
12	宝马(中国)汽车贸易有限公司	外资企业	有	有	21.0
13	本田中国投资有限公司	外资企业	无	有	18.9
14	郑州宇通集团有限公司	民营企业	无	有	18.5
15	现代汽车(中国)投资有限公司	外资企业	无	有	16.5
16	日产(中国)投资有限公司	外资企业	无	有	16.2
17	山东时风(集团)有限责任公司	民营企业	无	无	16.2
18	厦门金龙汽车集团股份有限公司	国有企业	无	有	15.4
19	福特汽车(中国)有限公司	外资企业	无	有	14.3
20	雪铁龙(中国)投资有限公司	外资企业	无	无	9.7
21	中国重型汽车集团有限公司	国有企业	无	无	9.0
22	奇瑞汽车股份有限公司	外资企业	无	有	8.0
23	华晨汽车集团控股有限公司	国有企业	无	无	7.3
24	大众汽车集团(中国)公司	外资企业	无	无	7.0
25	安徽江淮汽车集团有限公司	国有企业	无	无	6.5
26	中国长安汽车集团股份有限公司	国有企业	无	有	6.5
27	江铃汽车集团公司	民营企业	无	无	5.5
28	陕西汽车集团有限责任公司	国有企业	无	无	5.0
29	铃木(中国)投资有限公司	外资企业	无	无	1.0
30	天津汽车工业(集团)有限公司	国有企业	无	无	0.0

　　资料来源：黄群慧，彭华岗，等．中国企业社会责任研究报告（2013）［M］．北京：社会科学文献出版社，2013。

三　中国汽车企业履行社会责任存在的问题

中国汽车工业经历了 60 多年的发展，已经建立系统的汽车工业体系，中国市场也已经成为世界最大的汽车产销市场。在汽车产业日益影响经济社会发展的同时，中国汽车企业社会责任表现却还处于较低水平。我国汽车企业对社会责任的履行还处于起步阶段，对利益相关者在经济、环境与社会等方面的诉求并没有进行充分识别与回应，在未来竞争中，能否实现产业的可持续发展还需要依靠企业自身的选择与实践。通过分析可以发现，中国汽车企业在履行社会责任时，主要存在以下几个方面的问题。

首先，尚未将企业社会责任融入经营战略中，没有建立系统的企业社会责任管理体系。从我国汽车企业社会责任日常实践来看，多数汽车企业对企业社会责任的理解还相对片面，一些企业仅将企业社会责任视为慈善活动、志愿服务、资助项目等具体表现，而没有发展为成体系的企业社会责任理念。多数企业在企业战略中并没有提及企业社会责任，系统地将经济责任、社会责任与环境责任纳入企业战略中，以企业社会责任贯穿企业全价值链的企业更是少之又少。一些合资品牌的海外母公司虽然已经制定系统的可持续发展战略，但其在中国的合资品牌企业并没有将这些战略进行本土化改造。同时，中国多数汽车企业虽然依照现代公司制度建立了公司治理体系，但并没有形成有效的企业社会责任治理结构，缺少系统的实施工具，企业社会责任战略得不到有效落实。

其次，没有系统开展利益相关者管理工作，对利益相关者识别不够充分。利益相关者是企业履行社会责任的基础，构成企业日常经营的环境，并受到企业日常经营影响，利益相关者诉求的识别与满足程度直接决定了企业社会责任表现水平。我国汽车企业在日常经营过程中，并没有像发达国家汽车企业一样采用利益相关者对话机制，与雇员、客户、政府、投资者、社区代表等进行定期沟通，了解其利益诉求并进行回应。《2014 中国汽车行业企业社会责任报告》显示，在其调研的 33 个样本企业中仅有 11 个企业对利益相关者诉求进行了表述。在这些企业识别出的利益相关者中，环境的识别率仅为 56.52%（见表 8-2），其中如节约能源、减少污染、环境保护等诉求

的识别率平均为 18.18%；循环利用、开发新能源汽车等识别率平均为
9.09%。其对行业伙伴这一重要利益相关者的识别率也仅为 30.43%。这表明
我国汽车企业对环境、行业伙伴等利益相关者重要性认识不足，对其诉求更
是缺乏全面考虑与回应。为提高中国汽车企业社会责任表现水平，实现产业
的可持续发展，企业在日常实践中必须进行系统的利益相关者管理。

表 8 - 2   利益相关者识别情况

单位：%

利益相关者	识别比例
出资人	100.00
消费者	100.00
社区	95.66
员工	91.30
供应链	86.96
政府	78.26
经销商	60.87
环境	56.52
行业伙伴	30.43
媒体	17.39
科研机构与院所	8.70
民间意见领袖	4.35
工业网	4.35
工业和消费者协会	4.35

资料来源：中国汽车文化促进会. 2014 中国汽车行业企业社会责任报告［R/OL］. 2014 - 07 - 25
［2015 - 01 - 30］. http：//autoculture. icoc. cc/view. jsp？fileID = ABUIABA9GAAgzo6CnwUoOMmW3wc。

最后，没有建立起完善的企业社会责任报告编制与企业社会责任信息发
布体系。中国汽车文化促进会开展的研究表明，2013 年在其调研的 54 家整
车及非整车制造企业中，仅有 27 家企业发布了企业社会责任报告，比重仅
为 50%。通过对已发布企业社会责任报告的样本企业进行分析，可以发现
目前我国汽车企业在企业社会责任报告编制方面还处于起步阶段。除日产
（中国）、一汽 - 大众、戴姆勒大中华区投资有限公司等有外资背景的企业
在报告编制方面能够按照国外母公司报告编制结构系统地披露企业社会责任
信息外，其他一些自主品牌汽车企业的企业社会责任报告则仅罗列了企业的

慈善活动等具体事例，缺乏系统性。在这些已发布的报告中，很少有企业按照 GRI 报告框架进行编制，对能源消耗、环境影响等关键绩效指标进行披露的企业更是少之又少，对行业特性反映得也不够充分。即使是一汽 - 大众发布的《2012 ~ 2013 可持续发展报告》，虽然通过了德国莱茵 TÜV 集团的第三方独立认证，但也仅得到了 GRI 关于报告标准的 B + 认证。

同时，中国汽车企业对于可持续发展报告的发布和沟通也缺乏明确的途径，一些企业仅在官网不明显处提供报告内容，另一些企业并没有提供报告下载链接。这充分反映出中国汽车企业对企业社会责任报告编制及其相关信息发布沟通的重视性不足。更为重要的是，这也从另一个侧面表明中国汽车企业社会责任意识不强，没有将企业社会责任融入企业的日常经营中。

为促进中国企业提升企业社会责任表现水平，促使其在运营过程中更加考虑利益相关者诉求，实现产业的可持续发展，亟须建立系统的约束与促进机制。考虑到中国企业对社会责任的履行处于起步阶段这一现状，这一机制既要注重企业外部的"硬约束"，也需要企业内部的"软提高"。

第二节　中国汽车企业履行社会责任的外部机制设计

通过前文对影响发达国家汽车企业履行社会责任的因素分析，可以发现发达国家通过立法，出台相关政策、法规等，建立起完善的约束企业履行社会责任的制度体系，对于发达国家汽车企业起到了"硬约束"作用。考虑到中国汽车企业社会责任表现水平较低，为约束中国汽车企业在运营过程中更多地考虑自身对外部利益相关者的影响，减少负外部性，要更加重视外部约束制度的建设。同时，国家也可以考虑出台积极的产业政策，以产业政策引导市场需求，从而形成完善的约束汽车企业履行社会责任的外部机制。

一　进一步完善外部制度性供给，强化相关法规的硬约束性

随着中国成为世界第一汽车产销大国，汽车保有量快速增长，企业履行

社会责任的不足导致一些社会问题凸显，这主要表现在以下几个方面：首先，尾气排放等因素造成的环境污染日益严重，不断加剧的交通拥堵导致环境负荷不断加重；其次，企业对平均燃油经济性的重视程度不高，现有制度又缺乏惩罚性机制，导致一些企业的燃油经济性处于较低水平，长期来看会对国家能源安全产生不利影响；最后，新能源汽车市场化进程缓慢，企业对核心技术掌控不足，极大地影响了产业的可持续发展。通过分析可以发现，造成这种情况的主要原因是现有排放法规体系的严格程度与欧、美、日等发达国家还存在一定差距，同时，现有《乘用车燃料消耗量限值》等规定与标准缺乏强制性惩罚措施。针对这种情况，考虑到中国汽车企业社会责任的履行处于起步阶段，相关政府部门需要进一步完善法律法规体系，对企业形成硬约束。

第一，对排放法规标准逐步加严，强化法规实施的一致性。目前，国际汽车排放法规主要有欧盟、美国以及日本三大体系，中国的机动车排放标准沿用的是欧盟体系。从 2001 年实施国 I 标准开始，2010 年全国普遍实施国 IV 标准，2018 年全面实施国 V 标准。从实施时间来看，中国排放法规较欧盟有长达 5~8 年的滞后期。同时，中国还允许地方先行实施较国家排放法规更加严格的排放标准，存在国家、地方排放法规同时存在的情况，导致一些满足低排放标准的车辆外流。为此，中国在制定排放法规时，要对标准逐步加严，在法规的更新上要形成一定时间规律，给予汽车厂商合理预期，进行研发创新应对。另外，在法规的实施上，要及时进行法规制定，减少排放法规与欧盟的代差，避免新旧法规在不同地区同时存在，强化法规实施效果。

第二，考虑出台 CO_2 减排法规，以立法方式强制汽车企业应对气候变化。欧盟非常重视汽车 CO_2 减排工作，并将其作为欧盟 CO_2 减排的重点工作领域。欧盟从 2003 年就开始讨论汽车 CO_2 减排目标，并于 2009 年 4 月 23 日通过 EC443 法令，分阶段设定了欧盟乘用车的 CO_2 减排目标，并出台了惩罚机制。虽然欧盟汽车 CO_2 排放法规前期准备周期较长，立法机关与生产工厂经历了多次博弈，但这一法规的实施效果非常明显，在强制企业降低新车 CO_2 排放量的同时，也促进了欧盟企业节能环保技术的研发创新，提升了其国际竞争力。中国政府可以借鉴欧盟这一成功经验，对传统排放法规进行扩展，出台新车 CO_2 减排方案，将产业特性与立法紧密结合，通过立法手段迫使企业加大节能减排技术研发力度，提高产业链协同创新能力，增强交通领域 CO_2 减排成效。

第三，加快出台乘用车燃料消耗量限值标准的奖惩机制，促使汽车企业进一步提高车辆燃油经济性。对企业平均燃油经济性进行强制性管理，是美国、日本等国家为促使汽车企业生产油耗更低、经济性更好的产品所普遍进行的立法实践。中国于 2004 年开始陆续发布了《乘用车燃料消耗量限值》《乘用车燃料消耗量评价方法及指标》《轻型汽车燃料消耗量标识》《轻型汽车燃料消耗量标识管理规定》等国家标准，初步建立起相对完善的乘用车燃油经济性标准体系。2013 年，工业和信息化部等五部委联合发布《乘用车企业平均燃料消耗量核算办法》，向全面实施企业燃料消耗量管理迈出重要一步。为进一步加强企业平均燃油经济性管理，中国需要即时修订《乘用车燃料消耗量评价方法及指标》，制定企业平均燃料消耗量目标。同时，出台相应惩罚性措施，以促使企业进行贯彻落实。

二　建立强制性企业社会责任信息披露制度，对企业履行社会责任进行"硬约束"

为进一步提高中国汽车企业社会责任表现水平，推动企业在全价值链进行企业社会责任战略性转变，实现可持续发展，相关政府部门应该进一步完善企业社会责任信息披露方面的制度建设，以强制性信息披露对企业进行倒逼。针对中国汽车企业社会责任信息披露较少，企业社会责任报告形式不规范，对企业战略、管理方法以及重要绩效指标鲜有涉及的现状，我国相关政府部门可以重点做好以下两方面工作。

第一，建立强制性企业社会责任信息披露制度。目前，中国政府相关监管机构在企业社会责任类信息披露方面已经陆续出台一系列规定，主要有国家环境保护总局 2007 年 2 月通过的《环境信息公开办法（试行）》、中国银行业监督管理委员会 2007 年发布的《关于加强银行业金融机构社会责任的意见》、国务院国有资产监督管理委员会 2007 年 12 月印发的

《关于中央企业履行社会责任的指导意见》等管理办法和指导意见。通过分析可以发现，这些意见的调整范围非常有限，没有形成全行业以及全指标体系覆盖。美国、英国等主要发达国家都有要求企业披露环境、劳工、治理等信息的法规。在目前这种形势下，中国政府应借鉴发达国家经验，进一步完善企业社会责任信息披露制度，从而对企业社会责任表现水平的提升形成"硬约束"。

第二，汽车产业主管部门要尽快出台企业社会责任信息编制指南，对企业社会责任信息披露进行规范。GRI编制的可持续发展报告框架为全球企业提供了标准的企业社会责任履行规则与报告编制工具，指导企业提高报告质量、实用性以及行业可对比性，对全球企业社会责任报告的发布起到了积极的促进作用。2013年5月，GRI发布了最新的第4版英文《可持续发展报告指南》，2014年1月16日，该组织在北京发布了《可持续发展报告指南》G4中文版。目前，发达国家主要汽车企业在企业社会责任信息披露方面基本上采用了GRI报告框架。为提高中国汽车企业社会责任信息披露的规范性以及全面性，中国汽车产业主管部门可以考虑同GRI建立密切合作关系，对其标准进行本土化适应性修改，尽快编制出符合中国国情的企业社会责任信息编制指南。同时，指南的制定要寻求利益相关者的参与，在重点关注核心绩效指标的同时，更要融入企业在各个环节的治理方式。

三 以政策导向助力绿色市场培育，对企业履行社会责任形成"软拉动"

"绿色市场"机制对促进发达国家汽车企业提高企业社会责任表现水平起到了积极的"软拉动"作用。通过前文研究可以发现，发达国家汽车产业的这种"绿色市场"机制不仅在消费者市场发挥作用，而且已延伸至企业的资本市场中。通过拉动消费者绿色需求为企业提供社会责任投资是这种"绿色市场"机制的核心表现。考虑到中国汽车产业发展的阶段性特点，笔者建议参考美、德、日等发达国家的成熟经验，通过政策导向加快中国"绿色汽车消费市场"培育。

通过政策刺激，做大绿色消费市场规模。发达国家消费者由于经历了工业化进程所带来的一系列社会、环境问题，在消费过程中往往表现出具有生态意识的理性、绿色消费倾向，具有良好的绿色消费市场基础。发达国家政府针对汽车产业特性，又出台了一系列政策措施，极大地促进了消费者对低能耗、高能效汽车产品的购买和使用。借鉴发达国家经验，笔者认为培育中国汽车绿色消费市场需要重点做好以下两个方面的工作。

第一，强化汽车产品绿色标示管理，对车辆 CO_2 排放进行标示。我国从 2009 年起开始实施《轻型汽车燃料消耗量标示管理规定》，要求汽车企业对轻型汽车在城市工况、郊区工况和综合工况下的三类油耗进行标示，这一规定的实施可以帮助消费者详细了解汽车能效。但中国实施的这一标示管理规定仅局限在燃油消耗方面，在目前节能减排形势日益严峻的情况下，中国应借鉴德国经验，对 CO_2 尾气排放级别进行强制性标示。

第二，改革税费体系，强化需求拉动效应。目前，中国在汽车购买与使用过程中主要有车辆购置税和车船使用税两项税种，其中车辆购置税是对在境内购置规定车辆的单位和个人征收的一种税，车船使用税是对在中国境内登记的车辆、船舶，根据其种类，按照规定的计税依据和年税额标准计算征收的一种财产税。从本质上来讲，这两项税种属于财产税范畴，但目前车辆购置税以及车船使用税税率单一，不利于促进消费者的绿色消费。德国政府对新车税收体系进行改革，将新车税收直接与车辆的环保性能挂钩，通过设置分阶段免征额与统一税率，确保了竞争中性，避免了对市场的选择性干预。① 为此，我国应参考德国实践，适当降低车辆购置税税率，增加保有环节车船使用税征收强度，将车辆购置税与车船使用税税率的设定与汽车能效、CO_2 排放量等环保指标挂钩，促进消费者购买节能环保汽车产品，培育"绿色汽车消费市场"。

与此同时，中国还需要进一步构建企业社会责任投资环境，促进"绿色资本市场"发展。根据中国证券投资基金业协会的《2012 年度社会责任报告》，基金业对上市公司企业社会责任的关注度不断提高，这在产品设

---

① 庞德良，刘兆国.德国汽车产业可持续发展的经验与启示[J].环境保护，2014，42（21）：9 －71.

计、投资策略等方面均有体现。截至 2012 年底，已有 4 只社会责任基金、8 只相关投资方向的基金、4 只相关专户、2 只相关指数面市。① 但中国企业社会责任投资规模依然有限，投资者在投资过程中尚未全面权衡企业的经济、社会与环境方面综合表现，一个重要原因是我国目前缺乏系统的企业社会责任投资指数作为投资指引。为此，中国证监会等行业监管部门应出台相关鼓励措施，指导相关金融机构编制我国企业社会责任指数，为"绿色资本市场"的发展提供基础条件。

第三节　中国汽车企业履行社会责任的内部模式设计

一　建立企业社会责任战略及与其相适应的公司治理结构，确保企业社会责任融入企业经营过程中

通过前文分析可以发现，造成中国汽车企业社会责任表现水平相对较低的一个关键因素就是，中国汽车企业尚未进行企业社会责任战略性转变，企业内部没有建立起系统的企业社会责任战略或可持续发展战略，企业社会责任与公司日常运营没有进行无缝对接。对发达国家主要汽车企业社会责任实践的分析与研究显示，这些企业基本上制定了可持续发展战略，同时，为了确保这些战略能够在经营过程中得到彻底贯彻，这些企业建立了可持续发展治理机构，并建立了详尽的管理流程。鉴于此，中国汽车企业应重点做好以下几项工作。

第一，依据企业愿景制订详尽的企业社会责任战略。履行企业社会责任是一项系统工程，需要企业每一个部门、每一个人的积极参与和配合，需要对企业社会责任战略进行统领与协调。中国企业应该以企业总体战略为基础，依据企业愿景，制定企业社会责任战略或可持续发展战略，从企业战略高度阐述企业发展目标，并明确企业在经济、环境、社会方面等主要行动领

---

① 曹乘瑜. "社会责任"渐成基金选股指标［N/OL］. 2013 - 6 - 26［2015 - 2 - 12］. http：//www. cs. com. cn/app/ipad/ipad01/05/201306/t20130626_ 4038831. html.

域的目标及行动计划，从企业战略高度保证企业社会责任在日常经营过程中都能得到履行。

第二，建立可持续发展治理结构。为了保证可持续发展战略的全面实施，必须对传统企业治理结构进行改革，建立可持续发展治理机构。可持续发展委员会可以作为企业可持续发展治理机构的最高层级，其主席可以由企业最高管理者担任，以体现该机构的重要性并确保企业社会责任战略的实施与落实。在这一层级之下，可以根据具体情况，设置分委员会或子机构作为企业社会责任战略的具体实施部门，向可持续发展委员会进行汇报。

二　加强新能源技术创新，开展环境经营活动，持续降低环境负荷

汽车生产过程中会消耗大量的资源与能源，使用过程中会消耗大量的能源并排放出大量的温室气体以及有害气体，对环境造成持续影响。汽车产业以及汽车产品的这种特性决定了汽车企业在运营过程中必须全面考虑环境因素，将其环境负荷降至最低。从发达国家汽车企业实践来看，其良好的环境绩效是建立在先进技术基础之上的。为积极应对以气候变化为代表的环境问题，中国汽车企业也必须加大环保技术研发力度。

立足现实，循序渐进，加快新能源技术创新。20 世纪 90 年代开始，以日本为代表的发达国家再次掀起新能源汽车技术创新高潮，并很快将混合动力技术进行了市场化应用。此后，以日本、德国、美国为代表的世界汽车工业强国，纷纷加大新能源技术研发力度。总体而言，日本汽车企业相对更加注重对混合动力汽车技术的研发，德国汽车企业比较侧重于通过使用涡轮增压等技术提高传统动力总成能效，美国汽车企业则相对重视对混合动力汽车技术与燃料电池汽车技术的研发。2009 年以来，发达国家汽车企业新能源汽车技术研发向纯电动汽车方向转移，纯电动汽车专利申请量持续提高。同时，日本、德国等国家还出台产业政策对纯电动汽车市场化进行扶持。考虑到中国汽车企业总体技术仍处于相对落后状况，在新能源汽车技术路线的制定上，必须立足现实，坚持循序渐进的原则。短期内可以重点发展混合动力汽车技术，加快其市场化进程。中长期则要注重对纯电动汽车与燃料电池汽车技术的研发，避免冒进。

从产品开发到生产全过程，全面、系统地开展环境经营活动。在产品研发方面，为了提高产品环保性能，中国汽车企业必须从产品开发源头开始考虑产品环境符合程度，通过开展生命周期评价，从开发源头降低汽车在原料获取、生产制造、使用以及循环再利用等整个生命周期中的环境负荷。在环境经营活动的推进上，建立层次清晰、职责明确的推进机构，将环境保护责任进行分解落实，通过引入相关环境管理体系，进一步提高汽车环境管理能力。在企业生产运营过程中，通过增加可再生能源的使用，减少能源消耗与温室气体排放，通过提高原材料等的再利用率减少资源使用和废弃物产生。此外，中国企业还需要在建立可持续发展型供应链方面进行积极探索，将环境保护延伸至供应商端。

三 开展利益相关者管理，积极回应主要利益相关者诉求

为了进一步丰富中国汽车企业对企业社会责任内涵的认知，进一步拓展其履行社会责任的范畴，中国企业亟须进行利益相关者管理，通过开展重要性分析，对利益相关者诉求进行更有针对性的回应。企业在经营过程中，受政府、雇员、消费者、供应商、投资者等利益相关者的影响，其经营活动也对这些利益相关者造成影响，并对其负有相应责任。因此，能否有效识别利益相关者诉求，并对其诉求进行有效分类，对企业社会责任表现有重大影响。

开展利益相关者对话，进行重要性分析。开展利益相关者对话的目的是了解利益相关者诉求以及其对一些社会问题的看法，针对一些具体问题征求利益相关者意见并寻求各方能够接受的解决方案。据此，中国汽车企业要进一步对企业内部已经开展的调查，包括消费者调查、经销商满意度调查等进行拓展、整合，建立起系统的、整合性的利益相关者对话体系，及时、准确地了解利益相关者诉求，并将其纳入企业社会责任战略及其实施计划中。在此基础上，中国汽车企业应开展重要性分析，对企业与利益相关者之间重要事项影响程度进行量化评价，对重要事项进行分类识别，为有效回应利益相关者诉求提供方向性指引。

积极回应利益相关者诉求。在全面、系统识别利益相关者诉求，并按其

影响进行分类的基础上，中国汽车企业可以更有针对性地履行社会责任。基于对发达国家主要汽车企业履行社会责任路径的分析，建议中国汽车企业在积极参与慈善事业、为教育文化事业提供支持的同时，重点履行以下几个方面的社会责任：一是保护投资者利益，开展有效公司治理，尊重国际惯例及所在国法规，及时披露企业财务与非财务信息；二是维护员工权益，在保护员工健康与安全的同时，还要对员工进行培训与再教育，促进员工发展；三是保护消费者权益，在为消费者提供安全、节能环保的汽车产品的同时，还需要重点关注客户个人信息保护等问题；四是做好企业社会公民，积极回应社会需求，并在环境保护、慈善事业、促进文化传播等方面做出积极贡献。

参考文献

A. 普通图书

［1］诺思，道格拉斯·C. 经济史中的结构与变迁［M］. 陈郁，罗华平，等，译. 上海：上海三联书店，上海人民出版社，1994.

［2］黄群慧，彭华岗，等. 中国企业社会责任研究报告（2013）［M］. 北京：社会科学文献出版社，2013.

［3］李维安. 现代公司治理研究——资本结构、公司治理和国有企业股份制改造［M］. 北京：中国人民大学出版社，2001.

［4］卢代富. 企业社会责任的经济学与法学分析［M］. 北京：法律出版社，2002.

［5］卢现祥主编. 新制度经济学：第 2 版［M］. 武汉：武汉大学出版社，2011：87.

［6］彼得森，阿维森. 道德经济——后危机时代的价值重塑［M］. 刘宝成，译. 北京：中信出版社，2014.

［7］梅多斯，等. 增长的极限［M］. 李涛，王智勇，译. 北京：机械工业出版社，2013.

［8］青木昌严. 比较制度分析［M］. 周黎安，译. 上海：上海远东出版社，2001.

［9］中华人民共和国国家质量监督检验检疫总局，中国国家标准化管理委员会. GB/T 24001/ISO14001：2004 环境管理体系要求及使用指南［M］. 北京：中国标准出版社，2005.

［10］ Ackerman R W, Bauer R A. Corporate Social Responsiveness ［M］. Reston, Virginia: Reston Publishing, 1976.

［11］ Ackoff R. Redesigning the Future ［M］. New York: Wiley, 1974.

［12］ Benn S, Edwards M, Williams T. Organizational Change for Corporate Sustainability ［M］. Abingdon: Routledge, 2014 (2003): 15 – 19.

［13］ Bowen H R. Social Responsibilities of the Businessman ［M］. New York: Harper&Row, 1953 (2013).

［14］ Carroll A B, Buchholtz A K. Business and Society: Ethics and Stakeholder Management ［M］. Mason, OH: South – Western Cengage Learning, 2009.

［15］ Carroll A B. Business and Society: Ethics and Stakeholder Management ［M］. Cincinnati: South – Western, 1989.

［16］ Committee for Economic Development. Social Responsibilities of Business Corporations ［M］. New York: Author, 1971.

［17］ Freeman R E. Strategic Management: A Stakeholder Approach ［M］. Boston: Pitman Publishing Inc, 1984.

［18］ Freeman R E. Strategic Management: A Stakeholder Approach ［M］. Cambridge: Cambridge University Press, 2010.

［19］ Friedman M. Capitalism and Freedom ［M］. Chicago: University of Chicago Press, 2009 (1962).

［20］ Heald M. The Social Responsibilities of Business: Company and Community 1900 – 1960 ［M］. Cleveland, OH: Transaction Publishers, 2005 (1970).

［21］ Holbrook M E. Corporate Social Responsibility and Financial Performance: An Examination of Economic Benefits and Costs as Manifested in Accounting Earnings ［M］. Lexington: University of Kentucky: 2010.

［22］ Holliday Jr C O, Schmidheiny S, Watts P. Walking the Talk: The Business Case for Sustainable Development ［M］. Sheffield: Berrett – Koehler Publishers, 2002.

［23］ Manne H G, Wallich H C. The Modern Corporation and Social

Responsibility [M]. Washington, DC: American Enterprise Institute for Public Policy Research, 1972.

[24] Margolis J D, Walsh J P. People and Profits? The Search for a Link Between a Company's Social and Financial Performance [M]. Mahwah, NJ: Lawrence Erlbaum Associates, 2001.

[25] McGuire J W. Business and Society [M]. New York: McGraw-Hill, 1963.

[26] Mullerat R. International Corporate Social Responsibility: The Role of Corporations in the Economic Order of the 21st Century [M]. Austin: Wolters Kluwer Law & Business, 2010.

[27] Penrose E. The Theory of the Growth of the Firm [M]. Oxford : Oxford University Press, 1959.

[28] Pfeffer J, Salancik G R. The External Control of Organizations: A Resource Dependence Perspective [M]. New York: Harper & Row, 1978.

[29] Post J, Preston L E. Private Management and Public Policy: The Principle of Public Responsibility [M]. Englewood Cliffs, NJ: Prentice – Hall, 1975.

[30] Saleem S. Corporate Social Responsibilities: Law and Practice [M]. London: Cavendish Publishing, 1996.

[31] Schmidheiny S. Changing Courses: A Global Business Perspective on Development and the Environment. Executive Summary [M]. Massachuset: The MIT Press, 1992.

[32] Scott J. Social Capital: A Theory of Social Structure and Action [M]. Cambridge University Press, 2001.

[33] Sheikh S. Corporate Social Responsibilities: Law and Practice [M]. London: Cavendish Publishing, 1996.

[34] Stilitz J E. The Price of Inequality [M]. London: Penguin Books, 2013.

[35] UN. Agenda 21: Earth Summit [M]. New York: United Nations Publications, 2003.

[36] VW AG. Sustainability Report 2013 [M]. Wolfsburg: Volkswagen

Aktiengesellschaft，2014.

［37］ Walton C C. Corporate Social Responsibilities ［M］. Belmont, CA： Wadsworth Publishing Company，1967.

［38］ Wood D J. Business and Society ［M］. Glenview, IL：Scott, Foresman, 1990.

B. 论文集、会议录

［1］ Clarkson M E. A Risk Based Model of Stakeholder Theory ［C］. Proceedings of the Second Toronto Conference on Stakeholder Theory, 1994：18 – 19.

［2］ Crane A, McWilliams A, Matten D, et al. The Oxford Handbook of Corporate Social Responsibility ［C］. Oxford：Oxford University Press Inc. , 2008.

［3］ Wilson R B. The Structure of Incentives for Decentralization Under Uncertainty ［C］. Gilbaud M. La Décision ［M］. Paris：Centre National de la Recherche Scientifique，1969.

C. 科技报告

［1］ 中华人民共和国环境保护部 . 2012 年中国环境公报 ［R/OL］. 2013 – 6 – 6 ［2015 – 1 – 22］. http：//jcs. mep. gov. cn/hjzl/zkgb/2012zkgb/201306/ t20130606_ 253402. htm.

［2］ BMW Group. Sustainable value report ［R/OL］. 2013 – 6 – 6 ［2015 – 1 – 22］. http：//www. bmwgroup. com/bmwgroup_ prod/e/0_ 0_ www_ bmwgroup_ com/verantwortung/services/downloads. html.

［3］ Brundlandt G. Our common future：Report of the World Commission on Sustainable Development ［R］. UN, Geneva，1987.

［4］ Daimler AG. Sustainable value report 2013 ［R/OL］. 2014 ［2014 – 11 – 28］. http：//sustainability. daimler. com.

［5］ European Commission. A renewed EU strategy 2011 – 14 for Corporate Social Responsibility ［R］. Brussels：COM，2011.

［6］ Ford Motor Company. Sustainability report summary 2012 ［R/OL］. 2013 ［2014 – 11 – 28］. http：//corporate. ford. com/our – company/ sustainability.

［7］ General Motors Company. 2013 sustainability report ［R/OL］. 2014 ［2015 – 1 – 22］. http：//gmsustainability. com/.

［8］ Holme R，Watts P. Corporate Social Responsibility：Making good business sense ［R］. Geneva：World Business Council for Sustainable Develoment （WBCSD），2000.

［9］ JAMA. 2012 report on environmental protection efforts ［R/OL］. 2013 ［2014 – 11 – 28］. Tokyo：JAMA. http：//www. jama – english. jp/ publications/env_ prot_ report_ 2012. pdf.

［10］ Nissan Motor Company. Sustainability report 2013 ［R/OL］. 2014 ［2015 – 1 – 22］. http：//www. nissan – global. com/EN/CSR/SR/2013/.

［11］ STOXX. STOXX ESG index methodology guide ［R］. 2013 ［2015 – 4 – 20 ］. http：//www. stoxx. com/download/indices/rulebooks/stoxx _ strategy_ guide. pdf.

［12］ Toyota Motor Copration. Sustainability report 2013 ［R/OL］. 2014 ［2015 – 1 – 22］. http：//www. toyota – global. com/sustainability/Published： September 2013 report/sr/.

［13］ VDA. Annual report 2012 ［R/OL］. 2013 ［2014 – 11 – 28］. http：// www. vda. de/en/publikationen/jahresberichte/index. html.

［14］ WBCSD. Corporate Social Responsibility：Meeting changing expectations ［R］. Geneva：World Business Council for Sustainable Development，2000.

［15］ World Business Council for Sustainable Development. Sustainable Development reporting：Striking the balance ［R/OL］. 2002 ［2014 – 1 – 9］. http：//www. wbcsd. org/Pages/EDocument/EDocumentDetails. aspx？ ID = 15612&NoSearchContextKey = true.

［16］ World Wide Fund for Nature. Living planet report ［R/OL］. 2012 ［2015 - 1 - 22］. http：//wwf. panda. org/about_ our_ earth/all_ publications/ living_ planet_ report/2012_ lpr/.

D. 学位论文

［1］郭洪涛. 中国企业社会责任比较研究 ［D］. 成都：西南财经大学, 2011.

［2］韩春伟. 基于企业可持续发展的业绩评价研究 ［D］. 济南：山东大学, 2009.

［3］麦影. 企业社会责任对竞争优势影响的实证研究 ［D］. 广州：暨南大学, 2010.

［4］尹珏林. 企业社会责任前置因素及其作用机制研究 ［D］. 天津：南开大学, 2010.

［5］Lim A Y. The global expansion of Corporate Social Responsibility：Emergence, diffusion, and reception of global corporate governance frameworks ［D］. Michigan ：The University of Michigan, 2012.

［6］Timmons J A. The relationship between Corporate Social Responsibility and market performance ［D］. Phoenix：University of Phoenix, 2011.

E. 专著中析出的文献

［1］拉坦. 诱致性制度变迁理论 ［M］//科斯, 等. 财产权利与制度变迁：产权学派与新制度学派译文集. 上海：上海三联书店, 1991.

［2］舒尔茨. 制度与人的经济价值的不断提高 ［M］//科斯, 等. 财产权利与制度变迁：产权学派与新制度学派译文集. 上海：上海三联书店, 1991.

［3］Freeman R E, McVea J. A Stakeholder Approach to Strategic Management ［M］// Hit M. A. , Freeman R. E. and Harrison J. S. Handbook of Strategic

Management. Oxford：Blackwell Publishing，2001.

［4］Freeman R，Velamuri S R. A New Approach to CSR：Company Stakeholder Responsibility ［M］// Kakabadse A，Morsing M. Corporate Social Responsibility. London：Palgrave Macmillan，2006.

［5］Griffin J J. The Toxics Release Inventory（TRI）Database：Limitations and Implications ［M］// Collins D. Proceedings of the International Association for Business and Society. 1996，7：637 – 648.

［6］Hayek F A. The Corporation in a Democratic Society：In Whose Interest Ought It and Will It Be Run ［M］// Ansoff H I. Business Strategy. Harmondsworth：Penguin，1969.

［7］Logsdon J M. The Toxics Release Inventory as a Data Source for Business and Society Studies ［M］// Collins D. Proceedings of the International Association for Business and Society. 1996，7：1285 – 1296.

F. 期刊中析出的文献

［1］陈小华. 世界企业社会责任运动：现状与启示[J]. 经济研究导刊，2007（9）：15 – 17.

［2］陈煦江. 企业社会责任影响财务绩效的中介调节效应——基于中国100强企业社会责任发展指数的经验证据[J]. 山西财经大学学报，2014，36（3）：101 – 109.

［3］陈志斌，施建军. 公司治理层面的控制与所有权实位化[J]. 经济理论与经济管理，2003（1）：48 – 52.

［4］范柏乃，马庆国. 国际可持续发展理论综述[J]. 经济学动态，1998（8）：65 – 68.

［5］关洪涛. 21世纪日本汽车产业政策新变化及其影响[J]. 现代日本经济，2008（3）：54 – 59.

［6］贾生华，陈宏辉. 利益相关者的界定方法述评[J]. 外国经济与管理，2002，24（5）：13 – 18.

［7］靖苏铜．轻型汽车油耗法规标准的对比与分析［J］．能源与环境，2008（2）：40 - 43．

［8］李淑英．社会契约论视野中的企业社会责任［J］．中国人民大学学报，2007（2）：51 - 57．

［9］李正．企业社会责任与企业价值的相关性研究——来自沪市上市公司的经验证据［J］．中国工业经济，2006（2）：77 - 83．

［10］林毅夫，李周．现代企业制度的内涵与国有企业改革方向［J］．经济研究，1997（3）：3 - 10．

［11］刘俊海．公司的社会责任［M］．北京：法律出版社，1999．

［12］马博，辛春林．企业社会责任的演变——企业社会责任思想的起源与发展之一［J］．化工管理，2012（3）：86 - 88．

［13］庞德良，刘兆国．德国汽车产业可持续发展的经验与启示［J］．环境保护，2014，42（21）：69 - 71．

［14］庞德良，张清立．日本汽车产业环境经营分析［J］．现代日本经济，2013（6）：57 - 66．

［15］庞德良，刘兆国．基于专利分析的日本新能源汽车技术发展趋势研究［J］．情报杂志，2014，33（5）：60 - 65．

［16］屈晓华．企业社会责任演进与企业良性行为反应的互动研究［J］．管理现代化，2003（5）：13 - 16．

［17］田虹．企业社会责任与企业绩效的相关性——基于中国通信行业的经验数据［J］．经济管理，2009，31（1）：72 - 79．

［18］王辉．从"企业依存"到"动态演化"——一个利益相关者理论文献的回顾与评述［J］．经济管理，2003（2）：29 - 35．

［19］王庆喜，庞海松．企业资源理论实证研究述评［J］．首都经济贸易大学学报，2007，9（1）：100 - 104．

［20］吴能全，刘有贵．企业性质探讨［J］．当代经济，2009（11）：136 - 139．

［21］姚树荣．企业性质理论的演变与最新发展［J］．北京科技大学学报：社会科学版，2002，18（1）：74 - 78．

［22］张维迎，余晖. 西方企业理论的演进与最新发展［J］. 经济研究，1994，
29（11）：70 - 81.

［23］郑若娟. 西方企业社会责任理论研究进展——基于概念演进的视角
［J］. 国外社会科学，2006（2）：34 - 39.

［24］Abbott W F, Monsen R J. On the measurement of Corporate Social Responsibility：
Self-reported disclosures as a method of measuring corporate social
involvement［J］. Academy of Management Journal, 1979, 22（3）：501 -
515.

［25］Acedo F J, Barroso C, Galan J L. The Resource - based Theory：
Dissemination and main trends［J］. Strategic Management Journal, 2006,
27（7）：621 - 636.

［26］Ackerman R W. How companies respond to social demands［J］. Harvard
Business Review, 1973, 51（4）：88 - 98.

［27］Agle B R, Mitchell R K, Sonnenfeld J A. Who matters to CEOs? An
investigation of stakeholder attributes and salience, corporate performance,
and CEO values［J］. Academy of Management Journal, 1999, 42（5）：
507 - 525.

［28］Alchian A A, Demsetz H. Production, information costs, and economic
organization［J］. The American Economic Review, 1972, 62（5）：777 -
795.

［29］Ameer R, Othman R. Sustainability practices and corporate financial
performance：A study based on the top global corporations［J］. Journal of
Business Ethics, 2012, 108（1）：61 - 79.

［30］Amit R, Schoemaker P J H. Strategic assets and organizational rent［J］.
Strategic Management Journal, 1993, 14（1）：33 - 46.

［31］Aupperle K E, Carroll A B, Hatfield C J D. An empirical examination of
the relationship between Corporate Social Responsibility and profitability
［J］. The Academy of Management Journal, 1985, 28（2）：446 - 463.

［32］Bansal P. Evolving sustainably：A longitudinal study of corporate

Sustainable Development [J]. Strategic Management Journal, 2005, 26 (3): 197 - 218.

[33] Barney J B, Ketchen D J, Wright M. The future of Resource - based Theory: Revitalization or decline? [J]. Journal of Management, 2011, 37 (5): 1299 - 1315.

[34] Barney J B. Resource - based Theories of competitive advantage: A ten - year retrospective on the resource - based view [J]. Journal of Management, 2001, 27 (6): 643 - 650.

[35] Barney J. Firm resources and sustained competitive advantage [J]. Journal of Management, 1991, 17 (1): 99 - 120.

[36] Bauner D. International private and public reinforcing dependencies for the innovation of automotive emission control systems in Japan and USA [J]. Transportation Research Part A: Policy & Practice, 2011 (5): 375 - 388.

[37] Bebbington J. Sustainable Development: A review of the international development, business and accounting literature [J]. Accounting Forum, 2001, 25 (2): 128 - 157.

[38] Beise M, Rennings K. Lead markets and regulation: A framework for analyzing the international diffusion of environmental innovations [J]. Ecological Economics, 2005, 52 (1): 5 - 17.

[39] Berardi U. Sustainability assessment in the construction sector: Rating systems and rated buildings [J]. Sustainable Development, 2012, 20 (6): 411 - 424.

[40] Berle A A. Corporate powers as powers in trust [J]. Harvard Law Review, 1931, 44 (7): 1049 - 1074.

[41] Berle A A. For whom corporate managers are trustees: A note [J]. Harvard Law Review, 1932, 45 (8): 1365 - 1372.

[42] Berle A A. Modern functions of the corporate system [J]. Columbia Law Review, 1962, 62 (3): 433 - 449.

[43] Berman S L, Wicks A C, Kotha S, et al. Does stakeholder orientation

matter? The relationship between stakeholder management models and firm financial performance [J]. The Academy of Management Journal, 1999, 42 (5): 488 – 506.

[44] Bondy K, Matten D, Moon J. Multinational corporation codes of conduct: Governance tools for Corporate Social Responsibility? [J]. Corporate Governance: An International Review, 2008, 16 (4): 294 – 311.

[45] Bowman E H, Haire M. A strategic posture toward Corporate Social Responsibility [J]. California Management Review, 1975, 18 (2): 49 – 58.

[46] Brammer S, Brooks C, Pavelin S. Corporate social performance and stock returns: UK evidence from disaggregate measures [J]. Financial Management, 2006, 35 (3): 97 – 116.

[47] Brekke K A, Nyborg K. Attracting responsible employees: Green production as labor market screening [J]. Resource and Energy Economics, 2008, 30 (4): 509 – 526.

[48] Brown J A, Forster W R. CSR and Stakeholder Theory: A tale of Adam Smith [J]. Journal of Business Ethics, 2013, 112 (2): 301 – 312.

[49] Burhan A H N, Rahmanti W. The impact of sustainability reporting on company performance [J]. Journal of Economics, Business, and Accountancy Ventura, 2012, 15 (2): 257 – 272.

[50] Carroll A B, Shabana K M. The business case for Corporate Social Responsibility: A review of concepts, research and practice [J]. International Journal of Management Reviews, 2010, 12 (1): 85 – 105.

[51] Carroll A B. A three – dimensional conceptual model of corporate performance [J]. Academy of Management Review, 1979, 4 (4): 497 – 505.

[52] Carroll A B. Corporate Social Responsibility: Will industry respond to cutbacks in social program funding [J]. Vital Speeches of the Day, 1983, 49 (19): 604 – 608.

[53] Carroll A B. The pyramid of Corporate Social Responsibility: Toward the

moral management of organizational stakeholders [J]. Business Horizons, 1991, 34 (4): 39 – 48.

[54] Chang D, Kuo L R, Chen Y. Industrial changes in corporate sustainability performance—An empirical overview using data envelopment analysis [J]. Journal of Cleaner Production, 2013, 56 (10): 147 – 155.

[55] Chang D, Kuo L R. The effects of Sustainable Development on firms' financial performance —An empirical approach [J]. Sustainable Development, 2008, 16 (6): 365 – 380.

[56] Chen H, Wang X. Corporate Social Responsibility and corporate financial performance in China: An empirical research from Chinese firms [J]. Corporate Governance, 2011, 11 (4): 361 – 370.

[57] Christen M, Schmidt S. A formal framework for conceptions of sustainability— A theoretical contribution to the discourse in Sustainable Development [J]. Sustainable Development, 2012, 20 (6): 400 – 410.

[58] Clarkson M E. A stakeholder framework for analyzing and evaluating corporate social performance [J]. Academy of Management Review, 1995, 20 (1): 92 – 117.

[59] Clarkson M, Starik M, Cochran P, et al. The Toronto conference: Reflections on Stakeholder Theory [J]. Business and Society, 1994, 33 (1): 82 – 131.

[60] Coase R H. The nature of the firm [J]. Economica, 1937, 4 (16): 386 – 405.

[61] Cochran P L, Wood R A. Corporate Social Responsibility and financial performance [J]. Academy of Management Journal, 1984, 27 (1): 42 – 56.

[62] Collier J, Esteban R. Corporate Social Responsibility and employee commitment [J]. Business Ethics: A European Review, 2007, 16 (1): 19 – 33.

[63] Conner K R. A historical comparison of Resource – based Theory and five schools of thought within industrial organization economics: Do we have a

new theory of the firm? [J]. Journal of Management, 1991, 17 (3), 121 – 154.

[64] Cool K. Asset stock accumulation and sustainability of competitive advantage [J]. Management Science, 1989, 35 (12): 1504 – 1511.

[65] Cornell B, Shapiro A C. Corporate stakeholders and corporate finance [J]. Financial Management, 1987, 16 (1): 5 – 14.

[66] Cortez M A A, Cudia C P. Sustainability innovation and the impact on financial performance of Japanese automotive and electronics companies [J]. Journal of International Business Research, 2010, 9 (1): 33 – 46.

[67] Dahlsrud A. How Corporate Social Responsibility is defined: An analysis of 37 definitions [J]. Corporate Social Responsibility and Environmental Management, 2008, 15 (1): 1 – 13.

[68] Daub C H. Assessing the quality of sustainability reporting: An alternative methodological approach [J]. Journal of Cleaner Production, 2007, 15 (1): 75 – 85.

[69] Davis K. Can business afford to ignore social responsibilities? [J]. California Management Review, 1960, 2 (3): 70 – 76.

[70] Davis K. The case for and against business assumption of social responsibilities [J]. Academy of Management Journal, 1973, 16 (2): 312 – 322.

[71] Davis K. Understanding the social responsibility puzzle [J]. Business Horizons, 1967, 10 (4): 45 – 50.

[72] Dodd E M. For whom are corporate managers trustees? [J]. Harvard Law Review, 1932, 45 (7): 1145 – 1163.

[73] Dodd E M. Is effective enforcement of the fiduciary duties of corporate managers practicable? [J]. University of Chicago Law Review, 1935, 2 (2): 194 – 207.

[74] Dodd E M. The supreme court and fair labor standards, 1941 – 1945 [J]. Harvard Law Review, 59 (3): 321 – 375.

[75] Doh J P, Guay T R. Corporate Social Responsibility, public policy, and NGO activism in Europe and the United States: An institutional - stakeholder perspective [J]. Journal of Management Studies, 2006, 43 (1): 47 - 73.

[76] Donaldson T, Preston L E. The Stakeholder Theory of the corporation: Concepts, evidence, and implications [J]. Academy of Management Review, 1995, 20 (1): 65 - 91.

[77] Dummett K. Drivers for Corporate Environmental Responsibility (CER) [J]. Environment, Development and Sustainability, 2006, 8 (3): 375 - 389.

[78] Dunfee T W, Donaldson T. Toward a unified conception of business ethics: Integrative Social Contracts Theory [J]. Academy of Management Review, 1994, 19 (2): 252 - 284.

[79] Dyllick T, Hockerts K. Beyond the business case for corporate sustainability [J]. Business Strategy and the Environment, 2002, 11 (2): 130 - 141.

[80] Eisenhardt K M. Building theories from case study research [J]. Academy of Management Review, 1989, 14 (4): 532 - 550.

[81] Elkington J. Partnerships from cannibals with forks: The triple bottom line of 21st-Century business [J]. Environmental Quality Management, 1998, 8 (1): 37 - 51.

[82] Epstein E M. The corporate social policy process: Beyond business ethics, Corporate Social Responsibility, and corporate social responsiveness [J]. California Management Review, 29 (3): 99 - 114.

[83] Frederick W C. From CSR1 to CSR2: The maturing of business - and - society thought [J]. Business & Society, 1994, 33 (2): 150 - 164.

[84] Frederick W C. The growing concern over business responsibility [J]. California Management Review, 1960, 2 (4): 54 - 61.

[85] Freeman R E. Stakeholder Theory: A libertarian defense [J]. Business Ethics Quarterly, 2002, 12 (3): 331 - 349.

[86] Friedman M. A friedman doctrine: The social responsibility of business is to increase its profit [J]. The New York Times Magazine, 1970, 32 – 33 (33): 173 – 178.

[87] Gallego I. The use of economic, social and environmental indicators as a measure of Sustainable Development in Spain [J]. Corporate Social Responsibility and Environmental Management, 2006, 13 (2): 78 – 97.

[88] Ganescu M C. Corporate Social Responsibility, a strategy to create and consolidate sustainable businesses [J]. Theoretical and Applied Economics, 2012, 11 (11): 91 – 106.

[89] Garriga E, Melé D. Corporate Social Responsibility Theories: Mapping the territory [J]. Journal of Business Ethics, 2004, 53 (1 – 2): 51 – 71.

[90] Gerard D, Lave L B. Implementing technology – forcing policies: The 1970 Clean Air Act Amendments and the introduction of advanced automotive emissions controls in the United States [J]. Technological Forecasting and Social Change, 2005, 72 (7): 761 – 778.

[91] Gernuks M, Buchgeister J, Schebek L. Assessment of environmental aspects and determination of environmental targets within Environmental Management Systems (EMS) —Development of a procedure for Volkswagen [J]. Journal of Cleaner Production, 2007, 15 (11 – 12): 1063 – 1075.

[92] Gibbons R S. Four forma (lizable) theories of the firm? [J]. Journal of Economic Behavior & Organization, 2005, 58 (2): 200 – 245.

[93] Gladwin T N, Kennelly J J, Krause T. Shifting paradigms for Sustainable Development: Implications for management theory and research [J]. Academy of Management Review, 1995, 20 (4): 874 – 907.

[94] Gold S, Seuring S, Beske P. Sustainable supply chain management and inter – organizational resources: A literature review [J]. Corporate Social Responsibility and Environmental Management, 2010, 17 (4): 230 – 245.

[95] Grant R M. The Resource – based Theory of competitive advantage:

Implications for strategy formulation [J]. California Management Review, Spring 1991: 114 – 135.

[96] Grant R M. Toward a Knowledge – based Theory of the firm [J]. Strategic Management Journal, 1996, 17 (S2): 109 – 122.

[97] Gray R. Is accounting for sustainability actually accounting for sustainability... and how would we know? An exploration of narratives of organisations and the planet [J]. Accounting, Organizations and Society, 2010, 35 (1): 47 – 62.

[98] Griffin J J, Mahon J F. The corporate social performance and corporate financial performance debate twenty – five years of incomparable research [J]. Business & Society, 1997, 36 (1): 5 – 31.

[99] Grossman S J, Hart O D. An analysis of the principal-agent problem [J]. Econometrica, 1983, 51 (1): 7 – 45.

[100] Harrison J S, St J C H. Managing and partnering with external stakeholders [J]. The Academy of Management Executive, 1996, 10 (2): 46 – 59.

[101] Hart S L A, Dowell G. Natural – resource – based view of the firm: Fifteen years after [J]. Journal of Management, 2011, 37 (5): 1464 – 1479.

[102] Hart S L. A natural-resource – based view of the firm [J]. Academy of Management Review, 1995, 20 (4): 986 – 1014.

[103] Hart S L. Beyond greening: Strategies for a sustainable world. [J]. Harvard Business Review, 1997, 75 (1): 66 – 76.

[104] Hill R P, Ainscough T, Shank T, et al. Corporate Social Responsibility and socially responsible investing: A global perspective [J]. Journal of Business Ethics, 2007, 70 (2): 165 – 174.

[105] Holmes S L. Executive perceptions of Corporate Social Responsibility [J]. Business Horizons, 1976, 19 (3): 34 – 40.

[106] Holton I, Glass J, Price A D F. Managing for sustainability: Findings from four company case studies in the UK precast concrete industry [J]. Journal of Cleaner Production, 2010, 18 (2): 152 – 160.

[107] Huppes G, Ishikawa M. Sustainability evaluation: Diverging routes recombined? Tasks for a new working group on modelling and evaluation for sustainability [J]. The International Journal of Life Cycle Assessment, 2007, 12 (1): 62.

[108] Ionescu – Somers A, Steger U, Salzmann O. The business case for corporate sustainability: Literature review and research options [J]. General Information, 2005, 23 (1): 27 – 36.

[109] Jones T M. Corporate Social Responsibility revisited, redefined [J]. California Management Review, 1980, 22 (3): 59 – 67.

[110] Kashyap R K, Lyer E S, Banerjee S B. Corporate environmentalism: Antecedents and influence of industry type [J]. Journal of Marketing, 2003, 67 (2): 106 – 122.

[111] Kemp R, Parto S, Gibson R B. Governance for Sustainable Development: Moving from theory to practice [J]. International Journal of Sustainable Development, 2005, 8 (12): 12 – 30.

[112] Khaledabadi H J, Magnusson T. Corporate Social Responsibility and knowledge management implications in sustainable vehicle innovation and development [J]. Communications of the IBIMA, 2008.

[113] Kolk A, Tulder R V. International business, Corporate Social Responsibility and Sustainable Development [J]. International Business Review, 2010, 19 (2): 119 – 125.

[114] Koplin J, Seuring S, Mesterharm M. Incorporating sustainability into supply management in the automotive industry —The case of the Volkswagen AG [J]. Journal of Cleaner Production, 2007 (15): 1053 – 1062.

[115] Krank S, Wallbaum H, Grêt-Regamey A. Perceived contribution of indicator systems to Sustainable Development in developing countries [J]. Sustainable Development, 2013, 21 (1): 18 – 29.

[116] Laplume A, Litz R A, Sonpar K. Stakeholder Theory: Reviewing a theory that moves us. [J]. Journal of Management, 2008, 34 (6): 1152 –

1189.

[117] Lele S M. Sustainable Development: A critical review [J]. World Development, 1991, 19 (91): 607 – 621.

[118] Logsdon J M, Wood D J. Business citizenship: From domestic to global level of analysis [J]. Business Ethics Quarterly, 2002, 12 (2): 155 – 187.

[119] López – Gamero M D, Molina-Azorín J F, Claver – Cortés E. The whole relationship between environmental variables and firm performance: Competitive advantage and firm resources as mediator variables [J]. Journal of Environmental Management, 2009, 90 (10): 3110 – 3121.

[120] Luke T W. Corporate Social Responsibility: An uneasy merger of sustainability and development [J]. Sustainable Development, 2013, 21 (2): 83 – 91.

[121] Lyon T P, Maxwell J W. Corporate Social Responsibility and the environment: A theoretical perspective [J]. Review of Environmental Economics and Policy, 2007, 2 (2): 240 – 260.

[122] Makadok R. Toward a synthesis of the resource – based and dynamic – capability views of rent creation [J]. Strategic Management Journal, 2001, 22 (5): 387 – 401.

[123] Makni R, Bellavance F F. Causality between corporate social performance and financial performance: Evidence from Canadian firms [J]. Journal of Business Ethics, 2009, 89 (3): 409 – 422.

[124] Manne H G. The "higher criticism" of the modern corporation [J]. Columbia Law Review, 1962, 62 (3): 399 – 432.

[125] Margolis J D, Elfenbein H A, Walsh J P. Does it pay to be good? A meta – analysis and redirection of research on the relationship between corporate social and financial performance [J]. SSRN Electronic Journal, 2007, 1866371.

[126] Marrewijk M V. Concepts and definitions of CSR and corporate

sustainability: Between agency and communion [J]. Journal of Business Ethics, 2003, 44 (2 - 3): 95 - 105.

[127] Matten D, Crane A, Chapple W. Behind the mask: Revealing the true face of corporate citizenship [J]. Journal of Business Ethics, 2003, 45 (1 - 2): 109 - 120.

[128] Mayyas A, Qattawi A, Omar M, et al. Design for sustainability in automotive industry: A comprehensive review [J]. Renewable and Sustainable Energy Reviews, 2012, 16 (4): 1845 - 1862.

[129] McGuire J B, Sundgren A, Schneeweis T. Corporate Social Responsibility and firm financial performance [J]. Academy of Management Journal, 1988, 31 (4): 854 - 872.

[130] McWilliams A, Siegel D. Corporate Social Responsibility: A theory of the firm perspective [J]. Academy of Management Review, 2001, 26 (1): 117 - 127.

[131] Mebratu D. Sustainability and Sustainable Development: Historical and conceptual review [J]. Environmental Impact Assessment Review, 1998, 18 (98): 493 - 520.

[132] Menon A, Menon A. Enviropreneurial marketing strategy: The emergence of corporate environmentalism as market strategy [J]. Journal of Marketing, 1997, 61 (1): 51 - 67.

[133] Michelon G, Boesso G, Kumar K. Examining the link between strategic Corporate Social Responsibility and company performance: An analysis of the best corporate citizens [J]. Corporate Social Responsibility and Environmental Management, 2013, 20 (2): 81 - 94.

[134] Miles M P, Covin J G. Environmental marketing: A source of reputational, competitive, and financial advantage [J]. Journal of Business Ethics, 2000, 23 (3): 299 - 311.

[135] Mitchell R K, Agle B R, Wood D J. Toward a theory of stakeholder identification and salience: Defining the principle of who and what really

counts [J]. The Academy of Management Review, 1997, 22 (4): 853 – 886.

[136] Moon J. The contribution of Corporate Social Responsibility to Sustainable Development [J]. Sustainable Development, 2007, 15 (5): 296 – 306.

[137] Nonaka I. Corporate Social Responsibility [J]. Organization Science, 1994, 5 (1): 14 – 37.

[138] Noronha C, Tou S I, Cynthia M I, et al. Corporate Social Responsibility reporting in China: An overview and comparison with major trends [J]. Corporate Social Responsibility and Environmental Management, 2013, 20 (1): 29 – 42.

[139] Orlitzky M, Schmidt F L, Rynes S L. Corporate social and financial performance: A meta – analysis [J]. Organization Studies, 2003, 24 (3): 403 – 441.

[140] Orsato R J, Den H F, Clegg S R. The political ecology of automobile recycling in Europe [J]. Organization Studies, 2002, 23 (4): 639 – 665.

[141] Orsato R J, Wells P. The automobile industry & sustainability [J]. Journal of Cleaner Production, 2007, 15 (11 – 12): 989 – 993.

[142] Pava M L, Krausz J. The association between corporate social – responsibility and financial performance: The paradox of social cost [J]. Journal of Business Ethics, 1996 (15): 321 – 357.

[143] Perez – Sanchez D, R. Barton J, Bower D. Implementing environmental management in SMEs [J]. Corporate Social Responsibility and Environmental Management, 2003, 10 (2): 67 – 77.

[144] Petrick J A, Quinn J F. The challenge of leadership accountability for integrity capacity as a strategic asset [J]. Journal of Business Ethics, 2001, 34 (3 – 4): 331 – 343.

[145] Pilkington A, Dyerson R. Innovation in disruptive regulatory environments: A patent study of electric vehicle technology development [J]. European

Journal of Innovation Management, 2006, 9 (1): 79 – 91.

[146] Pilkington A, Dyerson R, Tissier O. The electric vehicle: Patent data as indicators of technological development [J]. World Patent Information, 2002, 24 (1): 5 – 12.

[147] Porter M E, Kramer M R. Strategy and society [J]. Harvard Business Review, 2006, 84 (12): 78 – 92.

[148] Preston L E, O'Bannon D P. The corporate social – financial performance relationship: A typology and analysis [J]. Business & Society, 1997, 36 (4): 419 – 429.

[149] Redclift M, Woodgate G. Sustainable Development and nature: The social and the material [J]. Sustainable Development, 2013, 21 (2): 92 – 100.

[150] Ren H Y. Literature review on Stakeholder Theory [J]. Commercial Research, 2007, 358 (2): 30 – 32.

[151] Roca L C, Searcy C. An analysis of indicators disclosed in corporate sustainability reports [J]. Journal of Cleaner Production, 2012, 20 (1): 103 – 118.

[152] Ross S A. The Economic Theory of Agency: The principal's problem [J]. American Economic Review, 1973, 63 (2): 134 – 139.

[153] Russo M V, Fouts P A. A resource – based perspective on corporate environmental performance and profitability [J]. Academy of Management Journal, 1997, 40 (3): 534 – 559.

[154] Salzmann O. The business case for corporate sustainability: Literature review and research options [J]. European Management Journal, 2005, 23 (1): 27 – 36.

[155] Sauser J W I. Ethics in business: Answering the call [J]. Journal of Business Ethics, 2005, (4Part1): 345 – 357.

[156] Searcy C. Corporate sustainability performance measurement systems: A review and research agenda [J]. Journal of Business Ethics, 2012, 107

（3）：239 – 253.

[157] See G H. Harmonious society and Chinese CSR：Is there really a link？
[J]. Journal of Business Ethics, 2009, 89 （1）：1 – 22.

[158] Sethi S P. Dimensions of corporate social performance：An analytical
framework [J]. California Management Review, 1975, 17 （3）：58 – 64.

[159] Shinkle G A, Spencer J W. The social construction of global corporate
citizenship：Sustainability reports of automotive corporations [J]. Journal
of World Business, 2012, 47 （1）：123 – 133.

[160] Shleifer A, Vishny R W. A survey of corporate governance [J]. The
Journal of Finance, 1997, 52 （2）：737 – 783.

[161] Shrivastava P. Environmental technologies and competitive advantage [J].
Strategic Management Journal, 1995, 16 （S1）：183 – 200.

[162] Simpson D, Power D, Samson D. Greening the automotive supply chain：
A relationship perspective [J]. International Journal of Operations &
Production Management, 2007, 27 （1）：28 – 48 （21）.

[163] Skouloudis A, Evangelinos K, Kourmousis F. Assessing non – financial
reports according to the Global Reporting Initiative Guidelines：Evidence
from Greece [J]. Journal of Cleaner Production, 2010, 18 （5）：426 –
438.

[164] Smink C K. Vehicle recycling regulations：Lessons from Denmark [J].
Journal of Cleaner Production, 2007, 15 （11 – 12）：1135 – 1146.

[165] Smith M, Crotty J. Environmental regulation and innovation driving
ecological design in the UK automotive industry [J]. Business Strategy and
the Environment, 2008, 17 （6）：341 – 349.

[166] Sneddon C, Howarth R B, Norgaard R B. Sustainable Development in a
post – Brundtland World [J]. Ecological Economics, 2006, 57 （2）：
253 – 268.

[167] Spence C. Social and environmental reporting and the corporate ego [J].
Business Strategy and the Environment, 2009, 18 （4）：254 – 265.

[168] Spender J, Grant R M. Knowledge and the firm: Overview [J]. Strategic Management Journal, 1996, 17 (S2): 5 – 9.

[169] Stalk G, Evans P, Shulman L E. Competing on capabilities: The new rules of corporate strategy [J]. Harvard Business Review, 1992, 70 (2): 57 – 69.

[170] Steurer R, Langer M E, Konrad A, et al. Corporations, stakeholders and Sustainable Development I: A theoretical exploration of business – society relations [J]. Journal of Business Ethics, 2005, 61 (3): 263 – 281.

[171] Teece D J, Pisano G, Shuen A. Dynamic capabilities and strategic management [J]. Strategic Management Journal, 1997, 18 (7): 509 – 533.

[172] Thun J, Müller A. An empirical analysis of green supply chain management in the German Automotive Industry [J]. Business Strategy and the Environment, 2010, 19 (2): 119 – 132.

[173] Torres A, Bijmolt T H A, Josep A, et al. Generating global brand equity through Corporate Social Responsibility to key stakeholders [J]. International Journal of Research in Marketing, 2012, 29 (1): 0 – 24.

[174] Tsuk D. From pluralism to Individualism: Berle and means and 20th – Century American legal thought [J]. Law & Social Inquiry, 2005, 30 (1): 179 – 225.

[175] Tuzzolino F, Armandi B R. A need – hierarchy framework for assessing Corporate Social Responsibility [J]. Academy of Management Review, 1981, 6 (1): 21 – 28.

[176] van Marrewijk M. Concepts and definitions of CSR and corporate sustainability: Between agency and communion [J]. Journal of Business Ethics, 2003, 44 (2 – 3): 95 – 105.

[177] Vergragt P J, Brown H S. Sustainable mobility: From technological innovation to societal learning [J]. Journal of Cleaner Production, 2007, 15 (11 – 12): 1104 – 1115.

[178] Victoria López M, Garcia A, Rodriguez L. Sustainable Development and corporate performance: A study based on the Dow Jones Sustainability Index [J]. Journal of Business Ethics, 2007, 75 (3): 285 – 300.

[179] Vintilă G, Armeanu D, Filipescu M, et al. Study regarding fiscal policy — Corporative Social Responsibility correlation [J]. Theoretical and Applied Economics, 2010, 569 (4): 5 – 16.

[180] Waddock S A, Graves S B. The corporate social performance – financial performance link [J]. Strategic Management Journal, 1997, 8 (4): 303 – 319.

[181] Wartick S L, Cochran P L. The evolution of the corporate social performance model [J]. Academy of Management Review, 1985, 10 (4): 758 – 769.

[182] Weiner J L. The Berle – Dodd dialogue on the concept of the corporation [J]. Columbia Law Review, 1964, 64 (8): 1458 – 1467.

[183] Wernerfelt B. A resource – based view of the firm [J]. Strategic Management Journal, 1984, 5 (2): 171 – 180.

[184] Werther Jr W B, Chandler D. Strategic Corporate Social Responsibility as global brand insurance [J]. Business Horizons, 2005, 48 (4): 317 – 324.

[185] Wiklund J, Shepherd D. Knowledge – based resources, entrepreneurial orientation, and the performance of small and medium – sized businesses [J]. Strategic Management Journal, 2003, 24 (13): 1307 – 1314.

[186] Williamson D, Lynch – Wood G, Ramsay J. Drivers of environmental behaviour in manufacturing SMEs and the implications for CSR [J]. Journal of Business Ethics, 2006, 67 (3): 317 – 330.

[187] Wilson R B. The structure of incentives for decentralization under uncertainty [J]. Stanford University Working Paper, 1967: 121 – 1.

[188] Windsor D. Tightening corporate governance [J]. Journal of International Management, 2009, 15 (3): 306 – 316.

［189］ Wokutch R E, Shepard J M. The maturing of the Japanese economy: Corporate Social Responsibility implications ［J］. Business Ethics Quarterly, 1999, 9（3）: 527 –540.

［190］ Wood D J. Corporate social performance revisited ［J］. Academy of Management Review, 1991, 16（4）: 691 –718.

［191］ Zhao Q, Chen M. A comparison of ELV recycling system in China and Japan and China's strategies ［J］. Resources, Conservation and Recycling, 2011, 57: 15 –21.

［192］ Zsidisin G A, Siferd S P. Environmental purchasing: A framework for theory development ［J］. European Journal of Purchasing & Supply Management, 2001, 7（0）: 61 –73.

G. 电子文献

［1］ 联合国 .2002 年约翰内斯堡首脑会议 ［EB/OL］. 2002 ［2004 – 4 – 18］. http: //www. un. org/chinese/events/wssd/basicinfo. html.

［2］ 经济产业省, 国土交通省, 社团法人日本汽车工业协会. 乘用车及货车的 2015 年度油耗标准开始实施 ［EB/OL］. 2007 – 7 ［2014 – 5 – 20］. http: //www. jamabj. cn/eco/fuel2015/pdf/fuel2015. pdf.

［3］ DOT, EPA. DOT, EPA set aggressive national standards for fuel economy and first ever greenhouse gas emission levels for passenger cars and light trucks ［EB/OL］. 2010 – 4 – 1 ［2014 – 5 – 20］. http: //yosemite. epa. gov/opa/admpress. nsf/bd4379a92ceceeac8525735900400c27/562b44f2588 b871a852576f800544e01! OpenDocument.

［4］ EPA. Control of air pollution from new motor vehicles: Tier 2 motor vehicle emissions standards and gasoline sulfur control requirements ［EB/OL］. 1999 – 12 – 1 ［2014 – 10 – 20］. http: //www. epa. gov/tier2/.

［5］ Europa. Further CO_2 emission reductions from cars and vans: A win-win for the climate, consumers, innovation and jobs ［EB/OL］. 2011 – 7 – 11 ［2014 – 5

– 20］. http：//europa. eu/rapid/pressReleasesAction. do？ reference =
IP/12/771&format = HTML&aged =0&language = EN&guiLanguage = en.

［6］ Freeman R，Velamuri S R. A new approach to CSR：Company stakeholder
responsibility ［Z］. 2008 ［2014 – 11 – 22］. http：//papers. ssrn. com/
sol3/papers. cfm？ abstract_ id = 1186223.

［7］ Global Reporting Initiative. Sustainability Disclosure Database ［DB/OL］.
2014 ［2015 – 2 – 19］. http：//database. globalreporting. org/.

［8］ Global Reporting Initiative. GRI G4 Guidelines. About Sustainability Reporting
［EB/OL］. ［2014 – 1 – 13］. https：//www. globalreporting. org/information/
sustainability – reporting/Pages/default. aspx.

［9］ Global Reporting Initiative. Sustainability Reporting Guidelines Version 3. 1 ［R/
OL］. 2011 ［2015 – 4 – 20］. https：//www. globalreporting. org/standards/
resource – download – center/.

［10］ GSIA. Global sustainable investment review 2012 ［R/OL］. 2013 ［2014 –
11 – 22］. http：//gsiareview2012. gsi – alliance. org/#/1/.

［11］ IISD. What is Sustainable Development ［EB/OL］. 2013 ［2013 – 9 –
22］. http：//www. iisd. org/sd/.

［12］ Interbrand. Best global brands 2014 ［R/OL］. 2014 ［2015 – 1 – 22］.
http：//www. interbrand. com/en/best – global – brands/2012/Best –
Global – Brands – 2014. aspx.

［13］ Interbrand. Best global green brands 2014 ［R/OL］. 2014 ［2015 – 1 – 22］.
https：//www. interbrand. com/wp – content/uploads/2015/08/Interbrand –
Best – Global – Green – Brands – 2014 – Overview – 8. pdf.

［14］ International Energy Agency. CO_2 emissions from fuel combustion 2012 ［DB/
OL］. Paris：International Energy Agency. 2014 – 1 – 12 ［2014 – 11 – 11］.
http：//www. iea. org/statistics/topics/CO2emissions/. Michelon

［15］ JAMA. The motor industry of Japan 2013 ［R /OL］. 2014 ［2014 – 11 –
28］. http：//www. jama – english. jp/publications/MIJ2013. pdf.

［16］ KPMG. The KPMG Survey of Corporate Responsibility Reporting 2015 ［R/

OL]. 2015 – 11 – 25 [2015 – 12 – 9]. https：//home. kpmg/xx/en/ home/insights/2015/11/kpmg – international – survey – of – corporate – responsibility – reporting – 2015. html.

[17] OECD. Gross domestic product (Per head, US ＄, current prices, current PPPs) [DB/OL]. 2013 – 8 – 21 [2014 – 11 – 22] . https：//stats. oecd. org/.

[18] OICA. An integrated approach [EB/OL]. 2007 [2013 – 9 – 22]. http：//oica. net/category/climate – change – and – co2/.

[19] OICA. Production statistics [DB/OL]. 2020 [2020 – 6 – 10]. http：// www. oica. net/category/production – statistics/2018 – statistics/.

[20] WHO. Mortality：Road traffic deaths by country [DB/OL]. 2013 [2013 – 12 – 27]. http：//apps. who. int/gho/data/node. main. A997？ lang = en.

后　记

在博士学位论文付梓之际，我的求学之路即将到达一个阶段性终点。回眸来时路，收获颇丰，也甚为感慨。三年的学习，让我透过知识之门，发现了经济学之美，体会到做学问的辛酸，更明确了未来努力学习之方向。这种对生活的别样领悟，于我而言更是一种难得的修行，我会在未来人生路上将之继续下去。对这种收获及经历我倍加珍视，同时我心中更充满感恩与感谢。

首先，我要衷心感谢我的导师庞德良教授。能够拜入师门，是我人生之幸。庞老师治学严谨、为人仁德，博我以文、约我以礼，言传身教间让我懂得德才兼备方可为学者。庞老师高屋建瓴，将我引入学术殿堂，不仅授我以渔，更让我习得如何为人、处世，使我受益终生。博士学位论文的选题、构思、研究方法的确定与修改，也都凝结着老师的心血。同时，庞老师、杨老师夫妇对我和爱人倍加关怀、照顾颇多，我更是感激不尽、无言以谢。

其次，我要感谢吉林大学东北亚研究院的各位老师。在学期间，老师们就各自研究专业领域进行的授课，帮助我拓宽了视野，构筑了坚实的理论框架。李玉潭教授、徐文吉教授、张慧智教授、陈志恒教授、崔健教授、尹小平教授、朴英爱教授等，对我博士学位论文总体框架的构思与研究内容的确定，也都提出了宝贵的建议。在此，对他们给予我的指导和帮助表示衷心的感谢。

延边大学经济管理学院的金华林教授，多年来一直支持我对知识的探求，并对我的学习与生活给予了悉心的指导和帮助，感激之情难以言表。南开大学商学院李桂华教授多年来也一直鼓励我追求学术梦想。在此，一并感谢生命中向我传道、授业、解惑的老师，是你们推动人类社会向着美好未来而行。

同时，我还要感谢我的同门。三年来，我们一起分享求学的快乐与辛苦，相互关心和帮助，彼此真心相待，你们将是我一生难得的好友。

最后，我要感谢我的父母。父母是我人生之路的最大支持者与呵护者，他们关注着我人生的每一个脚步，让我有勇气面对一切困难与挑战。吾儿的降生，让我更加体会到父母恩情的厚重。感谢父母的培育，你们的付出与包容，让我心无旁骛，可以专心于学业，我的成长，永远伴着你们的付出。

感谢妻子对我选择与追求的支持。在博士学习期间，她默默撑起家庭重担，对我更是充满呵护与体谅。每每想起，感动不已，这让我体会到什么才是美丽心灵。

刘兆国

2019 年 11 月

图书在版编目（CIP）数据

发达国家汽车企业社会责任研究/刘兆国著 . -- 北
京：社会科学文献出版社，2020.9
ISBN 978 - 7 - 5201 - 7298 - 1

Ⅰ.①发… Ⅱ.①刘… Ⅲ.①发达国家 - 汽车企业 -
企业责任 - 社会责任 - 研究 Ⅳ.①F416.471

中国版本图书馆 CIP 数据核字（2020）第 175027 号

发达国家汽车企业社会责任研究

著 者 / 刘兆国

出 版 人 / 谢寿光
责任编辑 / 高明秀
文稿编辑 / 程丽霞

出 版 / 社会科学文献出版社 （010）59366556
　　　　　地址：北京市北三环中路甲 29 号院华龙大厦 邮编：100029
　　　　　网址：www. ssap. com. cn
发 行 / 市场营销中心（010）59367081 59367083
印 装 / 三河市龙林印务有限公司

规 格 / 开 本：787mm × 1092mm 1/16
　　　　　印 张：19.25 字 数：305 千字
版 次 / 2020 年 9 月第 1 版 2020 年 9 月第 1 次印刷
书 号 / ISBN 978 - 7 - 5201 - 7298 - 1
定 价 / 89.00 元

本书如有印装质量问题，请与读者服务中心（010 - 59367028）联系